“十四五”普通高等教育规划教材
国家一流专业系列教材

保险公司业务实训教程

刘树枫　杨　馥　主　编
周　晶　副主编

中国财经出版传媒集团
中国财政经济出版社
· 北京 ·

图书在版编目（CIP）数据
保险公司业务实训教程 / 刘树枫，杨馥主编．
北京 ：中国财政经济出版社，2025．1．--（“十四五”
普通高等教育规划教材）．-- ISBN 978-7-5223-3601-5
Ⅰ．F840.4
中国国家版本馆CIP数据核字第202578BQ20号

责任编辑：蔡　宾　　　　责任校对：胡永立
封面设计：陈宇琰　　　　责任印制：史大鹏

保险公司业务实训教程
BAOXIAN GONGSI YEWU SHIXUN JIAOCHENG

中国财政经济出版社 出版
URL：http：//www. cfeph. cn
E - mail：cfeph@ cfeph. cn

社址：北京市海淀区阜成路甲 28 号　邮政编码：100142
营销中心电话：010 - 88191522　编辑部门电话：010 - 88190666
天猫网店：中国财政经济出版社旗舰店
网址：https：//zgczjjcbs. tmall. com
北京密兴印刷有限公司印刷　各地新华书店经销
成品尺寸：185mm × 260mm　16 开　12. 5 印张　301 000 字
2025 年 1 月第 1 版　2025 年 1 月北京第 1 次印刷
定价：42. 00 元
ISBN 978 - 7 - 5223 - 3601 - 5
（图书出现印装问题，本社负责调换，电话：010 - 88190548）
本社质量投诉电话：010 - 88190744
打击盗版举报热线：010 - 88191661　QQ：2242791300

前　　言

改革开放以来，经过四十余年的发展，我国业已成为全球第二大保险市场。在从保险大国向保险强国奋进的过程中，保险市场不断拓展，保险业务不断创新，保险学科也因之不断演进和发展，迫切需要出版能够反映当前保险学科发展方向和最新研究成果，以满足新时期保险人才培养的需求。为此，在参阅了近年来出版的保险业务实训教材基础上，我们编写了这本教材。

本教材契合了高等院校保险本科教学的需要，将保险学理论与实务、中国国情与国际惯例相结合，凸显“思政育人”理念，体现“以学生中心”，体例规范统一，适用性强。本教材的编排内容与教学体系适合作为我国高等院校保险专业课的教材，也可供保险从业者进行培训或对保险感兴趣的读者参阅。本教材的特色在于：

第一，内容全面，吐故纳新。本教材广泛吸收了已有的保险学研究成果及保险学科发展的新思想、新概念及新思维，对保险基本知识、基础理论及基本技能进行了系统的梳理，重点分析了保险公司经营管理的各项主要内容，对保险规划、保险承保、保险核保及保险理赔等方面的工作就如何利用相关软件进行模拟操作做了详细的介绍，完全适用于金融学专业的学生对保险业务实训的学习。

第二，结构完整，思政引领，形式多样。每章由实践目标、实践要点、思政目标及要点、正文、思政专栏、案例枚举、拓展阅读等组成，为教师和学生提供了丰富素材和教学便利。

第三，分析深入，观点鲜明。本教材对问题的分析不是停留于现有观点“是什么”，而是进一步说明“为什么”和“怎么做”，对读者深入思考保险学问题有所裨益。

第四，作者保险教学经验丰富、成果支撑有力。刘树枫教授从事保险领域学习和研究三十余年，杨馥副教授和周晶副教授分别获得西南财经大学和上海财经大学保险学博士学位，从事保险教学管理多年，且有大量的保险教研成果，因而教材的保险专业基础十分扎实。教材由刘树枫和杨馥主编，负责全书的框架设计、定稿工作，周晶副教授为副主编。

因该课程是实践类课程，而目前国内同类教材多为专科及高职层次，尚无适合该课程的本科用保险业务实训类教材，本教材自 2017 年出版以来，被多所大学选用。

本教材在编写过程中，受到了国内外诸多作者思想、观点和内容等方面的启示，在此一并致谢！本教材的编写出版得到了西安财经大学的高度重视以及经济学院各位领导的大力支持，在此深表谢意！

本教材将保险学专业理论和实务相结合，竭力将思政育人、知识传授、能力培养和素质教育融为一体。尽管为编写教材尽了最大努力，限于编者的学识水平，本书错漏之处在所难免，恳请各位同仁及读者指正。

编者

2025 年 1 月

目　　录

第一章 保险营销业务操作技能训练——策略篇

实践目标

理解保险产品概念的层次；了解保险产品的特点；掌握保险产品的分类；了解保险产品开发的程序；掌握保险产品组合策略和保险产品开发策略。熟练掌握保险费和保险费率的概念及特点；掌握影响保险费率厘定的原则和方法；掌握影响保险费率的主要因素；熟练掌握厘定保险费率的策略；熟练掌握调整保险费率的策略。

实践要点

能够深度解读保险产品及其费率，能够运用保险产品组合策略和费率策略制订营销方案。尝试开发新的保险产品。

思政目标和要点

保险营销业务的开展过程非常注重培养学生的科学精神。不同于传统的保险推销，现代营销理念是一种科学的理念，蕴含积极的价值观和正确的规范指南，全面反映出保险营销工作的科学内涵，而不是仅仅把目光聚焦在短期的营销业绩上。科学的营销理念是保险营销的灵魂，学生通过学习能够认识理解保险营销工作的科学性，从而树立个人的科学精神。

第一节 保险产品策略

保险是一种用来交换的经济保障劳务商品。这种劳务商品与其他商品一样，具有使用价值和价值两种属性。它的使用价值集中表现在保障社会生产的稳定和人民生活安定的功能上，它的价值就是消耗在经济保障劳务上的劳动量。保险是一种服务商品，是以风险经营为对象的特殊商品，是一种无形商品。保险商品的无形性是它与一般商品最重要的区别，如果说保险产品含有有形的成分，那通常是指保险服务的标志。从营销的角度来看，商品的整体概念既包括具有物质形态的商品实体和商品的品质、特色、品牌，也包括商品所带来的非物质形态的利益，比如服务、策划、主意等。具体地说，商品的整体概念包括核心商品、有形服务和附加产品。

核心产品是商品整体概念中最基本、最主要的层次。它是消费者购买商品的目的所在，是消费者追求的效用和利益。消费者购买一种商品，不仅是为了占有一种有形的、可触摸的物体，而是为满足自身特定的需要和欲望。购买人寿保险的人可能是为了表示对家庭的责任，也可能是作为一种高效率的投资方式。因此，保险公司在设计保险产品时，首先必须确定核心产品给消费者带来的利益。

有形服务是指保险公司把保险产品的核心部分转换为一种有形的服务标志。也就是说，消费者的某一需求，必须通过特定的形式来满足。人寿保险的服务形式具有为消费者提供生活保障、子女教育费用、养老费用、游资储蓄、保单分红等功能。人寿保险产品这些服务的不同组合，能满足消费者的不同需求。

附加产品也称引申产品，是消费者在购买保险产品时所获得的各种附加利益的总和，能满足消费者更多需求，包括售后服务、促销赠品、保户福利等。这说明，未来保险市场竞争的关键在于保险产品所提供的附加价值。目前，已经有一些人寿保险公司推行这种附加产品，比如看护老人、小孩或病人，协助安排养老院服务、提供定期健康检查等。

和一般商品不同，保险产品具有以下特征：保险产品具有无形性；保险产品需求的潜在性；保险产品的可替代性；保险产品交易的长期性；保险产品的隐形等价交换关系；等等。

一、单一保险产品策略

（一）死亡保险产品

人寿保险产品最基本的功能就是提供死亡保障，因此，传统的死亡保险仍然是最有市场需求的险种之一，成为人寿保险的代表性商品。死亡保险是指以被保险人的死亡为保险事故而给付保险金的保险，它的目的在于给予被保险人遗属经济上的保障。死亡保险又可分为定期死亡保险和终身死亡保险。

【案例】 新华 i 守护定期寿险：被保险人年龄 18 ~ 55 周岁；保险期间 10 年、20 年、30 年或至被保险人 50 周岁、60 周岁、70 周岁，保险金额 5 万 ~ 50 万元（见表 1 – 1）。

新华保险官网上提供了能够计算保费的系统，根据被保险人的年龄、性别、保险期限、保险金额及缴费情况，能够计算出不同的保费水平。

表 1 – 1　　新华 i 守护定期寿险

<table>
<tr><td>保险责任</td><td colspan="15">全残</td><td colspan="15">身故</td></tr>
<tr><td>被保险人生日</td><td colspan="30"></td></tr>
<tr><td>被保险人性别</td><td colspan="15">男</td><td colspan="15">女</td></tr>
<tr><td rowspan="4">被保险期间</td><td colspan="10">10 年</td><td colspan="10">20 年</td><td colspan="10">30 年</td></tr>
<tr><td colspan="30">至被保险人 50 周岁保单生效对应日</td></tr>
<tr><td colspan="30">至被保险人 60 周岁保单生效对应日</td></tr>
<tr><td colspan="30">至被保险人 70 周岁保单生效对应日</td></tr>
<tr><td>保险金额</td><td colspan="5">5 万元</td><td colspan="5">10 万元</td><td colspan="5">20 万元</td><td colspan="5">30 万元</td><td colspan="5">40 万元</td><td colspan="5">50 万元</td></tr>
<tr><td>交费期间</td><td colspan="6">一次交清</td><td colspan="6">5 年交</td><td colspan="6">10 年交</td><td colspan="6">20 年交</td><td colspan="6">30 年交</td></tr>
</table>

（二）生存保险产品

生存保险产品是指当被保险人意志生存到保险期限届满时，才给付保险金的保险。生存保险产品的目的在于，被保险人为求得老年生活的安定，以防日后生活的困难，或是达到一定年龄时可预支一笔必要资金。

以我国情况而言，1999 年以前有一些养老险属于生存保险。但是这种生存保险道德风险太大，以我国的国情来看不合适。因为被保人一旦身故，保费就算白交给公司了，甚至还有传言说发生过一些小公司收完钱后，找人谋杀被保人的情况。因此，这一类的生存保险在我国已经禁卖了。我国现存的生存保险，主要集中于一些消费型的重疾险和意外残疾型（见表 1-2），要求被保人在出险后一定时间内生存（常见的是 30 天），才能进行理赔。

表 1-2　招商信诺安享康健 C 款

被保人	刘先生	年龄	30 岁	基本保险额	30 万元
		月交保险费	567.54 元	交费期限	15 年
		保障期限	保障至 80 岁保单周年日		
保险责任	保障金额	保障范围			
35 种特定疾病	4 万元	刘先生 32 岁时，做了一侧肺切除手术，保险公司立即赔付 4 万元，用于手术费用			
保费豁免	后续保费	确定一侧肺切除手术时，不仅获得手术关爱金，还减免了剩余全部保费，即不再缴纳后续保费，保险合同仍然有效			
65 种重大疾病	20 万元	刘先生 38 岁时，不幸确诊肝癌，一次性获得 20 万元关爱金，用于手术费用（重疾理赔后，主、附险合同终止）			
期满返还	约 13 万元	刘先生 80 岁保单周年日时，依然平安健康，可获得 102157 × 128% = 130761.22 元满期金			
身故保障	20 万元	意外身故或等待期后非意外身故，一次性获得 20 万元身故金			
大病管家服务	贴心服务	1. 做肝癌手术时，刘先生使用该服务，顺利在北京协和医院进行手术医治，康复顺利 2. 事后服务人员主动电话关怀，及时跟进理赔问题			

（三）两全保险产品

两全保险产品也称生死险，是将定期死亡保险和生存保险结合起来的一种储蓄性极强的保险形式。两全保险是指被保险人在保险期限内死亡，或在保险期满时仍生存，保险人均给付保险金的保险。

【案例】 国寿鑫 E 两全保险（万能型）（见表 1-3），利率进入下降区间的理财神器，不但保本，还有最低保证利率，更有 120% 的身故保障和 200% 的客运交通工具、私家车意外身故保障，为您的稳健理财和安心生活保驾护航。

表 1-3　国寿鑫 E 两全保险（万能型）

被保险人	吴先生	保险期限	5 年
被保险人性别	男	交费方式	一次性交付
被保险人年龄	30 岁	保险费	100000 元

续表

保险年度		1	2	3	4	5
保险费		100000元				
累计保险费		100000元	100000元	100000元	100000元	100000元
初始费用		800元				
进入个人账户的价值		99200元				
假定低等结算利率2%（最低利率保证）	个人账户价值	100202元	103245元	105329元	107455元	109624元
	身故保障（年末）	121442元	123894元	126395元	128946元	131549元
	客运交通工具意外身故保障（年末）	202404元	206490元	210658元	214910元	219248元
	自驾车意外身故保障（年末）	202404元	206490元	210658元	214910元	219248元
	现金价值（年末）	96142元	99115元	102169元	107455元	109624元
假定中等结算利率4.5%	个人账户价值	103757元	108524元	113509元	118724元	124178元
	身故保障（年末）	124508元	130229元	136211元	142469元	149014元
	客运交通工具意外身故保障（年末）	207514元	217048元	227018元	237448元	248356元
	自驾车意外身故保障（年末）	207514元	217048元	227018元	237448元	248356元
	现金价值（年末）	98569元	104183元	110104元	118724元	124178元
假定高等结算利率6%	个人账户价值	105318元	111814元	118711元	126033元	133806元
	身故保障（年末）	126382元	134177元	142453元	151240元	160567元
	客运交通工具意外身故保障（年末）	201636元	223628元	237422元	252066元	267612元
	自驾车意外身故保障（年末）	201636元	223628元	237422元	252066元	267612元
	现金价值（年末）	100052元	107341元	115150元	126033元	133806元

（四）年金保险产品

年金保险是生存保险的特殊形态。年金保险以一定金额为基金，如果被保险人在约定期间内仍生存，就能够持续领取定额保险金。

【案例】平安鸿运英才少儿险

【案例分析】虎妈为2岁的女儿成功投保了“平安鸿运英才少儿教育金保障计划”，并选择了10万元的保障金额，附加了2万元保额的意外伤害医疗保障。

√孩子在15~21周岁，共可领取220000元教育金；

√25周岁领取100000元婚嫁创业金；

√每年还能享受保单分红，按中档利率（4.5%）计算，满期共可获得累计红利109537元（低档27397元，高档191678元）；

√合计领取：429537元

注：本产品为分红产品，其红利分配是不确定的。

（五）万能保险产品

万能保险是一种缴费灵活、保额可调整、非约束性的寿险。万能保险最大的特点就是将死亡保障部分和储蓄部分分离。保单现金价值每年随保险费缴纳情况、费用估计、死亡率及利率的变化而变化。

【案例】 2016 年，银行理财产品收益率持续呈下降趋势，已由年初的 5% 以上降到 3% ~ 4%，不及保险万能保险等理财产品，这导致银行理财产品规模增速明显放缓。

普益标准监测数据显示，2016 年 8 月股份制银行发行的保本型理财产品 6 个月至 12 个月的理财产品平均预期收益率为 3.02%，非保本型理财产品 6 个月至 12 个月的理财产品平均预期收益率为 4.22%，12 个月以上的理财产品平均收益率为 4.14%，明显低于其他理财产品（如保险万能险）的收益率。

二、保险产品组合策略

保险产品组合是指保险公司根据保险市场需求、保险资料、公司的经营能力和市场竞争等因素，确定保险产品保障机能的组合方式。保险产品组合策略是为了满足客户需求，以基本保障为主体，以提高保险公司效益、促进保险产品销售为目的的手段。

保险公司在对保险产品组合做出决策时，首先要对保险产品组合从以下六个层面进行分析：第一，未来的主要保险产品可能是由目前的主要险种改革而成的；第二，目前主要险种的状况；第三，在市场竞争的情况下，可能成为主要盈利的险种；第四，过去效益最好、销量最大的险种可能会变成销路逐渐萎缩的险种；第五，销路尚未完全失去，仍然可能继续经营的险种；第六，已经失去销路或销路未打开就衰退的险种。

保险产品可以通过功能的互补、时间的搭配、需求的分析、层次的确定等，形成不同特色的组合方案，满足客户的不同需求。具体来讲，可以采用按条款功能组合、按时间段进行组合、按责任不同进行组合、按需求层次组合等方法进行产品组合。

（一）扩大保险产品组合的策略

第一类扩大保险产品组合的策略称为保险产品系列化策略，即把原有的保险产品扩充成系列化险种，也就是在基本险种的保障责任上附加一些险种，扩充保险责任范围。附加险种可根据适用的条件和范围分为一般附加险、特别附加险和特殊附加险。例如，海洋运输货物保险在基本水渍险的基础上，可以选择 11 种一般附加险，6 种特别附加险和 2 种特殊附加险。另外，保险公司还可以用附加险的方式来扩大原有险种的责任范围，将只承保直接损失扩大为既承保直接损失，又承保间接损失。例如，财产保险附加营业中断保险，不仅对火灾造成财产的直接损毁负责赔偿，而且还对因火灾引起的营业中断造成利润损失的间接损失负责赔偿。

第二类扩大保险产品组合的策略是增加保险产品策略，即在原有的保险产品线的基础上增加关联性大的保险产品线。例如，人身保险可以细分为人寿保险、意外伤害保险、健康保险等相关保险产品线，人寿保险又可细分为死亡保险、生存保险、两全保险等相关的保险产品线。保险公司如果确定在某一时期以增加某种保险产品线为策略，就可能迅速占领某一保险细分市场。

第三类扩大保险产品组合的策略是关联性小的产品组合策略。随着保险市场需求的发展和保险公司之间的激烈竞争，越来越多的保险公司将财产保险与人身保险进行组合，组合或者以财产保险为主，或者以人身保险为主，使新组合的保险险种更能满足消费者的需求。例如，有的保险公司将家庭财产保险与家庭成员的人身意外伤害保险相组合；有的保险公司将驾驶员意外伤害保险与机动车辆保险相结合；等等。从保险业的发展来看，财产保险与人身保险的组合（见表 1－4），适应了保险市场的需求变化，受到广大消费者的欢迎。

表 1-4 泰康 e 爱家多功能组合保险

保险责任	保障金额	保障范围
定期寿险（身故赔付）	10 万～50 万元	疾病、意外、过劳、猝死……一旦身故，立即赔付
重大疾病	5 万～50 万元	全面覆盖发生率高的 32 种重大疾病，含癌症、急性心肌梗死等，确诊即赔
意外事故	10 万～50 万元	地震、暴雨、火灾、车祸……意外最高可赔 50 万元
住院津贴	100 元/天或 200 元/天	不论疾病、意外，一旦住院，按天赔付，累计最高可赔 1000 天
生存保障（养老金）	所缴保费	交多少，给多少。不论是否理赔，均可一次性给付全部所交费用作为养老金
重大疾病豁免	剩余未交保费	一旦罹患大病，无须交纳剩余期间的保险费，并在满期后与已交保费一并给付

（二）缩减保险产品组合策略

缩减保险产品组合策略是指保险公司缩减保险产品组合的广度和深度，减少一些利润低、竞争力低的保险险种。这是在保险市场处于饱和状态、竞争激烈、保险消费者交付保险费能力下降的情况下，保险公司为了更有效进行销售，或者为了集中精力进行专业化经营，取消一些市场占有率低、经营亏损、保险消费者需求不强烈的保险产品而产生的策略。缩减保险产品组合策略的优点：一是可以使保险业务人员集中精力推销保险需求高的保险产品，提高保险销售的效率和服务质量；二是可以减轻环境威胁，提高保险公司的经济效益；三是可以不断完善保险产品的设计和改进，更适应保险消费者的需求。

三、保险产品生命周期策略

保险产品生命周期是指一种新的保险产品从进入保险市场开始，经历成长、成熟到衰退的全过程。保险产品的生命周期包括投入期、成长期、成熟期和衰退期四个阶段（见图 1-1）。

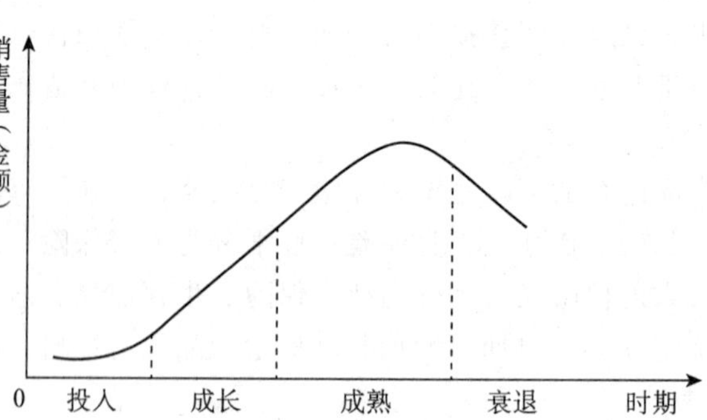

图 1-1 产品生命周期

研究保险产品生命周期，主要是为了树立这样四个观点：第一，保险产品的生命是有限的；第二，保险产品销售经过不同的阶段，每一阶段保险公司都面对不同的挑战；第三，在保险产品生命周期的不同阶段，利润有升有降；第四，在保险产品生命周期的不同阶段，保险产品需要不同的营销、融资、制度和人事策略（见图 1-2）。

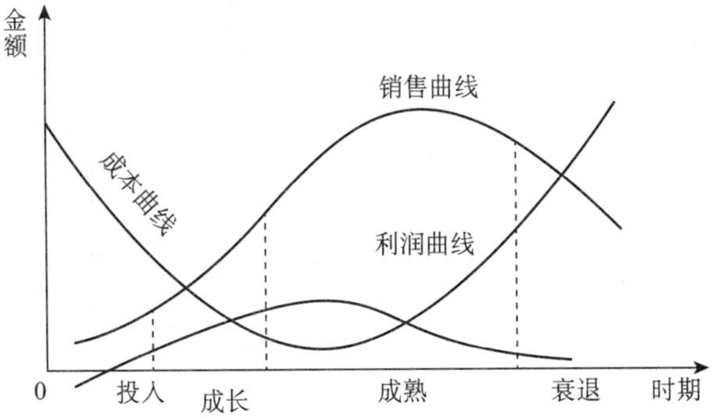

图 1－2　保险产品生命周期

（一）投入期的销售策略

投入期是指保险产品进入保险市场的开始阶段。在此期间，由于保险消费者对新的保险产品还未接受，因此保险销售额增长缓慢，而销售费用却较高。保险公司在此阶段无利可图。

在保险产品投放保险市场的初级阶段，保险消费者对新的保险产品有一个接受的过程，同时保险公司对新的保险产品也会有一个检验的过程。因此，从保险公司的角度来看，这个阶段的特点是：第一，由于对承保风险缺乏了解，所积累掌握的风险资料极为有限，保险费率的制定不尽合理；第二，由于承保的保险标的数量极为有限，风险分散程度较低；第三，由于保险费收入低，而投入的成本较高，保险公司利润很少，甚至出现亏损。

这一阶段，保险公司要强化广告宣传，诱导保险消费需求，为达到扩大承保面的目的，保险公司通常采用以下四种策略（见图 1－3）：

（1）快速占领策略。快速占领策略是指以高价格和高水平的营销费用推出新的保险产品的策略。保险公司提出高的价格，是为了尽可能在每个单位的销售中获得高额利润。保险公司在促销方面耗费巨资，目的是使保险市场上客户相信用高价格购买保险会得到相应的回报。采用这种营销策略时，保险市场应具备的条件是：该保险产品的市场潜力较大；保险消费者对此商品需求强烈并能接受高的价格；市场上的竞争对手少。

（2）缓慢占领策略。缓慢占领策略是指以高价格和低水平的促销费用将新的保险产品投入保险市场的策略。高价格是为了获得更高的利润，低促销费用则可以减少费用开支，降低成本。采用这种营销策略的保险市场应具备的条件是：保险市场规模有限；市场上大部分人已经了解这种产品；保险消费者愿意出高价购买这种产品；市场竞争不太激烈。

（3）迅速渗透策略。迅速渗透策略是指用低价格和高水平的营销费用推出新的保险产品的策略。这种策略可望以最快的速度渗透市场，并达到最大市场占有率。采用这种策略应该具备的市场条件有：保险市场规模大；市场上的保险消费者不了解新的保险产品；大部分保险消费者对价格敏感；市场潜在的竞争激烈；保险公司大范围地承保某保险产品使经营成本下降，能获得一定的收益。

（4）缓慢渗透策略。缓慢渗透策略是指用低价和低水平的营销费用推出新的保险产品。低价格会刺激保险市场尽快接受这种保险产品。保险公司保持低促销费用能降低营销成本，获得更多利润。采用这种策略的保险市场应该具备的条件有：市场庞大；保险消费者非常了解这种保险产品；保险消费者对低价格特别感兴趣；存在潜在的竞争对手。

<table>
<tr><td colspan="2" rowspan="2"></td><td colspan="2">促销费用</td></tr>
<tr><td>高</td><td>低</td></tr>
<tr><td rowspan="2">价格水平</td><td>高</td><td>快速占领策略</td><td>缓慢占领策略</td></tr>
<tr><td>低</td><td>迅速渗透策略</td><td>缓慢渗透策略</td></tr>
</table>

图 1-3　投入期的销售策略

（二）成长期的营销策略

成长期是指新的保险产品经过宣传促销，销路已经打开，销售量迅速增长的阶段。这一时期，由于保险产品迅速被市场接受，利润大大提高，而费用开始下降。在此阶段，竞争者介入的可能性较大。

在保险产品经过试销后，销售额进入急剧上升的时期，保险公司在此阶段已经掌握风险的出险规律，该险种条款的设计日趋完善，保险费率更加合理，保险需求日益扩大，风险能够大量转移，承保成本不断下降。因此，保险公司可以采取以下策略，尽可能保持该险种在保险市场上长久的增加率，使这一时期尽可能延长。

（1）不断完善保险产品，使之更适合保险需求和业务需要，提高保险产品的竞争能力。

（2）广告宣传的内容要依据保险消费者的需求变化而变化，提高保险产品的竞争能力。

（3）为了吸引更多层次的、对价格敏感的保险消费者，应该适当地调整保险价格。

（4）适应保险市场需求多样化的需要，开拓新的保险营销渠道，如依靠保险代理人和保险经纪人开展业务，建立广泛的保险营销网点。

（5）做好保险销售服务。例如，人寿保险公司在与被保险人签订保险合同后，还提供保健、安全和经营方面的全方位服务，旨在树立保险公司的良好形象，增进社会对保险公司的信赖。

（三）成熟期的营销策略

成熟期是指新的保险产品的销售量增长率下降的阶段。在此期间，由于保险产品已被大部分潜在的购买者接受，为了应付日益加剧的竞争，保险公司要适当增加营销费用，巩固市场占有份额。在此期间，保险公司的利润稳定或略有下降。

这一阶段，保险产品的利润达到最高峰，销售额的增长速度开始下降，市场呈现饱和状态，潜在的消费者减少，更完善的替代险种开始出现。由此，保险市场上出现承保能力过剩的情况，而承保能力过剩又引发保险市场更加激烈的竞争。这时，保险公司可以采取以下营销策略。

（1）开发新的保险市场。保险公司可以设法寻找新的目标市场，如原来主要以城市人口为对象的养老保险，也可以向农村市场开展。

（2）改进保险产品。对现有的保险产品进行修改完善，以增加其作用和特征。例如，在承保一些特殊保险标的时，适当增加保险责任，达到保持和提高该保险产品的市场占有率的目的。

（3）争夺竞争者的客户。对于向其他保险公司投保统一保险标的的投保人，保险公司可采取适当降低保险费率或提供优质服务来吸引他们，使他们转为本公司客户。

（四）衰退期的营销策略

衰退期是指新的保险产品已不适应保险市场需求，竞争力衰弱导致销售量大幅度萎缩的阶段。在此阶段，保险产品的销售量呈现严重下降的趋势，保险公司利润降低。

大部分保险产品的销售量最终都会下降。销售量下降的原因有很多。例如，一些在特定历史条件下所产生的保险产品，当其赖以生存的特殊环境不复存在时，该保险产品就会消失。又如，更完善的保险替代商品出现了，旧的保险产品便逐渐失去需求，退出市场。这一阶段的特点是：保险供给能力大而销售量降到最低点，保险公司的利润急剧下降，保险消费者的需求发生了转移，等等。

保险公司在处理正在老化的保险产品时，可以采用的策略有以下几种。

（1）做好善后工作。一家保险公司如果决定要放弃某个已衰退的保险产品时，同时还必须决定为已投保该保险险种的客户做好服务，不要仓促收兵，而应逐步、有计划地限制销售，直至停止销售。

（2）要避免感情用事，认为过去依靠该保险产品，保险公司获得了较多利润，现在放弃有点于心不忍。应该看到的是，如果继续保留这种衰退的产品，保险公司将为之付出高昂的代价，除了无法回收间接费用和利润外，公司形象也有可能受到损害。

（3）有预见性地、有计划地开发新的保险产品。这样做可以使那些寻求保险替代商品的消费者再一次被吸引过来，并使保险市场重新启动。保险产品衰退期应尽可能缩短，以达到保险公司稳定经营的目的。

【案例分析】保险组合方案设计

金先生，30周岁，喜得贵子贝贝，决定在贝贝满月之际投保少儿金福保险产品计划，将其作为孩子的满月礼物。

设计方案

（主险）少儿金福终身寿险51万元

附加少儿金福提前给付重大疾病保险50万元

附加被保险人豁免重大疾病保险1份

附加被保险人豁免特定疾病保险1份

附加投保人豁免2019重大疾病保险1份

保费20年交，主附险保费首年年交合计6788元。（附加被保险人豁免重大疾病保险、附加被保险人豁免特定疾病保险、附加投保人豁免2019重大疾病保险为19年交费）

产品特色

1. 健康全面呵护，保障相伴一生

保障包含上百种重疾，包含恶性肿瘤（不包括部分早期恶性肿瘤）、急性心肌梗死等常见疾病（最多三次赔付），涵盖冠状动脉介入手术、轻微脑中风后遗症等高发疾病。

2. 保障深度优化，强化风险防御

针对成长各个阶段，制订针对性防御方案，增强各年龄阶段保障深度：少儿阶段加入多种少儿高发特定重大疾病额外给付保障，成人阶段加入成人失能额外给付保障，老年阶段加入多种老年人高发特定重大疾病额外给付保障，在重疾发生时，给予更高的保障。

3. 保费豁免，人性更添关爱

若投保该计划时同时选择加入附加投保人豁免重大疾病保险，孩子或者父母中作为投保人一方发生合同约定的保险事故，均可免交保险期内剩余的保费，保障继续有效。

第二节　保险费率策略

保险费率是保险的价格，是保险人按单位保险金额向投保人收取保险费的标准。厘定保险费率，应根据保险标的的客观环境和主观条件形成的危险程度，运用数理统计方法来进行。保险费率不同于一般商品和劳务的价格，它具有一些特殊性。

第一，保险费率的厘定在成本发生之前，而一般商品的价格制定在成本发生之后。保险费率厘定依据的成本是过去的、历史支出的平均成本，其成本与费率的关系密不可分，而一般商品价格制定所依据的成本是现有条件下消耗的平均成本，成本与价格关系十分密切。

第二，保险费率的合理度没有其他商品价格高。保险是根据过去的损失成本和费用成本制定现在的保险价格，而现在的价格又是用来补偿将来发生的成本。保险费率的厘定除了要求有大量的历史资料和数据外，还要求有较为准确的预测。

第三，保险费率的厘定受到的监管很严格。虽然保险费率要根据市场和风险状况来定，但是保险监管部门不仅具有核定费率的权力，而且还通过法律规定保险公司不能随意调整保险费率。

第四，保险费率对需求的刺激，不像其他商品那样明显。保险商品同其他商品一样，较低的价格也能够赢得更多的投保人。然而，保险的需求主要是由人们对潜在风险的忧虑、现实风险的大小以及人们的风险意识决定的。

保险费率的厘定，通常可以采取以下几种策略：低费率策略、高费率策略、优惠费率策略、差异费率策略、保险费率调整策略。

一、低费率策略

低费率策略是指以低于原价格的水平而确定保险费率的策略。这种定价策略主要是为了迅速占领保险市场，打开新险种的销路，更多地吸引保险资金，为保险公司资金运用创造条件。保险公司在实行低费率策略时，要严格控制在小范围内使用。因为使用不当，会导致保险公司降低或丧失偿付能力，最终损害被保险人的利益。正确使用低费率策略应考虑商品的具体情况。通常，保险险种应该是与人们生活密切相关的、服务于家庭或个人的险种，如家庭财产保险和人寿保险；或者保险险种应该是政府或社会极为关注的，如农业保险。实施低费率策略，保险公司既要从自身利益出发，考虑到保险险种的促销作用，又要考虑公司的社会效益，如保险公司为支持政府发展农业的政策，对农业保险实行低费率策略。实行低费率策略，要建立在提高管理效率、加强成本和管理费用的控制、降低保险推销成本的基础上。实行低费率策略，是保险公司在保险市场进行竞争的手段之一，但是如果过分使用低费率策略，就会损害保险公司的信誉，导致失败。

二、高费率策略

高费率策略是指以高于原价格水平而确定保险费率的策略。保险公司实行高费率策略时，一般是因为某些保险标的的风险程度太高，尽管对保险有需求，但保险公司都不愿意经营；或者是因为投保人有选择地投保某部分风险程度高的保险标的，或者是保险需求过旺；等等。实行高费率策略，保险公司可以高费率获得高额利润，有利于提高自身的经济效益，同时可以利用高费率拒绝高风险项目的投保，有利于自身经营的稳定性。不过，保险公司要谨慎使用高费率策略。保险价格过高，会使投保人支付保险费的负担加重而不利于开拓保险市场。同时，定价高，利润大，很容易诱发激烈竞争。

三、优惠费率策略

优惠费率策略是指保险公司在现有价格的基础上，根据营销需要给投保人以折扣与费率优惠的策略。运用优惠费率策略的目的是保险公司为了刺激投保人大量投保、长期投保，及时交付保险费和加强安全工作，提高市场占有率。保险公司经常采用的优惠费率策略主要有以下几种：

（1）统保优惠费率。如果某个地区或某个大公司所属的分支机构全部向一家保险公司投保，保险公司可按所交保险费的一定比例给予优惠。

（2）续保优惠费率。它通常运用在财产保险中。保险公司对现已投保的被保险人，如果在保险责任期限内未发生赔偿，期满后又继续投保的，可按上一年度所交保险费的一定比例给予优惠。

（3）趸交保费优惠策略。在长期寿险中，如果投保人采取趸交方式，一次性交清全部保险费，保险公司也可以给予优惠。因为这样做减少了保险公司按月、按季度或按年收取保险费的工作量。

（4）安全防范优惠费率。根据保险条款规定，保险公司对那些安全措施完善、安全防灾工作卓有成效的企业也应该给予一定安全费的返还。

（5）免交或减付保险费。在人身保险中，有些险种规定，如果投保人在保险期限中途丧失交保费的能力，保险公司允许免交末期保险费或减少保险费的数额，而保险合同可继续有效。

四、差异费率策略

差异费率策略包括地理差异、险种差异等。

（1）地理差异。地理差异是指保险公司对同一保险标的在不同地区采取不同保险费率的一种策略。例如，不同地区盗窃案发生率是不相同的，因此，盗窃保险的费率应当有所区别，发案率高的地区费率高，发案率低的地区费率低。又如，旅客人身意外伤害保险，因旅游的地点不同，其地理条件和气候状况也不同，保险公司厘定保险费率时要因地制宜，加以区别；同时，同一地区风险基本相同或比较接近的保险标的的费率应保持一致。

（2）险种差异。每个险种的保险费率标准、计算方法都有一定的差异，但保险公司在实务中常将不同的险种组合在一起，以满足不同投保人的需要。因此，保险公司要对险种组合的多种费率进行必要的调整，使其符合市场需求和竞争需求。调整保险费率的具体做法有：第一，如果在同一险种中，保险标的的风险相近而保险费率相差较大，对费率要做出相应的调整，使其保险费率也相近或相同；第二，如果在一个险种组合中，某个保险险种的风险发生显著变化，应及时调整该险种的保险费率。

五、保险费率调整策略

保险公司调整保险费率的策略有保险心理策略、促销策略、竞争策略等。

（1）保险心理策略。这是根据保险消费者购买保险时的心理对险种的费率进行调整，使之成为消费者可以接受的保险费率。

（2）促销策略。针对不同的需求和不同竞争者的策略，保险公司要适当调整保险费率，以利于促销。常用的方法有：普遍下调保险费率和调整个别险种的保险费率。普遍下调费率，实际上是采用薄利多销的方法来争取更多的客户以获取整体保险费的增长，同时可以提高保险公司的市场占有率。对个别险种费率的调整，是为了适应保险标的的风险情况、需求情况和市场竞争情况的变化。

（3）竞争策略。在保险费率厘定的问题上，国家金融监督管理总局做了一些限制，不允许保险公司对一些主要险种随意降低保险费率，同时规定了保险费率浮动的幅度不超过30%。因此，保险公司在竞争中，只能对那些主要险种的保险费率进行调整。保险公司在调整费率时采取的策略有：

①与竞争者同时进行调整。当获悉竞争对手要下调保险费率时，保险公司应立即研究对策，调整费率。

②保险费率不变。如果竞争者已经下调了费率，保险公司也可以保持原来的保险费率不变，以这种策略来维护自身形象，并获得较高的利润。

③采取跟随策略。如果竞争者下调费率，保险公司可以根据市场反映情况决定自己的费率策略。

【拓展阅读】交强险是“暴利”吗？

交强险是我国第一个法定强制保险，《机动车交通事故责任强制保险条例》规定，2006年7月1日起，所有上道路行驶的机动车都必须投保交强险。《机动车交通事故责任强制保险条例》第六条规定，交强险实际实行统一的保险条款和基础保险费率，保监会按照机动车交通事故责任强制保险业务总体上不盈利不亏损的原则审批保险费率。

交强险实施之初，不盈不亏原则一直是争论的焦点，很多人提出交强险暴利。例如，律师孙勇指出，2007年我国机动车保有量已达1.48亿辆，按保守数字1亿计算，只要投保率达到80%，交强险当年保费收入就能达到800亿元，而根据公安部公布的交通事故统计，赔付额最高每年也只有177亿元左右，余下的620多亿元，扣除税金、管理费、手续费（合计不会超过200亿元）后，还会有400多亿元结余，交强险成了名副其实的“暴利险”。

对于以上质疑，官方做出以下回应：

交强险和原商业三责险由于法律基础不一样，在赔偿原则、赔偿范围、赔偿标准等方面存在本质区别，不具“可比性”。商业三责险采取的是过错责任原则，即保险公司根据被保险人在交通事故中应承担的事故责任来确定其赔偿责任。而根据《中华人民共和国道路交通安全法》规定，交强险实行的是无过错责任原则，即无论被保险人是否在交通事故中负有责任，保险公司均将在责任限额内予以赔偿。另外，商业三责险规定了较多的责任免除事项和免赔率（额），而交强险的保险责任几乎涵盖了所有道路交通风险且不设免赔率和免赔额。

所谓“年赚400亿元”的说法不科学、不准确，是对我国机动车辆的构成以及公安部门交通事故数不等同于保险公司车险赔案数等信息不了解造成的。原因如下：①按 2007 年实际数据，即便各种车型的投保率都达到 100%（事实上达不到这种水平），全国机动车交强险保费总额也达不到 800 亿元。②公安交管部门公布的道路交通事故数，并不能简单等同于交强险赔案数。两者不是一个概念，保险赔案数实际上远远大于交通事故数。③保险公司从事交强险业务实行与其他商业保险业务分开管理、单独核算，交强险无论盈亏均不参与保险公司的商业利润分配。

第三节　新险种开发策略

从营销的角度来看，新险种是一个相当广泛的概念。新险种不一定是完全创新的险种，但必须是对原有险种进行了变革或变异。按照不同的层次，新险种可以分为四类：完全创新的险种、模仿的新险种、改进的新险种、换代的新险种。

新险种开发是一项十分复杂又极具风险的工作，必须按照一定的科学程序来进行。

【课程思政教学实例】全球首例重大疾病保险产品的诞生

【案情介绍】

1967 年 12 月 3 日，在南非的开普敦完成了人类历史上第一例异体心脏移植手术，手术后病人恢复很快，但仍然需要休养一年。三个月后，当回访这位病人的时候，医生却意外地发现她已经外出参加工作了！他找到这位病人，批评她没有按照医生的话去做，好好休养身体。病人却说："医生，我知道你是为我好，可是，如果我不来工作，我和我的孩子们就要被饿死，我也是没有办法啊！"医生听后，默默无语。又过了三个月，这位世界上首例心脏移植成功的病人去世了……

病人的离世深深地刺痛了这位医生，他说："我可以拯救一个人的生理生命，但我无法拯救她的经济生命！"他见证了一位重大疾病患者在痊愈后由于没有经济能力养病而无奈离开的过程。不仅在南非这个相对落后的国度，就是在世界上最富有的国家里，又有多少人可以支付得起重大疾病的治疗费用和疗养费用？这位医生感觉到需要有一种保险来保障这些罹患了重大疾病并存活下来的人。于是，他联合科隆再保险公司和南非一家名为"Crusader"的寿险公司首先设计并推出了世界上第一个重大疾病保险！

【案例的思政元素】

（1）科学精神。目前，重疾险已经成为寿险市场最重要的产品之一，它的出现正是由于对风险科学的认识和评估。无独有偶，火灾保险、宠物保险的出现也有类似的背景。同学们还知道哪些呢？

（2）时代担当。每一个优秀的保险产品背后都有一群拥有时代担当的人，他们设计或推出产品的初衷都是为了降低风险对个人的经济影响，这是伟大的时代担当的表现。

一、新险种构思的形成

根据调查，新险种构思中约有六成来自客户、竞争对手和情报资料，四成来自本公司的高层管理者和市场调研人员。首先，保险公司可以通过直接的客户调查，搜集建设性意见来发现客户需求，而大多数新险种的构思正是来自客户的需求。其次，追随竞争对手是新险种构思的重要途径，保险公司可以从自己的客户、保险代理人和保险经纪人那里搜集竞争者的新险种信息，借鉴来构思自己的新险种。最后，保险公司的市场调研人员专门从事新险种开发工作，对一些全面性、长期性的新险种开发具有确定的计划，这是新险种构思的主要来源。

二、新险种构思的筛选

保险公司在收集了大量新险种构思后，就要进行筛选，需要放弃那些不切实际的构思，保留合理的构思。对新险种构思进行筛选时，要防止出现两种偏差：一是对新险种构思的潜在价值估计不足，导致保险公司失去开发新险种的机会；二是筛选有误，将没有发展前途的新险种仓促推向市场，招致保险公司经营失败。

三、新险种的市场分析

市场分析的内容包括以下几个方面：第一，新险种有哪些特点，是否比市场上现有的同类产品好；第二，新险种的目标市场在哪里，潜在购买力如何；第三，保险公司的资金和设备是否适应新险种的发展；第四，新险种的成果如何，预期利润如何；第五，新险种上市成功的可能性有多大，竞争力如何，社会效益如何，等等。总之，对新险种的市场分析，就是要对这一险种的销售量、成本、利润等进行分析，看这些指标能否满足保险公司的目标。

【扩展阅读】新能源汽车商业保险专属条款（节选）

新能源汽车损失保险的保险责任

保险期间内，被保险人或被保险新能源汽车驾驶人（以下简称“驾驶人”）在使用被保险新能源汽车过程中，因自然灾害、意外事故（含起火燃烧）造成被保险新能源汽车下列设备的直接损失，且不属于免除保险人责任的范围，保险人依照本保险合同的约定负责赔偿。

保险期间内，被保险新能源汽车被盗窃、抢劫、抢夺，经出险地县级以上公安刑侦部门立案证明，满60天未查明下落的全车损失，以及因被盗窃、抢劫、抢夺受到损坏造成的直接损失，且不属于免除保险人责任的范围，保险人依照本保险合同的约定负责赔偿。

发生保险事故时，被保险人或驾驶人为防止或者减少被保险新能源汽车的损失所支付的必要的、合理的施救费用，由保险人承担；施救费用数额在被保险新能源汽车损失赔偿金额以外的另行计算，最高不超过保险金额。

新能源汽车第三者责任保险的保险责任

保险期间内，被保险人或其允许的驾驶人在使用被保险新能源汽车过程中发生意外事故（含起火燃烧），致使第三者遭受人身伤亡或财产直接损毁，依法应当对第三者承担的损害赔偿责任，且不属于免除保险人责任的范围，保险人依照本保险合同的约定，对于超过机动车交通事故责任强制保险各分项赔偿限额的部分负责赔偿。使用包括行驶、停放、充电及作业。

新能源汽车车上人员责任保险的保险责任

保险期间内，被保险人或其允许的驾驶人在使用被保险新能源汽车过程中发生意外事故（含起火燃烧），致使车上人员遭受人身伤亡，且不属于免除保险人责任的范围，依法应当对车上人员承担的损害赔偿责任，保险人依照本保险合同的约定负责赔偿。使用包括行驶、停放、充电及作业。

附加外部电网故障损失险的保险责任

保险期间内，投保了本附加险的被保险新能源汽车在充电期间，因外部电网故障，导致被保险新能源汽车的直接损失，且不属于免除保险人责任的范围，保险人依照本保险合同的约定负责赔偿。

附加自用充电桩损失保险的保险责任

保险期间内，保险单载明地址的，被保险人的符合充电设备技术条件、安装标准的自用充电桩，因自然灾害、意外事故、被盗窃或遭他人损坏导致的充电桩自身损失，保险人在保险单载明的本附加险的保险金额内，按照实际损失计算赔偿。

附加自用充电桩责任保险

保险期间内，保险单载明地址的，被保险人的符合充电设备技术条件、安装标准的自用充电桩造成第三者人身伤亡或财产损失，依法应由被保险人承担的损害赔偿责任，保险人负责赔偿。

附加智能辅助驾驶软件损失补偿险

保险期间内，因发生主险责任范围内的事故，导致全部损失，造成智能辅助驾驶软件无法使用，保险人在保险单载明的本附加险的保险金额内计算赔偿。

第四节　保险营销策略业务实训

一、产品解说

（一）实训目的

以泰康在线财产保险股份有限公司“e顺交通意外伤害保险条款”产品为例，对保险产品进行解说，通过解说使得客户清晰地了解保单内容、保险责任、责任免除，以及保险人、被保险人和投保人的权利义务。

（二）实训要求

（1）明确掌握保险合同中所涉及的各个保险知识点。

（2）熟悉并准确理解保单内容。

（3）能够对保单进行清晰准确的解说。

（三）实训实施

参考以下保险条款，进行产品解说。

泰康在线财产保险股份有限公司

e顺交通意外伤害保险条款

总则

第一条　本保险合同由保险条款、保险单或者其他保险凭证、投保单、与本合同有关的投保文件、合法有效的声明、批注、批单及其他投保人与保险人共同认可的书面或者电子协议组成。

续表

泰康在线财产保险股份有限公司
e顺交通意外伤害保险条款

被保险人、投保人、受益人

第四条　本保险合同的受益人包括：

（一）意外身故保险金受益人

订立本保险合同时，被保险人或投保人可指定一人或数人为意外身故保险金受益人。意外身故保险金受益人为数人时，应确定其受益顺序和受益份额；未确定受益份额的，各意外身故保险金受益人按照相等份额享有受益权。

被保险人死亡后，有下列情形之一的，保险金作为被保险人的遗产，由保险人依照《中华人民共和国继承法》的规定履行给付保险金的义务：

1. 没有指定意外身故保险金受益人，或者意外身故保险金受益人指定不明无法确定的；

2. 意外身故保险金受益人先于被保险人死亡，没有其他意外身故保险金受益人的；

3. 意外身故保险金受益人依法丧失受益权或者放弃受益权，没有其他意外身故保险金受益人的。

意外身故保险金受益人与被保险人在同一事件中死亡，且不能确定死亡先后顺序的，推定意外身故保险金受益人死亡在先。

被保险人或投保人可以变更意外身故保险金受益人，但须书面通知保险人，由保险人在本保险合同上批注。对因身故保险金受益人变更发生的法律纠纷，保险人不承担任何责任。

投保人指定或变更意外身故保险金受益人的，应经被保险人书面同意。

除未成年人的父母外，投保人不得为无民事行为能力人投保本保险。父母为其未成年子女投保本保险的，因被保险人死亡给付的意外身故保险金总和不得超过国务院保险监督管理机构限定的限额，意外身故保险金总和的约定也不得超过前述限额。

被保险人为无民事行为能力人或限制民事行为能力人的，可以由其监护人指定或者变更意外身故保险金受益人。

（二）意外伤残保险金受益人

除另有约定外，本保险合同的意外伤残保险金的受益人为被保险人本人。

保险责任

第五条　本合同的保险范围分为下列两类，投保人可以为被保险人选择投保其中一类，也可同时投保两类：

（一）被保险人作为驾驶者驾驶交通工具的；

（二）被保险人作为搭乘者乘坐交通工具的。

被保险人所驾驶的或者所乘坐的交通工具种类由投保人与保险人约定并载明于保险单上，本合同所称交通工具均指载明于保险单上的交通工具。保险人仅对被保险人在驾驶或者乘坐交通工具内发生的保险事故承担保险责任。

在本合同保险期间内，保险人承担下列保险责任：

（一）意外身故保险金

被保险人在交通工具内遭受意外伤害事故，并自该事故发生之日起 180 日（含第 180 日）内因该事故为直接且单独原因导致被保险人身故的，保险人按保险单上载明的相应交通工具的保险金额向意外身故保险金受益人给付意外身故保险金，本合同终止。

如果保险人在给付意外身故保险金前已依本合同给付过意外伤残保险金，则在给付意外身故保险金时，需扣除已给付的意外伤残保险金。

（二）意外伤残保险金

被保险人在交通工具内遭受意外伤害事故，并自该事故发生之日起 180 日（含第 180 日）内因该事故为直接且单独原因导致被保险人发生《人身保险伤残评定标准及代码》（中国保监会，保监发〔2014〕6 号，标准编号为 JR/T 0083—2013，以下简称《伤残评定标准》）所述伤残项目，保险人根据本保险合同及该《伤残评定标准》规定的评定原则对被保险人伤残程度进行评定，并按评定结果所对应该《伤残评定标准》中规定的给付比例乘以保险单上载明的相应交通工具的保险金额向意外伤残保险金受益人给付意外伤残保险金。

如自意外伤害事故发生之日起 180 日治疗仍未结束的，则按该意外伤害事故发生之日起第 180 日的身体情况进行伤残评定，并据此向意外伤残保险金受益人给付意外伤残保险金。

续表

泰康在线财产保险股份有限公司
e顺交通意外伤害保险条款

被保险人如在本次意外伤害事故之前已有伤残，保险人按合并后的伤残程度，依本保险合同及《伤残评定标准》规定的评定原则对伤残项目进行评定，并按评定结果所对应的《伤残评定标准》中规定的给付比例乘以相应交通工具的保险金额给付意外伤残保险金，但应扣除已有伤残程度所对应的意外伤残保险金。

在保险期间内，被保险人在同一种类交通工具内因不同意外伤害事故导致《伤残评定标准》所列两项或两项以上伤残程度时，如果同一部位和性质的伤残参与了两次或两次以上伤残程度的构成，则保险人仅给付其中给付比例最高的伤残程度所对应的意外伤残保险金。如果后次伤残程度所对应的给付比例比之前任何一次伤残程度所对应的给付比例都高，则保险人给付后次伤残程度所对应的意外伤残保险金时需扣除之前累计已给付该类交通工具的意外伤残保险金。

保险人根据本合同的约定对同一被保险人在同一种类交通工具内发生一次或者多次保险事故累计给付的各项保险金数额之和，以保险单载明的该种类交通工具对应的保险金额为限。

责任免除

第六条　因下列原因造成被保险人身故、伤残的，保险人不承担给付保险金责任：

（一）投保人的故意行为；

（二）被保险人离开合同约定的交通工具期间发生的事故；

（三）被保险人自致伤害或自杀，但被保险人自杀时为无民事行为能力人的除外；

（四）因被保险人挑衅或故意行为而导致的打斗、被袭击或被谋杀；

（五）被保险人妊娠、流产、分娩、疾病、药物过敏、中暑、猝死；

（六）被保险人未遵医嘱，私自服用、涂用、注射药物；

（七）核爆炸、核辐射或核污染等放射性污染；

（八）恐怖袭击；

（九）被保险人犯罪或抗拒依法采取的刑事强制措施；

（十）被保险人从事高风险运动或参加职业或半职业体育运动；

（十一）被保险人严重违反道路交通安全管理部门关于安全驾驶或者承运部门关于安全乘坐的规定；

（十二）战争、军事行动、暴动或武装叛乱；

（十三）被保险人醉酒或服用、吸食、注射毒品。

第七条　其他任何不属于本保险责任范围内的损失、费用和责任，保险人也不负责赔偿。

保险人义务

第十三条　保险人收到被保险人的赔偿保险金的请求后，应当及时作出是否属于保险责任的核定；情形复杂的，应当在30日内作出核定，但保险合同另有约定的除外。

保险人应当将核定结果通知被保险人；对属于保险责任的，在与被保险人达成赔偿金额的协议后10日内，履行赔偿义务。保险合同对赔偿保险金的期限有约定的，保险人应当按照约定履行赔偿义务。保险人依照前款约定作出核定后，对不属于保险责任的，应当自作出核定之日起3日内向被保险人发出拒绝赔偿保险金通知书，并说明理由。

第十四条　保险人自收到赔偿保险金的请求和有关证明、资料之日起60日内，对其赔偿保险金的数额不能确定的，应当根据已有证明和资料可以确定的数额先予支付；保险人最终确定赔偿的数额后，应当支付相应的差额。

投保人、被保险人义务

第十五条　除另有约定外，投保人应当在本合同成立时一次性交清保险费。

第十六条　订立本合同时，保险人就被保险人的有关情况提出询问的，投保人应当如实告知。

投保人故意或者因重大过失未履行前款规定的如实告知义务，足以影响保险人决定是否同意承保或者提高保险费率的，保险人有权解除保险合同。

前款规定的合同解除权，自保险人知道有解除事由之日起，超过30日不行使而消灭。

投保人故意不履行如实告知义务的，保险人对于合同解除前发生的保险事故，不承担赔偿保险金的责任，并不退还保险费。

续表

泰康在线财产保险股份有限公司 e顺交通意外伤害保险条款
投保人因重大过失未履行如实告知义务，对保险事故的发生有严重影响的，保险人对于合同解除前发生的保险事故，不承担赔偿保险金的责任，但应当退还保险费。 保险人在合同订立时已经知道投保人未如实告知的情况的，保险人不得解除合同；发生保险事故的，保险人应当承担赔偿保险金的责任。 **第十七条**　保险事故发生后，投保人、被保险人应当及时通知保险人。故意或者因重大过失未及时通知，致使保险事故的性质、原因、损失程度等难以确定的，保险人对无法确定的部分，不承担给付保险金责任，但保险人通过其他途径已经及时知道或者应当及时知道保险事故发生的除外。 **第十八条**　上述投保人、被保险人的义务，不包括因不可抗力导致的延迟。

二、四款传统人身保险产品对比分析

（一）实训目的

中国保险市场竞争日趋激烈，不同公司之间的产品难免出现重复或者交叉的现象。如何成功营销自己的产品，这就需要知己知彼，不仅熟悉本公司的产品，也要了解其他公司的类似产品，并且进行对比比较，选择更加适合的消费群体。

（二）实训要求

对比以下四款产品，分析每一款产品的特点和局限、建议目标市场和人群。

（三）实训实施

1. 四款保险产品（计划）的构成和特点（见表1－5）

表1－5　四款保险产品的构成和特点

公司/产品	中国人寿	平安寿险	新华人寿	泰康人寿
保险计划	国寿康宁定期（2013版）B款保险组合计划	平安福健康保障计划	—	泰康全能保障计划
主险	国寿康宁定期重大疾病保险（2013版）（B款）	平安平安福终身寿险	健康福星增额（2014）重大疾病保险	泰康全能保B款两全保险
保险计划内捆绑销售的附加险	国寿附加康宁两全保险（2013版）（B款）	·平安附加平安福提前给付重大疾病保险 ·平安附加长期意外伤害保险（2013）	—	泰康附加全能保B款提前给付重大疾病保险
其他可以同时销售的附加险	未了解	·平安附加意外伤害医疗保险（A） ·平安附加豁免险保险费重大疾病保险（B，2012）	·附加住院费用A款、B款 ·附加个人（2014）意外伤害 ·附加（2014）A款、B款意外伤害医疗 ·住院费用、住院补贴2007	泰康附如意宝（2014）意外伤害保险

续表

公司/产品	中国人寿	平安寿险	新华人寿	泰康人寿
主要保险责任	·40种重大疾病，按120%基本保险金额保障到70岁 ·10种特定疾病，按20%基本保险金额保障到70岁 ·70岁前疾病和意外身故保障 ·70岁给付满期保险金	·30种重大疾病保障到终身 ·8种特定疾病额外20%保额保障终身 ·终身被保险人身故保障 ·70岁前额外意外身故保障	·45种重大疾病每年保额递增保障到终身 ·终身被保险人身故保障 ·投保人因意外全残或身故保费豁免	·42种重大疾病定期保障 ·30年、保障到70岁、保障到80岁三种保险期间可选 ·疾病身故或高残一倍保额保障 ·意外身故或全残2倍保额保障

2. 产品形态的比较（见表1-6）

表1-6　四款保险产品的形态比较

公司	中国人寿	平安人寿	新华人寿	泰康人寿
主险类型	重大疾病	终身寿险	增额重大疾病	两全保险
附加险类型	附加两全保险	附加提前给付重疾 附加长期意外伤害保险	—	附加提前给付重疾
按保年龄	18~50岁	18~65岁	30天~60岁	18~60岁
保险期间	至70岁	终身	终身	至30年，至70岁，至80岁
交费方式	5年交、10年交、20年交，月交	趸交、10年交、15年交、20年交、半年交、季交、月交	趸交、5年交、10年交、20年交、30年交	趸交、3年交、5年交、10年交、15年交、20年交
等待期	180天	90天	365天	180天
保额限制	—	20万元起	1万元起	5万~30万元
特色	含有10种特定疾病	·可以附加意外伤害责任，但只保障到70岁 ·附加重疾保额可以小于主保险额 ·附加意外伤害保额可以自订，不超过主保险额2~5倍区间 ·含有8种特定疾病保障 ·人性附加投保人重疾豁免	·重疾保额随保险年限按每年3%累积递增 ·含有交费期内投保人意外全残或意外身故豁免	·主险中自带乘坐公共交通工具、自驾车、航空意外的高倍保障责任 ·可选附加住院医疗、意外医疗的保险责任

3. 保费对比（见表1-7）

表1-7　不同保险产品的保费对比

10万元保险金额	国寿	平安1	平安2	新华	泰康1	泰康2
保险期间	至70岁	终身	终身	终身	至70岁	至80岁
男性30岁，20年交	2870元	2810元	3310元	5340元	2620元	2790元
女性30岁，20年交	2520元	2550元	3050元	4940元	2280元	2460元
男性40岁，20年交	4390元	4030元	4480元	6590元	3830元	3790元
女性30岁，20年交	3780元	3560元	4010元	6040元	3320元	3300元

续表

10 万元保险金额	国寿	平安 1	平安 2	新华	泰康 1	泰康 2
附注	不含交通意外责任，含 10 种特定疾病	不含交通意外责任，含 8 种特定疾病	含带长期意外责任至 70 岁，含 8 种特定疾病	含带投保人意外豁免	含带多倍交通意外责任至 70 岁	含带多倍交通意外责任至 80 岁

4. 保险责任比较（见表 1－8）

表 1－8　　不同保险产品的保险责任比较

不同状况	国寿	平安 1	平安 2	新华	泰康 1
等待期	180 天	90 天	90 天	365 天	180 天
等待期内罹患重疾	2904.5 元	退还附加合同现金价值	退还附加合同现金价值	5874 元	2751 元
等待期后罹患重疾	120000 元	100000 元	100000 元	190000 元	100000 元
等待期内重疾身故	2904.5 元	退还附加合同现金价值	退还附加合同现金价值	5874 元	2751 元
等待期后重疾身故	121540 元	100000 元	100000 元	190000 元	100000 元
等待期内罹患特定疾病	2870 元	退还附加合同现金价值	退还附加合同现金价值	—	—
等待期后罹患特定疾病	20000 元	20000 元	20000 元	—	—
生存期满给付	57400 元	—	—	—	55020 元
普通意外身故	121540 元	100000 元	100000 元	190000 元	200000 元
普通意外身残	—	—	根据伤残情况按比例赔付，最高 100000 元	—	—
因意外高度身残	—	—	100000 元	—	200000 元
乘坐公共交通工具意外伤残	—	—	根据伤残情况按比例赔付，最高 200000 元		高残保险金最高 1000000 元
乘坐公共交通工具意外死亡	—	—	200000 元	—	1000000 元
自驾车意外伤残	—	—	根据伤残情况按比例赔付，最高 200000 元		高残保险金最高 1000000 元
自驾车意外死亡	—	—	200000 元	—	最高 1000000 元
航空意外死亡或高残	—	—	—	—	最高 1000000 元

三、新险种设计

（一）实训目的

伴随着社会、政治、经济等各个领域的高速发展，新的风险孕育而生，这无疑为保险行业提供了新的发展机遇。开发新险种，不仅是保险公司业务扩展的需要，也是保险行业顺应时代变迁的必要途径。

（二）实训要求

要求学生结合当代社会状况，设计一款恰当的保险产品。

（三）实训内容

（1）保险单设计。保险单是保险合同成立的书面证明文件。设计保险单时，一要注意格式的标准化，二要注意保险单的内容完整规范，符合法规要求。

（2）保险条款设计。保险条款是保险合同的主要内容，设计保险条款时要注意的问题有：明确保险标的的范围，确定保险责任和除外责任，确定保险金额和赔偿计算方法，确定保险期限，确定保险费率及其支付方法，列明被保险的义务，等等。

（3）险种命名的设计。险种命名是否恰当，是树立险种形象乃至企业形象的关键。新险种命名是险种给外界的第一印象，要求突出满足客户需求，措辞寓意美好，符合地方特色、文化背景、宗教信仰、民族习惯等，切忌使用忌讳的字眼。

（4）新险种试销和营销策略的制定。新险种可以在一定范围的市场上进行试销，获得潜在客户、营销人员、市场潜力等方面的有价值的信息，并根据试销的回馈情况，修改或重新制定营销策略。

（5）新险种的商品化。在新险种进行商品化销售时，应该注意以下几个问题：何时推出新险种？何地推出新险种？向何人推出新险种？如何推出新险种？

第二章　保险营销业务操作技能训练——技巧篇

实践目标

掌握保险需求的含义、特征；理解保险营销市场需求的基本形态；对于保险需求分析及其影响因素有基本了解；对于保险消费行为分析进行理解；掌握保险消费者行为决策过程。理解客户开拓及管理的目的和基本流程，掌握保险展业的技巧和方法。

实践要点

能够正确科学地认识保险消费者的消费行为；能够针对不同保险消费者的需求进行保险方案的规划建议。

思政目标和要点

一名优秀的营销员除了要具有过硬的业务知识外，更应具备诚实守信的高尚人格、爱岗敬业的优良品质和不忘初心的强大意念，这是整个保险行业都需要努力践行的目标。在营销业务开展过程中始终贯穿道德修养与职业伦理的相关知识，培养学生爱岗敬业、遵纪守法、诚实守信、业务优良、服务群众、奉献社会的优良品质。

第一节　顾客保险需求分析

一、什么是顾客的保险需求

一个人一生必须面对这些基本问题：退休后还需要用什么钱，谁会提供？卧病在床需要用哪些钱，谁来提供？家庭失去一家之主，没有了经济来源，还有哪些人需要用钱，用哪些钱？这些问题引发顾客的保险需求，保险需求可以按以下方式进行分类。

（一）按需求内容分类

1. 个人的需求

个人的需求包括：医疗费用；退休后的收入；丧失劳动能力的补偿金；个人最后的消费

金；减免遗产税、经济利益、事业发展。

2. 家庭的需求

家庭的需求包括：家庭的生活费；子女教育金；维持生活品质的基本费用；房屋贷款、汽车贷款等；家庭财产的保值、增值。

3. 公司的需求

公司的需求是个人需求的延伸，主要包括：员工退休给付金；员工的医疗费；员工家属的抚恤金；高级管理人员的风险补偿金；等等。以此为基础，公司制订员工福利计划作为人力资源管理的重要工具。

（二）按家庭生活的不同阶段

人生的不同阶段，因其在家庭中的地位、责任、作用以及经济贡献不同，所面临的各种风险有所不同。

1. 单身期：从参加工作至结婚这段时期，一般为 2～5 年

特点：经济收入比较低且花销大。这个时期是未来家庭资金积累期。年纪轻，主要集中在 20～28 岁，健康状况良好，无家庭负担，收入低，但稳定增长，保险意识较弱。

保险需求分析：保险需求不高，主要可以考虑意外风险保障和必要的医疗保障，以减少因意外或疾病导致的直接或间接经济损失。保费低，保障高。若父母需要赡养，需要考虑买定期寿险，以最低的保费获得最高的保障，确保一旦有不测时，用保险金支持父母的生活。

2. 家庭形成期：从结婚到新生儿诞生这段时期，一般为 1～5 年

特点：这一时期是家庭的主要消费期。经济收入增加而且生活稳定，家庭已经有一定的财力和基本生活用品。为提高生活质量往往需要较大的家庭建设支出，如购买一些较高档的用品，贷款买房的家庭还须一笔大开支——月供款。夫妇双方年纪较轻，健康状况良好，家庭负担较轻，收入迅速增长且保险意识和需求有所增强。

保险需求分析：为保障一家之主在万一遭受意外后房屋供款不会中断，可以选择交费少的定期险、意外保险、健康保险等，但保险金额最好大于购房金额以及足够家庭成员 5～8 年的生活开支。处于家庭和事业新起点，有强烈的事业心和赚钱的愿望，渴望迅速积累资产，投资倾向往往偏于激进。可购买投资型保险产品，不仅能规避风险，还能实现资金增值。

3. 家庭成长期：从孩子出生到孩子参加工作以前这段时期，18～22 年

特点：家庭成员不再增加，整个家庭的成员年龄都在增长。这一时期，家庭的最大开支是保健医疗费、学前教育、智力开发费用。理财的重点是合理安排上述费用。同时，随着子女的自理能力增强，年轻的父母精力充沛，时间相对充裕，又积累了一定的社会经验，工作能力大大增强。在投资方面可考虑以创业为目的，如进行风险投资等。夫妇双方年纪较轻，健康状况良好，家庭成员有增加，家庭和子女教育的负担加重，收入稳定增长，保险意识增强。

保险需求分析：在未来几年里面临子女接受高等教育的经济压力。通过保险可以为子女提供经济保证，使子女能在任何情况下都可接受良好的教育。偏重教育基金、父母自身保障，购车买房对财产险、车险有需求。

4. 家庭成熟期：从子女参加工作到家长退休为止这段时期，一般为 15 年左右

特点：这一阶段里自身的工作能力、工作经验、经济状况都达到高峰状态，子女已完全自立，债务已逐渐减轻，理财的重点是扩大投资。夫妇双方年纪较大，健康状况有所下降，家庭成员不再增加，家庭负担较轻，收入稳定在较高水平，保险意识和需求增强。

保险需求分析：人到中年，身体的机能明显下降，在保险需求上，对养老、健康、重大疾病的要求较大，同时应为将来的老年生活做好安排。进入人生后期，万一风险投资失败，会葬送一生积累的财富，所以不宜过多选择风险投资的方式。此外，还要存储一笔养老资金，且这笔养老资金应是雷打不动的。保险作为强制性储蓄，累积养老金和资产保全，也是最好的选择。通过保险让你辛苦创立的资产保持完整地留给后人，才是最明智的。财产险、车险的需求也必不可少。

【扩展阅读】平安保险对客户需求的分析

平安保险公司曾对客户需求做过深入分析，总结的客户需求简图，如图 2－1 所示。

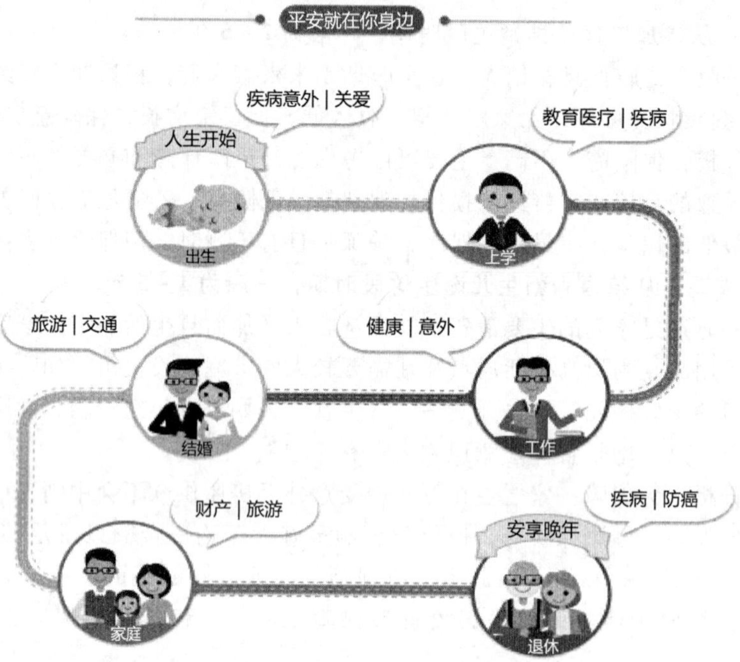

图 2－1 平安保险对客户需求的分析

二、识别顾客的保险需求

很多顾客常常不清楚自己的需求是什么，或者保险需求不明确，这就需要营销员帮助顾客发现生活中存在的风险并将其与保险产品有机结合起来，这就是发掘客户保险需求的过程。

发掘顾客需求的第一步是准确识别顾客的保险需求，就是在获得顾客信息的基础上找到顾客生活中存在的风险，并帮助顾客认识风险的危害，激发顾客形成保险需求。这里的关键就是聆听和提问。

（一）聆听

聆听的作用突出表现在以下几个方面：

（1）聆听表现出对顾客的尊重，能鼓励顾客敞开心扉。

（2）聆听可以帮助顾客建立自我价值，进而引发对营销员的信任。

（3）聆听可以减少顾客的心理排斥，拉近彼此关系。

（4）聆听可以让营销员有时间收集、思考与顾客有关的资讯。

（5）聆听可以使营销员了解对方的想法，以便进一步探寻对方真意。

有效的聆听有助于完成以下任务：让顾客畅所欲言，透露大量的真实信息；理解并判断顾客关心的问题；正确回答顾客真正关心的问题。要完成上述任务，需掌握聆听过程的技巧和方法。

1. 聆听过程的三个阶段

聆听并不是被动、机械地听，在听的同时还要想、要说。集听、说、想的活动过程才是聆听过程。在做出回答前要经历三个阶段。

第一，听对方说。

第二，理解对方的话，领悟对方话里的意思。

第三，复述和引申，说出己方的理解。

只有做好上述三点，才算做好回答的准备。在沟通中，聆听是看似容易实则很难的一项技巧。因为似乎“容易”，所以往往使人忽略，不知道听什么、怎样听、怎么应对。营销员常常没等顾客说完就匆忙做出判断，然后用自己要谈的问题打断对方，这时很容易得出错误结论或误解。或者无意中打断顾客的话，轻则破坏沟通气氛，重则失去顾客。错误的根源是营销员常常不够关注顾客，更多地想自己的事情，急于推销产品。因此，有效的聆听应避免一些不当的方法。

2. 聆听的注意事项

（1）听对方说，不要打断对方。

（2）不要只满足于听懂字面意思，更不要误解对方的话。

（3）要听全面，不能只听自己想听的，以致不清楚对方的真正意图。

（4）切忌不耐烦或心不在焉。

（5）切忌边听边做别的事。

（6）切忌不仔细听对方说什么，而是在想自己下面要说什么。

（7）切忌不同情别人。

（8）切忌不提供反馈。

（9）切忌争辩。

（10）切忌急于做出判断或下结论，急于表现自己。

营销员学会认真聆听会受益很多。全神贯注于顾客，仔细聆听，在聆听过程中给予积极回应，点点头说“对”“是”，甚至可以问“还有呢?”，让顾客觉得你很专注。听完以后，再考虑下面自己怎么回答，这一点很重要。

3. 听的内容

听的关键内容包括两个方面：

（1）听顾客为什么不需要的理由。

（2）听顾客为什么需要的理由，即听出顾客的希望，以及对完成愿望的担忧。

在保险营销中，听出顾客的希望或担忧是发掘顾客需求的基础。营销人员与顾客沟通时，要努力听出顾客的希望，以及实现这个愿望可能存在的风险，并引导顾客认识这些风险的严重性，使之与保险产品利益结合，从而更好地激发顾客的购买欲望。

4. 复述和引申

复述和引申是聆听的一项关键技巧。“听”是收集信息，“说”能够引导顾客。在听和说之间运用复述和引申可以很好地增强沟通效果。这不仅可以检验营销员是否真正理解顾客的意思，还能为自己赢得时间考虑如何回答。复述就是重复顾客的观点，引申就是在聆听、理解和领悟对方的意思后用自己的话将顾客的意思表达出来，为自己将要做出的回答做铺垫。

5. 复述和引申的作用

（1）表示一直很关注对方。

（2）鼓励对方继续说下去。

（3）通过复述来检验己方是否真正理解对方。

（4）把听和想分开，使己方有时间整理思路。

（5）做出高质量的回答。

（6）引导谈话方向。

（二）提问

保险营销员了解顾客需求后，顾客也清楚吗？我们怎样让他们自己也清楚？学习把需求问出来的技巧可以帮助到营销员。

把需求问出来的技巧，概括地说就是根据一定的程序用事实问句和感觉问句、引导问句导入需求。基本程序如下。

第一问：发现问题——事实问句

第二问：引导问题——感觉问句

第三问：解决问题——导入需求

事实问句就是有关顾客生活客观情况的问题，目的是引起顾客对一些问题的注意。所问的情况越明确越好，越客气地请教越容易得到真相，不管顾客答什么都视为真实。

问出好的事实问句应该从以下内容入手：提出顾客自己尚未觉察的问题（生活中的一些最基本的问题往往顾客熟视无睹，如家庭生活费、医疗费、养老金等）；提出顾客问题产生后必要的费用（要算出数字）；提出问题产生的真相；提出顾客问题产生后需要的详细费用。

感觉问句就是关于顾客感受的问题，目的是进一步引导顾客联想一些问题的严重性，引起顾客重视。

提出感觉问句可以有如下内容：请顾客同意“这是个该着手解决的问题”；询问顾客对这些问题的看法；询问顾客对这些问题的感觉。

用感觉问句时，营销员应试着去感受顾客的想法，用他的情绪体会他的现状，以同理心予以回答。

导入需求的引导问句应从以下内容入手：询问顾客针对这些问题的解决办法；询问顾客是否规划了解决方案；询问顾客营销员提出的方案是否可以满足他的需求；询问顾客所能付出的费用；询问顾客如果不用营销员的方法他是否能独立解决问题。

（三）提问的误区

提问对与顾客沟通虽然很重要，但有时如果用得不当，反而会引起顾客的反感。应避免进入以下提问的误区。

（1）频频发问。

你为什么不同意？还有什么顾虑？是不是费用太高？

（2）问题尖刻。

你在家里是不是不能做主？

你要我怎样讲才能明白？你是装糊涂吧？

（3）不等对方回答就转入新话题。

（4）提问时不要用“和”“或”“还有”等关联词。

要一个一个问，不要一次问几个问题。

“提问”是现代营销的重要技能，掌握提问的技巧是保险营销员的重要任务。

营销启示：

（1）提问是非常有效的沟通工具。

（2）提问的目的主要是收集信息和引导谈话主题。

（3）提问的作用不仅能收集信息、引导顾客思路，还能赢得顾客的信任。

（4）问题的组合是提问的核心技巧。

（5）通过问题组合设计问出顾客的愿望及担忧并引起顾客重视。

第二节　客户开拓

客户是保险营销的宝贵资源，寻找客户是保险营销员最重要的营销工作，是营销员获得成功的最基本的手段。一方面，客户的多少决定保险营销事业的成败；另一方面，客户是营销员工作的对象，没有了服务对象，营销员也就失去了存在的价值。美国寿险管理学会（LIMRA）的一项调查表明，保险营销员离职的最主要原因是客户开拓技巧不熟练。在实际工作中，有些营销员刚走上工作岗位时业绩表现很好，但没多久（大约半年）业绩已经萎缩甚至停顿了，仿佛虎落平阳。其原因主要是：原有的熟人客户已经开发，但没有开拓新客户，使客户资源枯竭。因此，客户开拓应是一种持续行为，应不断地积极开发新客户。营销员必须掌握客户开拓的技巧和方法，为自己的成功奠定基础。

一、发掘潜在客户

（一）客户开拓的一般原则

寻找客户是保险营销事业成功的起点，需要在这上面投入大量的精力。有人说寻找客户很难，犹如精炼矿藏中的宝石，假如矿藏中的宝石含量有1%，在1000吨矿藏中只能炼出10吨宝石。有人则说容易，因为理论上每个人都有保险需求，你周围的人都有可能成为你的客户，矿藏中宝石的含量可能是100%！关键是怎样才能把他们发掘出来？一般来说，可以运用以下技巧和方法。

1. 善于利用人际关系网

一个人在世，总要与很多人来往。除了家庭成员外，还有很多亲戚、朋友、同学、老师、同事、领导以及这些关系的横向发展。中国是一个讲究人际关系、重人情的国家，家族关系十分紧密和牢靠，往往突破一个人，就会连片突破。因此，保险营销员要重视利用人际关系去开拓自己的顾客群。

2. 随时随地发现客户

一个人的关系毕竟有限，要突破这个局限就要从陌生人中开发客户。保险营销员要学会在各种场合养成随时随地发现顾客的习惯，如在医院、车站、学校等人群聚集的地方，以及俱乐部、交友会、健身中心等各种社交场所中，做到积极与人沟通、乐于助人、广交朋友、广结善缘。世界著名的推销专家乔·吉拉德，整天带着名片到处分发，曾创下一星期发出500张名片的纪录，其目的无非随时随地寻找客户。

3. 链式反应寻找客户

一个人的能力是有限的，仅靠一个人的力量往往不够。如果能以链式反应的方式去开拓客户，即一个介绍两个、两个介绍四个……如此裂变式增长，就会大大增加客户群。例如，以老客户介绍新客户就是一个非常有效的方法。

4. 从各种统计报表、企业名录等资料上寻找客户

5. 通过咨询和市场调查寻找客户

总之，客户随时随地存在，只要营销员有信心、有决心、有方法，就一定能够很好地开拓客户群。

（二）准客户具备的条件

保险产品作为保险公司为顾客服务的承诺，在产品设计时对服务对象也有明确的规定，并不是任何人都可以随意购买保险。保险营销员在代理销售保险产品时，必须根据保险公司的要求对顾客进行选择。找出那些既符合投保要求，有可能购买保险的人——准客户，作为营销服务的对象。

准客户必须具备的条件有以下六个方面。

1. 有保险需求的人

一般来说，有保险需求的人都可以成为保险公司的客户。

经商者一般有较高的收入，但不能保证日后一直财源滚滚。他们可能会在年轻力壮时购买保险，以便为家庭保存财产。年过四十者可能会购买保险，以筹措养老金或者保障家庭生活的稳定。新婚夫妇可能需要保险，以便在自己遭遇不幸时，能保障心爱之人的幸福生活。初为父母时可能需要保险，以便为孩子的将来铺路架桥，留下足够的教育金、婚嫁金。

保险是人生的稳定器，只要观念能够接受，任何人都应该拥有它。因此，观念上认同保险的人就有可能成为准客户。

2. 有决定权的人

应该说每个人都有保险需求，但不是人人都能成为保险公司的客户。在实际的保险营销工作中，保险的决策者、购买者、使用者和影响者往往不是一个人。例如，为孩子买教育保险，爸爸可能是决策者，妈妈可能是购买者，孩子是受益者。这里的爸爸作为决策者，就是有决定权的人，正是保险营销员要找的对象。

3. 有支付能力的人

保险和任何经济行为一样，有投入才会有产出。保险既然是“人人为我，我为人人”的互助行为，希望拥有它的人当然要付出一定代价。缴纳保险费是保险合同生效的必要条件，所以保险公司的客户必须是付得起保费的人。

4. 易于接触的人

保险营销员在营销活动中一定要与顾客接触。事实上，不是所有的人都可以接近，对于一些身份特殊的人一般人很难接触到，这类人就不太可能成为发展的对象。当然，这些人也需要保险，甚至很多保险，但当营销员与这些对象的差距太大，就很难沟通，只有与他们在各方面都相当的人才可能把很大的保单卖给他们。营销员寻找准客户的一个条件就是，自己容易接近且对方容易接受自己的人。

5. 具有保险利益的人

保险利益是指投保人对保险标的具有法律上承认的利益。保险利益源于下列人群。

（1）投保者本人。任何人对自己的身体或寿命具有无限的权利，所以本人作为被保险人当然具有保险利益。

（2）父母与子女之间，夫妻之间，与投保人有抚养、赡养关系的家庭成员、近亲属和其他同意投保人以其为被保险人订立保险合同的人，投保人对其具有保险利益。从正常的感情和道德情况来看，这些人相互投保，一般都不会发生损害被保险人身体和寿命的危险，可以对被保险人加以保障。

保险利益原则是寻找保户时应当首先考虑的原则，《中华人民共和国保险法》第十一条规定：“人身保险的投保人在保险合同订立时，对被保险人应当具有保险利益。财产保险的被保险人在保险事故发生时，对保险标的应当具有保险利益。”

6. 能通过公司核保的人

为维护被保险个体之间的公平性，保险公司计算出公平合理的费率。同时，公司也要求参加保险的人要达到费率设计的身体健康标准，并对参保人员进行核保。只有身体健康，能通过核保的客户才能购买保险。

保险业是遵循“大数法则”来运作的，是千千万万的人每人拿出极少数的钱交给保险公司汇集成巨大的财力，再由保险公司做妥善的管理和运用，一旦有人发生不幸，根据公平合理的制度，由保险公司给予其一定的补偿，保障其本人和家人能渡过难关。因此，只有绝大多数投保人在交费期内都处于健康状态，能按期续交保费，才能真正发挥保险“集多数人资金帮少数人解难”的作用。

以上几方面是对准客户的健康、交费能力、决策能力以及保险意识的要求。不是每个人都能成为准客户，营销员必须根据这些条件来选择准客户、开拓客户群，从而提高工作效率。

（三）识别良质准客户

在实际的保险营销工作中，能找到优良的准客户可以大大提高营销员的工作效率。良质准客户有如下特征：

（1）认同保险产品；

（2）经济比较宽裕；

（3）责任感强；

（4）家庭理财观念强；
（5）注重健康和生命安全；
（6）非常喜欢小孩；
（7）夫妻感情和睦；
（8）注重身份价值；
（9）热恋或新婚；
（10）创业初期，风险较高；
（11）供职于效益较好的企业；
（12）近期有房贷；
（13）家人或朋友发生变故；
（14）家庭成员有过重病等。

在实际工作中，营销员必须通过多种渠道广泛收集客户信息并进行甄选，确定有效的培养对象，为下一步开展营销服务打好基础。

二、客户开拓技巧

营销是一种技能，也是一门艺术。在“3C”经营理论中，客户被视为三大因素中最重要的，被放在了首位。只有赢得客户，才能赢得市场。因此，保险营销员应具备开拓客户的能力，并通过自己的努力来提高寻找客户的成效。当你拥有300个客户名单时，你的寿险事业将前程似锦。

（一）缘故开拓法

1. 概念和特点

所谓缘故开拓法就是利用你的人际关系网寻找客户的方法。例如，通过你的亲戚、朋友、乡亲、同学、同事、同好（休闲、旅游的伙伴）等人群来发掘你的客户。这是一种比较容易的方法，对培养自信心，克服营销员心理上、技巧上的困难大有益处，因此常被人们看作是寻找客户线索最有实效的一种方法。

2. 缘故开拓法的优点

（1）易接近，易取得客户信任，易于判断准客户所需的产品，拜访成功率较高。

（2）准客户资料易于收集，客户资源比较可靠，且能获得转介绍名单。

（3）是营销员增加推销经验的最佳捷径。

3. 缘故开拓法技巧点

（1）要坚持最专业的服务。面对“缘故”，一定要用真诚服务的态度来对待，绝不能打马虎眼，必须以最专业的水准为其设计一份最合适的保单。

（2）绝不强迫推销。千万不要因为是亲友就可以随随便便，虽然他们是你的亲友，却没有义务一定要买你的保单。应从加强他们的保险观念入手，让他们了解到保险的功能，促使他们主动购买。

（3）要勇于利用你的缘故。从本质上说，每个人都需要保险。因此，当你在认识或在和你认识的人打交道时，就要意识向他们宣传和销售保险。与其让一个陌生的保险营销员向他们销售，还不如利用自己的关系直接向他们陈述保险的优点，力争抢得先入优势。需要注意的是，千万不要使你的“缘故”成为别人的“陌生”。

（4）要学会做人，赢得别人的信赖，时时注意建立个人的人际关系网。

（二）陌生开拓法

1. 具体方法

（1）“搭积木”法。“搭积木法”是陌生拜访营销的基本功，它根据客户的基本状况，每次拜访时告诉客户某方面保险相关知识，如社保养老、医疗，保险原理等，渐进式激发客户需求，每次进步一点点，即由不熟悉—熟悉、不信任—信任、不认同—认同。“搭积木”法并不意味着每次拜访就决定成败，而是将整个拜访过程有效分解，使拜访变得简单化，每次拜访只完成整个营销过程的一部分，有效降低陌拜难度。

（2）“顾客需求分析”法。顾客需求分析法是根据所了解的客户信息和资料，帮助客户分析其寿险需求，如社保医疗的缺口、社保养老的危机、投资理财知识、保险的原理和好处、案例分享等，你的专业会赢得客户的尊重和信赖。

“顾客需求分析”法要求保险营销员有较扎实的知识功底和专业技能，特别是对社会基本养老、社保医疗政策等，并且要求在前期对客户的基本资料和情况有一定认知。

（3）市场调查法。以市场调查的方式接近客户，既可起到搜集信息的作用，又可为自己建立庞大客户群打下基础。事先印制一些市场问卷请客户协助填写，从中可获得客户的相关信息，也可对客户的基本情况有一个感性的认识，以帮助保险营销员初步筛选客户。

2. 陌生拜访流程

（1）自我介绍。与客户见面时要表明你的身份与工作，递上名片。自我介绍要用心，笑容要自然大方，态度要不卑不亢，给对方留下好印象。

（2）引起注意。要准备好话题，刚开始的话题一定要能抓住客户的需求与好奇心理，让客户愿意听你讲，并能从谈话中慢慢地接受你。

（3）唤起兴趣。话题要能引致客户自身，促使其思考你的建议。人们一般会对涉及自身利益的问题感兴趣，因此，当客户认为你所说的与他的利益相关时，就会认真听你说下去，给你发挥的机会。

（4）引起共鸣。当上述话题抓住了客户的心理时，还要在感情上和心理上进一步引起双方的共鸣，以促使客户有与你交往下去的心理，为以后的销售工作打下基础。

（5）约定下次见面。要用二择一法来约定下次见面的时间。例如“下周您是在周一上午有空还是周二上午有空?”。当对方确认了后，要立即当面记在笔记本上并督促对方也记好。

（6）礼貌告别。当拜访结束时，要礼貌告别，并不忘称赞对方几句，留下一个好印象。

3. 陌生开拓法技巧点

（1）要有良好的心态。陌生拜访较为简单、直接，但面对的拒绝较多，因此营销员首先要有良好的思想准备，你所拜访的每一位客户都有可能令你欣喜，也都有可能令你沮丧。不论结果如何，你都要以健康的心态面对。

（2）做好充分准备。要做好包括自身形象、展业资料、展业工具、产品知识等的准备。要留给客户一个良好的第一印象，神态要自然，仪态要大方，举止要得体。同时一定要备好有效证件，在对陌生人进行自我介绍之后，应主动出示说明，这样可以消除对方的戒心。

（3）要进行大量的拜访活动。陌生拜访遵循 20∶1 原则，只要被寻访的对象数量足够多，必定可以找到准客户。但要注意，陌生拜访也不是天女散花似的毫无目的，而是事先经过选择的。有些人喜欢将学校机关或企业团体列为陌生拜访的对象，但不管拜访对象如何，最好能事先收集和了解拜访对象的基本资料，并持之以恒地开发下去。

（4）要明确陌生拜访的目的。陌生拜访的目的在于得到准客户的姓名、地址、电话等资料，客户其他的拒绝理由不要太在意。不要向客户乞求，只需说明你想提供的产品和服务即可。

（5）注意设计好第一句话的说法。

（6）善于利用展业工具。善于利用名片、调查表等展业工具吸引客户的注意力，提高拜访的成功率。

（7）选择适当的人群与范围。应在拜访前，根据产品的特点、自身的长处选择比较适当的人群与范围。

（8）要注意分寸的把握。掌握好拜访时间，及时告辞，不要乞求一次促成。

【拓展阅读】原一平的寿险营销经验

· 说话时，语气要和缓，但是态度一定要坚决。
· 对营销员而言，善于听比善于辩更重要。
· 成功者不但满怀希望，而且拥有明确的目标。
· 不要躲避你所厌恶的人。
· 忘掉失败，但是要牢记从失败中得到的教训。
· 过分的谨慎难成大业。
· 世事多变化，准客户的情况也是一样的。
· 推销的成功，与事前准备所下的功夫成正比。
· 光明的未来是从今天开始的。
· 失败其实就是向成功所交的学费。
· 在没有完全气馁之前，不能算作失败。
· 好的开始是成功的一半。
· 空洞的言论只会显得说话者轻浮。
· 错过的机会是不会再来的。
· 只要你说的话有益于别人，那么你将到处受到欢迎。
· "好运"只眷顾不懈努力的人。
· 储藏知识是一项最好的投资。
· 推销员不仅要用耳朵去听，更要用眼睛去看。
· 若要纠正自己的缺点，先要知道缺点在哪里。
· 昨晚多几分钟的准备，今天就少几个小时的麻烦。
· 若要成功，除了努力和坚持之外，还要加一点机遇。

（三）链式开拓法

1. 概念与特点

链式开拓法也称转介绍法，是指利用现有人脉关系，借由专业的服务赢得他人的信任，从而帮你推荐客户的方法。链式开拓法在西方被认为是最有效的寻找客户的方法之一，被誉为黄金客户开拓法。

这种方法遵循的是“连锁反应”原则，让客户寻找客户。由于有他人的介绍，可以大大避免营销员寻找客户的盲目性，并有助于营销人员赢得客户的信任，成功的可能性非常大。因此，展业人员应懂得重视和珍惜。

2. 链式开拓技巧点

（1）要取信于现有客户，努力留住老客户。老客户才是最好的客户，只有留住了他们，他们就会成为最忠实的介绍人和最有效的推销人。

（2）对所介绍的客户，要进行详细的评估和必要的准备，要尽可能多地从现有客户处了解新客户的情况。

（3）要向现有客户确认是否告知对方姓名，并在约见后向现有客户回馈表示感谢。

（4）客户无论是否介绍成功，都务必写信或以其他方式向介绍人表达谢意。这些动作都会鼓励现有客户再给你介绍客户的机会。

（四）信函开拓法（技巧）

（1）信封信纸都要使用上等品，可以请公司领导签字，由公司统一发送以示隆重。

（2）内容简明扼要，直接切入主题。内容以一般的公司与险种介绍为主。

（3）措辞一定要优美、入情入理，且能打动人心。

（4）讲明公司的性质、服务质量以及兑现的事例。

（5）承诺有更详细的资料和公司的记事簿之类可以赠送，有复函，再行寄送。

（6）避免使用那些使读者的注意力不能集中在主要意旨上或使主要意旨模糊的材料。

书写信函的目的只是在于引起客户的关心，使他产生愿闻其详的念头。因此，信函应简短，只强调想得到面谈的机会即可。

（五）咨询调查开拓法（技巧点）

（1）做好记录。对那些有投保意向的客户，应当设法让他们留下姓名、家庭地址、工作单位、电话号码，并及时核对，保证准确无误，以便进一步联系跟进；也可当场预约时间、地点，及时提供服务，促成签约。

（2）争取现场签单。尽量引导客户做一次性交易，利用同伴集体的力量，争取现场签单，提高效益。

（六）查阅资料法（技巧点）

（1）要学会阅读资料，从中搜索资料包含的客户信息。

（2）注意收集资料的可靠性和时效性。如果资料来源或提供者的可信度较低，则会对营销起阻碍作用；如果资料反映的是以前的情况，对营销人员是不会有很大帮助的。

（3）资料收集后，可通过电话拜访、信函拜访等方式进行探查，对有机会发展业务关系的客户开展进一步调研，将调研资料整理成潜在客户资料卡，就可形成一个庞大的客户资源库。

（七）影响力中心法

影响力中心法是指营销员在特定的销售范围内发展具有影响力的中心人物，利用他们帮助寻找客户线索的方法。这种方法应用了心理学中的光辉效应法则，即人们对于自己心目中的偶像人物是信服并愿意追随的。因此，只要确定中心人物，使之成为现实的客户，就很有可能引出一批潜在客户。该法避免了营销人员重复单调地向每一个潜在客户讲解和说服工作，节省了大量的时间与精力。同时，营销人员也可利用中心人物的名望与影响力，提高自身的形象和声望。

【拓展阅读】客户开发技巧

（1）拟订计划和详细记录。成功的营销人员必须有计划地确定拟开发的准客户，并在每一次准客户拜访后，详细记录客户资料及成败得失，作为下次开发客户时的参考。记住，凡事都必须有计划才会成功，走一步算一步的开拓方式只能磨灭营销员的斗志。

（2）市场细分。在开发之前先依据准客户特性、职业、收入状况、投保概念加以分类；开发客户来源时，不妨参考电话簿、客户所提供的资料、商业情报信息及其他各种外在信息。

（3）追踪连续。聪明的营销人员大都愿意花较多的时间去追踪准客户，不过追踪的技巧往往是要经验丰富的顶尖营销人员才能做得到，因为他们一开始都以准客户为招揽对象，然后再不动声色地向准客户的亲朋好友展开另一番攻势。

（4）推销社交化。营销人员可以通过参加社会上各种团体活动开拓个人视野及人际关系。

（5）工作乐趣化。营销人员在面对业绩竞争与个人期许的双重压力下，要想办法放松自己，把工作当成一种乐趣。只有这样，才能真正把从事保险当成终身事业而乐在其中。

第三节　客户分类管理

营销人员接触的大量顾客中，由于每个人对保险的认识以及具体需求不同，需要对他们进行分类管理，以实施有针对性的服务。

一、建立系统的客户档案

随着客户开拓工作持续进行，营销员会拥有越来越多的客户，而不同的客户不仅生活背景不同，而且处于购买流程的阶段会不断变化。营销员必须把握不同客户的变化，努力推动客户产生购买行为。为此，一定要建立系统的客户档案对客户进行管理。

（一）建立客户档案的方法

1. 客户档案的内容

（1）客户人文资料，包括客户姓名、出生年月、配偶姓名及年龄、儿女年龄、工作类型、职业特点、收入、家庭地址、教育背景、职位、对保险的认识、性格特点、曾经投保情况。

（2）营销员工作资料，包括预定拜访时间、地点、拜访次数、内容、拜访后印象、客户需求情况、成交的可能、促成方法、不能成交的原因、补充说明。

2. 客户档案的建立

将客户分类建档。营销员可以根据客户成交的可能性将客户分为以下几种。

待经营客户：处在客户购买流程的初级阶段，与成交还有一定距离，即近期不会购买。

准客户：处在购买流程的高级阶段，购买意愿强，投保指日可待。

成交客户：购买决策已定，很快就投保，成为已成交客户。

营销员也可以根据需要进一步细分客户，并冠以“A”“B”“C”“D”等。

3. 客户档案应方便使用

通常采用活页夹，可以方便增、减客户资料。

（二）客户档案的使用

（1）每晚将当天获得的人名和有关资料存入系统。

（2）把第二天准备拜访的客户表取出，按主次顺序排好，仔细分析，为拜访做好铺垫。记得要多带几份，留有余地。

（3）当天取出的客户档案没有被访到的，应当留着第二天再进行。

（4）对已经接触过的但没有实现下次预约（正式约访）的客户，应将他们的资料放回原处，记下日期和补充说明。

（5）经过拜访后可以淘汰部分永远无法成交的不良客户。

值得注意的是，营销员在开拓新客户时，对有些被淘汰出局的客户，客户资料最好不要丢弃，以备将来派上用场。

（三）做好档案管理

客户档案管理是营销员的一项重要的基础工作。大量的客户资料以及宣传资料必须及时整理。整理档案的方法主要如下：

（1）活页夹档案。选用的活页夹应坚固耐用、规格一致、易于保管、方便存取。

（2）卡片式档案。这种档案最大的优点是方便使用。应注意用后及时归档，妥善保管。

（3）各种宣传资料的整理。包括名片、行事历、演讲记录、宣传简报、产品宣传手册、报纸、杂志等，都应该分门别类整理。

（4）客户档案的修整。随着营销员营销工作的推进，一些客户会不断地变化，由购买流程的初级阶段不断上升到高级阶段，直至成交。客户的这个变化过程需要营销员及时记录下来，以便开展下一步工作。所以对客户的档案要及时修整。

第四节 制作保险建议书

保险是一种无形商品，并且知识含量高。它的复杂性决定了很多人在没有保险专业人员帮助前难以直观地认识保险产品。在对一个商品没有全面了解前，人们很难有兴趣购买。因此，保险营销员有必要给顾客对保险做一个全面、清晰的说明。为此，营销员必须利用“建议书”将无形的产品有形化，使保险产品具体形象，便于顾客认识。

保险方案建议书的制作

“建议书”的设计就是针对某位顾客的需要、负担，将公司所提供的保险产品做一个保障方案，并以适当的文字说明方案的特点、所提供的客户利益、交费情况等。“建议书”的设计制作是营销流程的重要一环，它对销售促进作用很明显。首先，它是将无形商品有形化的重要工具，一份好的“建议书”不仅可以帮助客户直观地认识保险利益，还可以展现营销员的专业形象和公司的实力，有利于增强客户的信任度。其次，一份赏心悦目的“建议书”可以体现对客户的尊重，反映保障方案对客户的专属性。最后，建议书能够为营销员赢得再次拜访的机会，通过制作和递送建议书，可以增加与客户沟通的机会。因此，学会做一份专业的保险建议书是营销员的重要技能。

建议书的制作包括两部分：一是针对客户的具体情况设计出一个保障方案，即建议书的设计；二是以适当的文字呈现方式，把这个方案以书面形式做一个说明，即建议书的撰写。

（一）建议书的设计

设计建议书时，必须确定三个问题：客户需要哪种类型的保障来保障他的风险？客户需要多少额度的保障才足以弥补风险可能造成的损失？客户需要负担多少保费？

这就是建议书设计的三项原则——适当的需求、适当的保额、适当的保费。建议书中若缺少这三项中的任意一项，都不是一份“良质建议书”。为了做到“适当的”需求、保额、保费的设计，营销员需要在客户的关键需求、风险大小以及交费能力之间寻求平衡。

1. 适当的需求

营销员必须了解客户的需求是什么。最简单的方法是直接问客户：“您为什么要买保险?”或者“在目前，您最担心的是什么?”再如：“教育费用高，要早点准备。”“环境污染厉害，医疗费用高，万一有病负担不起医药费。”“钱放银行贬值，希望能保值、增值。”“希望老年生活有保障。”

营销员要找到客户家中最容易“受伤”“最脆弱”的经济危机，这个经济危机可能是客户当前面临的最大、最紧急的问题。

2. 适当的保额

当面临困境时，客户能有足够的“现金”来摆脱困境。保额是多少才适当呢？这个数额需要建立在对经验数据的收集上。比如，医疗费用的通常水平、少儿教育所需要的平均费用、重大疾病的通常费用等，这些数据需要根据现行的经验数据和对未来经济发展的预测来判断。

这里以意外险的保额计算为例。一般可以有两种方法估计：一是年收入的 10 倍，二是以发生意外后所需的金额为准。年收入的 10 倍法就是把被保险人的年收入乘以 10。如陈先生的年收入为 2 万元，那么他的投保金额就要 20 万元，这种方法比较简单。以发生意外后所需金额来估计保额，这种方法稍微复杂些，但更加准确。

一般而言，最少需考虑风险产生的 4 种资金需求包括：家庭生活费、教育费、负债、丧葬费。将这 4 项费用相加，再扣掉客户目前拥有的流动资产以及已有的保险，就是客户欠缺的部分，需要由保险计划来补足。

3. 适当的保费

客户购买保险所负担的费用以支付起来没有压力为原则，否则会造成中途交不出保费而解约，可能引起客户对保险的负面看法。通常给客户建议的保费应在家庭年总收入的 20% 以下，一般在年收入的 10% 左右比较适宜。

围绕这三个方面，营销员在建议书设计时必须分析以下问题以使保险方案更有针对性。

（1）了解客户的预算。包括客户的家庭总收入；谁是家中经济的掌控者；谁是主要经济来源；如果投保，大概每月交多少，每年交多少。

（2）了解客户的保险需求。是否投保？若已投保，保险金额是多少？什么内容？当前客户对保险需求点是什么？

（3）了解现有商品。你能掌握的商品是什么？这些商品中哪一种最符合客户需求？目前市场上是否有相似商品，它们有何差异？如何将商品组合得更符合客户的需求？

建议书的设计是营销活动的重要一环，此时客户对保险已经有所了解，也意识到保险需求，所以才会同意营销员为他量身定制一份计划。营销员应根据所了解的客户信息依照“适当的需求”“适当的保额”“适当的保费”设计一份完整的建议书。

（二）建议书的撰写

在为客户设计了保险的主要内容后，接下来就要撰写建议书了。建议书的撰写没有固定样式，但在初期参照一定的标准可以迅速提升编写能力。下面介绍建议书的通常编写方法。

一份标准的建议书大致应包括：

封面——包括建议书名称、呈送对象、呈送人、呈送时间。

公司简介——公司简要介绍、最新动态等。

服务承诺——提升客户信任度。

寿险意义与功能的小文章或插图——巩固客户保险意识，增加建议书的可读性。

客户的保障方案—建议书的主体，描述客户的保险利益。

投保指南——告知投保的基本知识。

致谢——感谢客户信任，并注明“建议书仅供参考，详细内容以正式条款为准”。

相对来说，客户的保障方案部分必须是针对客户的“个性”内容，其他部分，可以称为“共性部分”。

保障方案部分是建议书的个性部分，也是主体部分，是客户最关心的内容。保障方案的表述通常用罗列式的方法，即用1、2、3……把方案的特点、优点以及吸引客户的地方简单明了地陈述。

最重要的是客户利益的陈述。要简明易懂，用数字、图形、图表直观表达，切忌机械地照抄条款内容。利益的表示也应该采用罗列式，以求突出、清晰，同时注意把客户最关心的利益写在前面。

客户交费额及交费期这部分往往用列表的方法来陈述，明确告知客户的交费期和交费额度。如果是多险种组合，存在不同的交费期，则要分开列明，不可含混不清，以免造成客户误解。在陈述费用时有一个技巧，把客户年交费额化解成月交费额，可以帮助顾客更容易做出决定。

最后是保险条款的附加服务，主要包括“保单贷款”和“保险费豁免”等。

保险建议书的制作是个性化的事情，在初期可以参照标准进行，但在掌握基本方法后一定要根据客户的特点制作有个性的建议书。

第五节　保险促成

一、促成的条件

简单地说，促成就是促使客户接受营销员的投保建议，在投保书上签上他的名字。这是整个推销环节的最后一刻，此前保险营销员的种种努力包括寻找客户、不断接触、说明、处理拒绝等，都是为了这一刻的早日到来。

保险营销的整个过程可分为三个阶段：第一阶段是客户开拓，第二阶段是向客户介绍和说明，第三阶段也是最后阶段即促成。这是一个循序渐进的过程，每个阶段环环紧扣。优秀的保险营销员从接触客户起就往“促成”方向努力，他所做的一切、所说的每一句话都是为“促成”打下伏笔。但是保险营销员只有完成以下任务才有可能成交，否则急于求成会造成客户的怀疑和反感，有时即使草率签约，客户也很可能反悔。这些达成交易的条件如下：

（1）客户必须信赖保险营销员及其所属公司。基于保险产品的无形性特点，通常客户对营销员的信任远胜于商品本身。只有当客户在营销员身上看到自信、诚恳的态度和专业的服务能力时，他们才会接受营销员的建议，促成才有机会成功。

（2）激发了客户的需要和购买欲望。

（3）客户完全了解所推荐保险计划的内容、价值和给客户带来的利益。

保险计划的内容是保险利益的有形展示，保险利益是客户追求的核心价值。因此，客户只有完全了解所推荐保险计划的内容、价值和给客户带来的利益后，再加以评估，才会做出购买行为。

上述条件的完成涉及营销工作的多个环节，需要保险营销员在与客户接触、保险计划说明、化解异议等阶段努力工作、不断积累。一旦达成上述条件，客户就会通过语言、行动表现出购买欲望，这正是促成签约的良好时机。

二、促成的要领

客户购买行为不仅取决于对保险产品理性的比较、分析，还取决于对保险产品及其相关因素（如营销员、保险公司等）感性的认识。从感性决策角度来看，促成活动实际上就是顺应客户心理的活动，为此要注意以下几个方面。

1. 树立保险营销员诚信经营的正派形象

树立正派的经营形象的目的在于取得客户的信任。当客户决定是否购买时，影响他们决定的主要因素是营销员给他们的感觉。因此，从与客户的第一次见面留下好印象开始到平时的守时、得体的仪表、适当的身体语言、信守承诺等，都是赢得客户不可忽视的细节，都是在为促成打基础。

2. 削弱客户的不安心理

由于保险产品的无形性，客户在购买决策时感觉购后风险比较大，因而他们会犹豫不决。促成阶段关键在消除客户的疑虑和不安，让客户觉得购买保险是有利的、可靠的。

3. 恰当把握促成节奏

每个营销员都十分在意促成的结果，因此往往有急于成交的迫切心情。希望成交并没有错，但急于成交的心情变换成对客户的压力时，就会引起客户的怀疑和抗拒。因此，快速促成需要准确把握促成时机，适时促成才会有效。

此外，促成过程还要注意以下几点：

（1）不断地加强客户对未来的信心，使他感到自己未来需要保险保障并且有能力购买保险。

（2）把自豪感引入保险购买计划中，使客户觉得他的购买行为将受到大众赞赏。

（3）巧妙引导，务必使客户觉得完全是自己做决定。

（4）适时激励，将激励贯穿于整个保险销售中。

（5）强调保障利益，用激动人心的故事增强客户的购买决心。

（6）不强行推销，不轻易许诺。

（7）绝不表现出贪婪和急躁的神情。

促成的整个环节在工作本质上就是围绕客户的心理所做的一场“征服”式的委婉的说服。客户一定是促成工作的中心，一切工作都要围绕对客户需求的满足。在促成这个环节，营销员应该完成三项工作：判断客户的购买意愿，协助客户填写投保书，安排交费及体检事宜。

第六节　保险营销技巧业务实训

一、实训目的

通过正确的营销手段和技巧，掌握和客户沟通的基本思路、流程与技巧。

二、实训要求

要求学生熟悉不同阶段与客户接触时应该注意的要点，掌握正确的营销技巧。

三、实训内容

参考以下提供的营销话术，两位同学一组，自拟情景，进行营销实务演练。

1. 缘故开拓法常用话术

（1）××先生，您的为人与今天的成就，令人敬佩，今天想请教您几个问题。像您现在这么有钱，您有没有考虑过：多少钱可以对付自己与家人的生活开支？多少钱可以对付突如其来的生意风险？多少钱可以对付突如其来的疾病、意外费用等？这些不尽如人意的事情往往让我们总是存不到足够的钱来解决。因此，很多成功人士都说：“赚钱不是英雄，存到钱才是英雄。”为此，我们这里有份储蓄保障计划很合适您，想跟您分享一下，如何？

（2）姨丈，现在好吗？前些天我一直忙于找工作，没空看你，如今我已经找到了一份很合适的工作，就职于保险公司任推销员，培训了几天，学了不少知识，对保险有了更深一层的认识。我觉得，你有必要为自己及家人买一份保障，建议书我已经设计好了，晚上七点我去拜访你。

（3）×××：您好，一直以来，无论是在工作上还是在生活上，都得到您的大力支持与帮助，真的非常感谢您。目前，我们公司正值十周年庆典，凡投保的人员都有纪念品赠送。若能在您周围的朋友里面介绍经济比较富裕、人缘又好、受人尊重、事业成功的朋友给我，我将把公司赠送给我的礼品转送给您，以表谢意！（动作：递笔和纸）

（4）张小姐，你好！通过与你的几次接触，感觉到你是一位有爱心也很热心的人，你能不能介绍两位要好的朋友给我，让他们同样享受到这样的保障呢？

2. 陌生开拓法（开场白）话术

（1）您好，我是××保险公司寿险顾问×××，正在此地做巡回服务，请问您现在买的是哪一家保险公司的保险？

（2）您好，我是××保险区域服务专员×××。我正在做保单售后服务品质调查，请问您现在拥有的保单售后服务做得好不好？

（3）您好！可不可以借您五分钟时间帮您自己填写一份问卷（拿出问卷给他，并指导客户填写）。

（4）您好，我是保险公司的销售员（递上名片），请问您家买过人寿保险吗？

（5）我在报纸上读到有关贵公司的经营理念，我颇有同感，从那时起，我已经对贵公司有了认同，故特来拜访。

（6）我是保险公司的销售员×××，是专门负责这一带的保险业务，今天顺便来拜访您，不打扰您吧?!

3. 链式开拓法话术

（1）开门参考话术。

①“陈先生，您好！我是您的好朋友吴大川介绍来认识您的，敝姓林，获知您最近刚升职（结婚、买房子、做爸爸）了，是吗？真是恭喜您了。

②“请问是张先生家吗？您是张先生啊，您好！这样的，我是您小孩的老师介绍认识您的，我帮老师做了一份保险，他觉得很好，让我推荐给您。今天或明天晚上 7：00 左右，我到您家拜访您，只需花您 10 分钟时间，欢迎我吗？”

（2）要求推荐话术。

①“陈先生，您对这份保障计划满意吗？相信您的亲戚、朋友、同事中有很多像您一样有爱心、有责任感而且需要保险的人，您能否介绍两三个像您一样热情、好接近的人给我，请在这儿写上他们的姓名和联系方式。”

②“陈先生，感谢这段时间以来您对我工作上的支持和帮助，不知您觉得我的为人怎么样，服务是否让您满意？为您服务是我的工作职责，同样我也乐意为您的亲戚和朋友提供周到细致的服务。最近您身边有没有结婚、乔迁及升职的朋友，请在这儿写上他们的姓名和联系方式。”

第三章　保险促销、分销业务操作技能训练

实践目标

掌握保险促销的概念；了解保险促销的目标、类型和功能；了解保险促销的常见方法；掌握保险分销渠道的概念；了解分销渠道的类型和功能；了解直接分销渠道的主要工具；了解间接分销渠道的主要工具；熟悉保险促销策略和保险分销策略。

实践要点

熟练应用保险促销策略和保险分销策略开展营销活动；能够结合时代发展开发新的促销手段和创新保险分销渠道。

思政目标和要点

保险促销和分销是沟通保险公司与客户的桥梁，保险工作人员在其中发挥着非常重要的作用。因此，保险工作人员必须热爱祖国，遵纪守法，具有良好的道德品质和文明习惯。通过学习，培养良好的职业操守和职业道德，树立社会责任感和人文关怀意识；养成良好的专业素养，熟悉国家有关保险的方针、政策和法律法规，了解国内外保险市场发展动态；具有一定的科学知识与科学素养；具有良好的身心素质。

第一节　保险促销

一、人员促销

人员促销就是保险公司的营销人员与准保户面对面的交谈或电话联系中提供有关保险与保险产品信息的促销手段。由于保险产品是一种以保险条款反映产品内容的特殊型金融产品，因而保险条款的专业性与复杂性是一般消费者难以读懂的。人员促销作为复杂的金融产品信息沟通的最佳方式，成为保险公司尤其是寿险公司采用的一种最主要的促销手段。

与大多数其他促销方式相比，人员促销具有明显的优势。

1. 为消费者提供即时的个性化信息

人员促销涉及两个或两个以上的人之间即时的和相互的关系，每一方都能很方便地观察

对方的需要及特点并做出即时调整。保险产品是复杂的，营销人员能够从准保户的意见中了解他们的需求，涉及销售的介绍、对销售信息做出及时调整以及对准保户的问题做出及时解释。

2. 促使准保户做出及时反应

人员促销能够推动准保户对销售陈述后做出反应。在大多数情况下，准保户的投保动机需要外界的刺激才能形成。人员促销可以进行面对面的沟通，这种个性化的服务能够唤起准保户的投保欲望和激发他们的投保行动。

3. 为建立公司与消费者之间的关系提供了捷径

人员促销可能发展各种关系，突出的一个方面就是将买卖关系发展到深层次的关系。保险营销人员工作的一个重要方面是充当公司和保户的纽带，以其个性化的信息向准保户推荐最为合适的产品。

4. 塑造保险行业的基本形象

人员促销工作对公司乃至整个保险行业的信誉有着巨大影响。保险营销人员不仅代表着自身的职业形象并展示自己的职业修养，而且代表着公司乃至整个保险行业的基本形象。

（一）仪表素质

（1）服装装饰合宜得体。得体的服装及装饰对准保户和保险营销人员自身都会产生良好的效果。一个营销人员具有良好的仪表形象，自身就能产生一种自信；反之，如果他忽略了衣着和装饰，外表不够完美，致使客户不时地投来挑剔的眼光，自信就会消失。因此，合宜得体的服装及装饰能够为营销沟通的顺利进行创造良好的条件。

（2）谈吐清晰充满热情。言语可以弥补外表给人的印象，从一个人的谈吐可以看出这个人的教养和个性。在相互沟通中，除了所要说的内容之外，还要注意语气和语调，保险营销人员在向准保户介绍产品时，合适的语气语调能够增加感染力，促进销售进度。

（3）聚精会神倾听客户。倾听是指一个人礼貌客气地听取他人讲话的一种能力，是一种素养，是一个优秀的营销人员的基本特征。聚精会神地聆听并点头示意表示理解，能够促进与客户之间的友谊，获得客户的信任。

（4）行为举止优雅。人与人之间的交流和沟通，肢体语言能传达无声的信息，会在不知不觉中影响一个人给他人的印象。一些不良的习惯，如坐姿不雅、谈话时摇头晃脑等不雅举止，都需要及时纠正。

（二）品德素养

（1）注意守时。良好的守时习惯是保险营销人员必须遵守的首要原则。在约见客户时，迟到不但会耽误对方的时间，也可能失去客户的信赖，更严重地会影响客户对保险公司的看法，失去客户。

（2）充满自信。自信是成功的第一秘诀，销售保险是与人打交道最频繁的行业，保险营销人员也是最容易产生挫折感和压力的人群，因此自信对营销人员至关重要。而自信首先是对所从事职业的信心，一个能尊重自己、尊重自己职业的人，才能赢得他人的尊重。

（3）拥有责任感。当一个人尽到了自己承担的责任时，就会感到满意、喜悦、自豪等；反之，如果没有尽到责任，就会感到惭愧、内疚、羞耻等。心理学上把一个人对自我行为从理智和情感两个方面进行了同一评价，即“良心”。保险营销人员是与客户打交道的代表，其言谈举止都代表着公司的形象，销售人员要以高度负责的态度来塑造和维护企业形象，设身处地为客户着想。

（三）心理素质

（1）具有较强的自我心理调控能力。自我心理调控能力是指适应人际关系和社会与自然环境的矫正能力。一个成功的保险推销人员有能力控制自己的情绪，有条理地使自己在友好的基础上推销业务。

（2）面对挫折具有承受能力。一个人所能够承受的心理负荷是有限度的。能够忍受挫折的打击，或者能够承受超过一定限度的外界刺激，仍然保持个人心理活动的正常，是一种能力，而这种能力对保险营销人员尤其重要。

（3）具有坚忍不拔的毅力。一个毅力强的人，为了达到预定目标，无论遇到什么艰难险阻，都能够百折不挠、坚定不移。对于保险销售也是如此，营销人员不能因为一次挫折就失去信心，而要相信坚持下去一定会有好的结果。

（四）业务素质

（1）具有敏锐的洞察力。洞察力是指营销人员对市场行情有特殊的职业敏感，善于捕捉市场信息，对市场发展趋势做出正确的判断。

（2）塑造知识渊博的专业形象。营销人员具有丰富的产品知识是非常重要的。有丰富的知识，才能创造有利的契机。如果客户的十个问题中有一个没有被回答出来，客户的信心就会动摇。

【课程思政教学实例】某脱口秀节目节选

【案例简介】

在某档脱口秀节目中，提到买保险时这样说道："人要怎么把保险卖出去，就是一定要在短时间内说服你这个社会是不安全的。大家都接到过保险销售人员的电话：'先生您好！请问我这有一份人身意外保险，您需要了解一下吗？……您怎么可能不需要了解呢？您现在不需要，不代表您未来不需要，这个社会到处都是危险，四处都是伏击，万一有个三长两短，您的妻子怎么办？父母怎么办？家人怎么办？一旦您出了问题，老年丧子、中年丧夫、幼年丧父，人生大不幸啊！现在买上这样一份保险，给家人买一份安心对不对？……您不要骂人嘛！我不是在咒您，当然，如果您认为身体非常好不需要，没关系，您也可以给父母或者妻子买上一份呀？……'你就天天跟别人这样说话，别人怎么能对你没有偏见呢？"

【案例思政元素】

①文化素养。保险营销人员需要具有良好的文化素养，推荐产品要体现优良的专业形象，从客户出发而非产品出发，从长远考虑而非只图眼前。

②科学精神。保险营销不是保险推销，但保险营销又离不开保险推销，这是一个辩证的科学关系。

二、广告促销

广告是指商品经营者或服务提供者承担费用，通过一定媒介和形式直接或间接介绍自己所推销的商品或者所提供的服务的商业性广告。在保险营销中，广告作为一种非常有效的促销手段，在保险公司与消费者之间的信息沟通中起着举足轻重的作用。

广告促销的有效性在很大程度上取决于广告媒体的运用及其与目标市场之间的通路。从传统意义上讲，广告媒体大多是电视、邮政邮件、报纸杂志等。当前，利用互联网手段进行保险营销，成为更值得关注和发展的新手段。

广告作为保险公司与消费者沟通的一种有效手段，在保险营销中的作用突出表现为：

（1）传递保险信息，沟通保险供求。传递信息是保险广告的基本作用。通过各种广告媒介，保险公司可以将其提供的各种产品和服务信息传递给消费者，使其了解公司的产品和服务的主要特点，创造销售的机会。

（2）传播保险理念，引导保险消费。在保险的消费中，消费者有很多错误的消费观念，甚至根本不知道保险最基本的风险保障功能。保险公司可以利用广告，向消费者传播正确的保险消费观念，尤其在新险种层出不穷时，更需要引导他们正确认识和辨别不同险种的功能。

（3）刺激保险需求，激发投保欲望。广告能够诱导消费者的需求，影响他们的心理。利用广告，可以在一定程度上刺激消费者的保险需求，激发投保的欲望，并采取投保的行动。

（4）传播企业文化，树立企业形象。广告除了推销功能之外，还能树立企业和产品的形象，加强消费者的记忆和好感，提高品牌知名度和声誉，增强企业无形资产价值。

保险广告决策通常包括以下五个步骤。

1. 广告目标的确定

广告目标的确定是指保险公司广告活动的侧重点的确立，即侧重销售还是侧重宣传。侧重销售是以销售额或市场份额的增长来描述预期效果，侧重传播则是增加消费者对公司或公司产品的认知、了解和兴趣。

确定广告目标时需要考虑的因素有：广告的目的是什么，预期应达到什么具体效果；为达到预期效果，需要传播什么信息或是主题；广告宣传需要多长时间才能达到目的？

在大多数情况下，保险广告的目标是传播导向型的。因此，如何使消费者对公司的产品认知、了解并产生兴趣，确定广告传播的主题信息就非常重要。

2. 广告费用的预算

广告费用预算是指在某一时期内，促消费的预算中需要支出的用于广告宣传的费用。做广告费用预算时，公司通常借鉴以往的经验、调研和反复试验。一般而言，需要考虑的费用因素包括广告媒体费用、产品生命周期、市场特征。

3. 广告媒体的选择

广告媒体的选择是广告决策中最重要的一环，每一个决策都受一些因素的影响。

（1）目标市场中消费者的习惯和特征。这是最重要的因素。具体包括：目标市场中的消费者喜欢观看哪一类电视节目，喜欢什么样的杂志，喜欢收听什么样的广播节目，有什么样的上网习惯。

（2）产品特性。由于保险产品比较复杂，保险产品很少通过广告媒体进行宣传，而是经常借助一些印刷媒体来传播具体险种的专业信息。

（3）各种媒体的特性。

①报纸。报纸的优点是广告费用低、可信度高、地方市场渗透力强；缺点是印刷质量差，不如杂志上的广告新颖、引人注目，与消费者接触的频率低，竞争力差。

②杂志。杂志的优点是印刷精美、传阅广泛、可信度高，最重要的优点在于可以有针对性地选择一些具有特殊内容的杂志，从而与公司的目标市场相吻合；缺点是广告制作与刊登的费用高、制作周期长。

③电视。电视可以使广告集图像、声音、动作于一体，创造出便于记忆的广告信息，这对潜在消费者将产生很大的影响；然而，电视广告的费用非常昂贵，生命周期很短。

④广播。广播制作费用和媒体费用相对低廉，制作周期短，有特定的听众；缺点是难以传达复杂或抽象的信息。

⑤直接邮件。直接邮件广告可以用来宣传或销售保险产品，保险公司可以通过直接邮件或直接反馈的方法销售大多数险种，邮件可以传递复杂信息，并且成本低廉，但是直接邮件的反馈率较低。

4. 广告的创意与制作

广告的魅力在于创意，广告的生命在于真实。缺乏创意的传播毫无价值，没有传播的创意不起作用。创意包括广告文稿、美术或图形以及视听觉要素等，通过独特的表现手法将这些要素组合在一起，创造出特殊的吸引力。

（1）广告的吸引力。广告的吸引力是指一则信息的基本格调。制作广告时必须先确定一个总体格调，然后再决定如何表现这种格调。

（2）表现手法。表现手法即制作风格，是指将格调转化为信息的一种具体表现手法，普遍使用的表现手法有生活片段式、故事式、演示式、证言式、情感式、生活方式、音乐式、联想式以及科研式等。

5. 广告效果的测定

广告效果的测定可以帮助保险公司确定广告活动是否达到宣传目的，比较不同广告活动或广告作品的效果，比较不同种类媒体的效果，确定广告所起到的作用，寻求改进的方法。

（1）前置测试。前置测试是公司将必需的资源投入全面活动之前进行的各种测试，以衡量广告在某一限定的目标市场运作的情况。

（2）后置测试。后置测试是在广告活动之中或之后评估广告效力的方法。保险公司依靠后置测试方法可以评估是否达到广告目标以决定对现有广告是否继续使用，并提出改进现有广告的办法。

三、公关促销

公关是公共关系，是指保险公司为了在公众心目中树立良好的形象，向公众提供信息和进行沟通的一系列活动。公共关系作为一种重要的促销手段，在树立保险公司的形象、产品与服务的定位方面具有很大的潜力。主要的公关工具包括典型事件、新闻、适时演讲、公益活动、出版物、电话信息服务等。

公关在形成企业知名度及品牌认识方面特别有效，而且与广告费用相比，公关只需更较低成本就可以潜在地影响公众的认知，而且更具可信度。

公关是公共关系的简称。保险公关指保险公司为刺激消费者对其产品和服务的需求，建立与公众之间良好关系并获得公众的信赖和支持，树立良好的企业形象面向公众提供信息和交流的一系列活动。公关作为一种促销手段，主要是保险公司利用各种媒介发布重大商业新闻，或是对其产品和服务甚至企业形象进行有力的宣传。由于保险公司并不必为此付费，因此，人们又称公关是软广告。作为促销手段的保险公关具有以下几种功能。

1. 传播信息

保险公司争取一切机会和新闻界建立联系，利用新闻媒介可以及时将有新闻价值的信息传播给广大消费者，增强人们的保险意识；同时，宣传公司和公司提供的保险产品，树立公司良好形象，以引起消费者对公司及其提供的产品的注意。

2. 协作交流

通过报纸、刊物、电台、电视台等新闻机构和社会团体，公司能够争取新闻舆论对保险的理解与支持，争取对保险公司有利的报道，同时协助其建立与投保人、社会、团体、政府机构等部门建立密切关系，建立和保持良好的企业形象，促进消费者对保险公司及保险业务的了解。

3. 游说和咨询

通过与立法者或者政府官员的沟通，企业能够得到地方政府、社区群众等对保险的理解和支持，并与他们建立长期广泛的联系。或者就公司定位以及企业形象等问题向管理层提出建议，以获得有利于企业发展的外部环境。

（一）保险公关的主要工具

1. 出版物

保险公司可以借助一些出版物来接触和影响目标消费者，包括各种书刊资料，如保险报刊、宣传小册子、视听材料、公司的业务通信以及杂志等。在通知目标消费者时，有些出版物扮演着重要角色，它们传递给消费者大量的信息：保险的知识与理念、保险公司的运作、某些保险产品的具体介绍等。好文章能吸引对公司和产品的注意，帮助建立公司形象和向目标市场通告重要新闻。视听材料，如电影和带解说的幻灯片、录像以及录音带，也越来越多地作为促销手段使用。视听材料成本要比印刷品广告高，但其影响力更大。

【课程思政教学实例】

【案例简介】“保险让生活更美好”

2016 年 7 月 8 日，全国保险公众宣传日。保险业的炽热宣言“保险，让生活更美好”在有中国第一高塔——广州塔上盛装登场，全国瞩目。这是保险人的一份庄严承诺，更是一份光荣和骄傲。这是保险业蓬勃发展，在力助经济建设、保障民生、创新社会治理形式等各方面发挥着越来越重要的作用、越来越被社会高度赞同的结果。

由中国保监会、中国保险行业协会筹资，央视宣传广告“保险，让生活更美好”，在 CCTV 黄金时段播出，为社会公众正面宣导，为行业发展加油助力。“我们守护您的人生，珍爱您的幸福。”这是保险行业的承诺。保险是人类历史上最好的一项发明，保险是对亲人的担当。每一份保单背后，都承载着一份美好的真爱，有了保险，生活更有保障，保险，让生活更美好！

央视公益广告这样说：

没有重疾保障的父母，是在透支孩子的未来！

没有意外保障的父母，是拿孩子幸福做赌注！

没有养老保险的父母，是在增加孩子的负担！

保险就是强制的储蓄，万一不幸是雪中送炭，一生健康是锦上添花。

朋友们：面对保险，请您不要那么清高、傲慢和不耐烦。当意外、疾病来临时候，能给你300元的是同事，能拿出500元的是亲戚，能拿出2000元的是兄弟姐妹，能拿出20000元的是父母。但能一次拿出10万元、20万元、100万元给你且不用偿还的一定是保险公司，保险买时嫌多，赔时嫌少，雨露再盛不润无根之草，保险虽好不赔无保之人！请不要在风雨来临时才想到当初你所拒绝的——保险。

记住：没有人因为买了保险而倾家荡产，却有人因为没买保险而倾家荡产！保险不能改变你的生活，却能防止你的生活被改变!!

【案例的思政元素】

①政治认同。得益于国家政策对保险业的不断支持，中国保险发展蒸蒸日上，人们对保险的认可度越来越高。

②时代担当。党和国家现阶段的重要任务是不断实现人民对美好生活的向往，“保险，让生活更美好”，这是对时代的庄严承诺。

2. 事件

保险公司可以安排特殊事件来吸引对新产品及公司的注意，包括新闻发布会、研讨会、旅游、展览、竞赛和比赛、周年庆祝、对体育和文化事业提供资助等可接触到目标公众的方式。

3. 新闻

保险公关的一个重要职责是发现或者创造有关公司、产品以及任务的新闻。新闻创造需要一些技巧，包括制定故事中心思想、调查研究、新闻写作。但如何让媒体接受新闻稿件和参加新闻发布会，更需要营销技巧和人际关系技巧。新闻机构需要的是有趣味性和时效性的故事，因此，与新闻界的编辑及记者建立良好的关系，对保险公司获得更多的采访与报道的机会至关重要。

4. 演说

演说是进行产品和公司宣传的另一个重要工具。越来越多的保险公司发言人要在电视上、广播中接受采访、回答提问，在销售会议上讲话，这对加强公司与外界的沟通，树立公司形象都是非常重要的。很多公司会仔细挑选发言人，聘请专人写演讲稿、向专家咨询，以求提高发言人的演讲水平。

5. 公益活动

公司通过为公益事业做出时间或者资金上的奉献，能够提高公司的公众信誉。例如，为参加奥运会的运动员提供意外伤害保险、为见义勇为者提供寿险等。

【拓展阅读】太平洋保险“责任照亮未来”

中国太平洋保险自1996年在山西省阳曲县贫困山区援建第一所希望小学以来，先后在云南、江西、贵州、山西等地的贫困山区捐资兴建了60余所希望小学，捐资助学金额近3000万元。

2008年，公司启动“责任照亮未来”的希望小学公益活动，旨在通过支教、开办爱心书屋等形式，对已捐建希望小学的孩子们进行更多的帮助。公司将这一活动作为一个长期性的公益项目，以实际行动诠释中国太平洋保险“负责任的保险公司”品牌形象。

2009年，“责任照亮未来”活动前往江西和云南两地的希望小学，进行为期一周的支教活动，为那里的孩子带去知识与希望。

2010 年，“责任照亮未来”活动对位于重庆、山东、云南和江西的 5 所太平洋保险希望小学先后进行为期一周的支教活动，整个支教时间跨度为 2 个月。

2011 年，“责任照亮未来”活动的主支教点定在广西百色市、吉林公主岭市的两所希望小学。分支教点定在曾开展过支教活动的重庆市梁平县、山东省淄博市、云南省鹤庆县、江西省余干县和瑞金市的 5 所希望小学。

2012 年，“责任照亮未来”在陕西和安徽两地举行的 2012 年支教活动，通过努力构建“公益活动模块化、公益资源系统化、公益服务专业化”的企业公益创新模式，将关爱送到越来越多的贫困地区孩子的身边。

2013 年，太平洋保险“责任照亮未来”主支教团队前往吉林德惠市朝阳山希望小学支教。包括奥运冠军、太平洋保险形象代言人孙杨在内的 9 名支教志愿者，为该小学带来体育、阅读、音乐、多媒体、安全等课程。

2014 年，太平洋保险“责任照亮未来”活动来到江西省上饶市余干县白马桥乡下塘希望小学。同年，第十一届“中国品牌价值管理论坛 2014 中国最佳品牌建设案例”颁奖典礼上，太平洋保险“责任照亮未来”品牌化公益活动获得最高奖项——“2014 中国最佳品牌建设案例奖”。

2015 年，太平洋保险“责任照亮未来”活动来到吉林。太平洋寿险吉林省分公司邀请捐建的四平公主岭猴石村希望小学和德惠朝阳山希望小学 30 名师生代表来到吉林省自然博物馆和分公司进行参观，开展 2015“责任照亮未来”希望小学系列公益活动。

6. 识别媒体

通常，保险公司的广告材料要求有一个可识别的外表，否则它会经常产生混淆和失去创作或者强化公司识别标志的机会。在一个高度开放的社会里，保险公司要尽全力去获得注意。它们必须努力设计一个公众能立刻认知的视觉识别标志。这个视觉识别标志可用在公司的商标、文具、小册子、招牌、商业铭牌、建筑物等上。

（二）保险公关决策

保险公关决策的具体内容包括三大方面。

1. 确定公共关系营销目标

保险公司的公共目标包括四项：

（1）提高知名度。保险公司可以通过在媒体上发表故事来吸引消费者对产品、服务、公司及其理念的注意。

（2）建立信誉。保险公司可通过编辑报道来传播信息建立信誉。

（3）激励销售队伍和中间人。公关能提高销售队伍和中介人的热情。在新产品推出之前先通过宣传加以披露，能帮助销售队伍向消费者推销产品。

（4）降低促销成本。公关的成本比直接邮寄和广告都要低。越是促销预算少的企业，运用能深入人心的公关手段越多。

2. 选择公关信息和工具

公关目标确定后，还要确定达到目标的适当的公关信息和工具。假如某新设立的公司希望得到更多宣传，就需要选择创造可供新闻单位发表的故事来树立公司形象，如参加公益活动、举办知识竞赛等。

3. 实施公关计划

实施公关计划首先应争取新闻机构的配合，特别在召开新闻发布会或者处理一件较大的理赔案件时，这方面的配合格外重要。此外，公关人员要有灵活的头脑，当发生意外事件时，临危不乱，恰当地解决问题。例如，当公关宣传涉及各种层次的特别事件时，如纪念性宴会、新闻发布会、全国性竞赛等，需要格外慎重。

四、评估公关的效果

由于公关作为促销工具经常与其他促销工具混合使用，衡量公关效果是困难的。如果它作为唯一的促销工具单独使用，则它的效果是比较容易评价的。

（1）展露。衡量公关效果最简易的办法是看它在媒体中的展露次数。

（2）知晓理解态度转变。一个更好的衡量方法是，看由公关活动引起的知晓理解态度转变。例如，有多少能想起听说过这种新产品，有多少人向别人转告过它，有多少人听说过该产品后改变了主意。

（3）销售额和利润额。如果能得到销售额和利润额的话，它们是最令人满意的衡量标准。

第二节　保险分销策略

一、保险分销概述

1. 保险分销渠道的定义

保险分销渠道又称保险营销渠道、保险销售渠道、保险分销体系，是指由为完成保险市场交换活动而进行一系列保险营销活动的组织和个人形成的体系，包括保险产品从保险公司转移至投保人的过程中，所有起协助作用的组织和个人。

在保险分销渠道中，出售保险产品的保险公司是分销渠道的起点，购买保险产品的消费者即投保人是分销渠道的终点，参与保险产品从保险公司转向消费者的每个人都是分销渠道的组成部分。因此，分销渠道不仅包括提供保险产品的保险人和消费保险产品的投保人，还包括为保险产品从保险人转向投保人提供便利的所有中介人，如保险代理人、保险经纪人等。

【行业观察】银保渠道回归本源

2010 年来，个险和银保两大渠道对人身险合计贡献保费均在九成以上，但各自的贡献情况则发生了此消彼长的变化。银保渠道由于更加依赖中短期理财类产品，在 2016 年时达到顶峰，对寿险公司保费贡献已超 50%。而随着监管部门引导行业“回归本源”，开展风险保障和长期储蓄型业务后，银保第一大渠道的局面不再。2017 年，银保贡献降至 40%，2018 年降至仅为 30%。而被认为适合销售长期产品的个险渠道，保费贡献占比则由 2016 年的 36% 升至 2017 年的 50%，再到 2018 年的近 60%。个险变成第一大渠道，银保占比则从过半降至三成。

尽管银保渠道呈下滑趋势，但作为长期依赖的重要渠道，业内仍有不少公司对银保渠道的未来持乐观态度。而且从 2020 年一季度五大上市险企的保费增速情况来看，新华保险作为仅有的两家正增长公司之一，正是借助银保渠道带动了规模扩张。

2019 年 8 月，银保监会印发了《商业银行代理保险业务管理办法》，要求商业银行应当充分发挥销售渠道优势，保险公司应当充分发挥长期资产负债匹配管理和风险保障的核心技术优势，在商业银行代理保险业务中大力发展长期储蓄型和风险保障型保险产品。在监管部门的引导和保险公司的积极推动下，保障型保险产品在银保业务中的比例将得到快速提升，银保渠道也将逐渐回归本源。

2. 保险公司的分销渠道类型

目前，保险公司采用的分销渠道有两类：一类是直接分销渠道，另一类是间接分销渠道。直接分销渠道亦称直销制，是指保险公司利用支付薪金的业务人员向准保户推销保险产品和提供服务。这种方式适用于实力雄厚、分支机构健全的保险公司。间接分销渠道亦称中介制，是指保险公司通过保险代理人和保险经纪人等中介机构向准保户推销保险产品。

在保险市场不健全的时期，保险企业大都采用直销制进行保险销售。但随着保险市场的发展，保险企业仅仅依靠自己的业务人员和分支机构进行保险营销是远远不够的，同时也是不经济的。无论保险公司的资金实力有多雄厚，都不可能建立一支足以包容整个保险市场的营销队伍。即使可能，庞大的工资支出和业务费用势必提高保险经营的成本。因此，在现代保险市场上，保险企业与依靠自身的业务人员进行直接营销的同时，更广泛地利用保险中介人进行间接营销。

二、直接分销渠道

直接分销渠道能够使保险公司和投保人之间进行直接交易。在采用直接分销渠道时，保险公司直接与投保人建立联系。在纯粹的直销制中，没有中介人身份的推销人员接触准保户。直接分销渠道的销售过程与其他分销渠道相似，也包括传递给准保户销售信息、接受投保申请、签发保险合同等。

直接分销渠道无论独立利用还是与其他分销渠道联用，均可使保险公司有效控制承保风险，保持业务量的稳定。其主要优势有以下几个方面：

（1）有利于控制保险欺诈行为的发生。由于保险公司的业务人员工作稳定性强又比较熟悉保险业务，因而，不容易发生因不熟悉保险业务而欺骗投保人的道德风险，这给保险消费者增加了安全感。

（2）有利于树立公司良好的外部形象。采用直销制，保险公司的业务人员直接代表保险公司开展业务，具有较强的公司特征，从而在客户中树立公司良好的外部形象。

（3）有利于降低业务的成本和分销成本。采用直销制，即使保险公司业务人员完成或超额完成预期任务，其收入也不会因其业务超额完成而大幅增长。同时，因为公司员工享有固定的工资和福利，员工的培训费用也少于代理人员的同类费用，因此，维持营销系统的成本较低，使公司产品在费率上具有竞争性。

（4）有利于建立与保户之间的长期关系。直接营销人员能够准确地安排时间，在合适的时候去接触潜在客户，从而有利于建立与保户之间的长期关系。

直接分销主要有以下常用工具：

通过直接分销渠道能迅速带来销售增长。尤其是邮政及电信系统的日益发展，使直接分销渠道的成本日益降低。直接分销渠道使用了各种各样的工具，主要包括直接邮件、印刷媒体、广播媒体、电话营销及其他方法。

1. 直接邮件

直接邮件是一种一般以印刷品形式通过邮政服务来分销保险产品或提供相关广告信息的广告媒介。直接邮件是一种套装邮件，它包括准保户需要用来做出投保决策及投保申请的所有信息及表格。

2. 印刷媒体

印刷媒体是各种形式的印刷出版物，如报纸杂志。直接营销人员根据杂志或报纸读者群的人口统计、地理位置或心理特征等因素来选择使用特定的印刷媒体。印刷媒体中直销广告包括在报纸或杂志上提前印刷的插页和广告、在报纸或杂志的版面上刊登的广告、在特别有趣的出版物上登载的广告以及在报纸的特殊部分刊登的广告。采取印刷媒体，保险公司能够瞄准特定的读者群。

3. 广播媒体

广播媒体由广播和电视组成，它们被用来在广泛的领域向广大的、通常无分别的视听众传播广告信息。通过广播媒体进行的直销广告的细分，主要通过发布广告来完成。这些广告与特殊类型的节目结合在一起，或者在一天的一些时间里播出。在这一时间，理想细分市场的成员更可能收听广播或看电视。一些保险公司使用有线电视广告来瞄准特定的居民区或邮政代码地区的消费者。

4. 电话营销

电话营销是利用电话来进行销售，一般指利用广泛领域的特定电话线进行销售。电话营销包括拨出电话营销和拨入电话营销。电话营销通常是一种高成本媒介，部分原因是保持和更新有效数据库系统所需的技术代价非常昂贵。

5. 互联网与在线营销

互联网与在线营销是指保险公司由互联网所形成的一种营销渠道。它可向客户和准客户提供保险业务的信息，给消费者提供向保险公司发送电子邮件咨询问题或索取更多信息的机会。保险公司已逐步意识到，将信息技术与保险业务完美结合，有适合网上销售的产品、费用支持，有众多的网民数量，利用强劲的 IT 基础设施做后盾，便可实现它们努力追求的商业目标。随着电子商务市场的逐步复苏及保险公司产品、业务和销售渠道的改革创新，这种网上目标销售在国内具有很大的发展潜力。

6. 零售中心和零售亭

在美国，一些保险公司建立了结合几种技术形式的零售中心和零售亭，向消费者提供交互式财务服务选择考察的机会。零售中心经常由一些专职的推销人员组成，他们可以回答顾客的询问并提供选择建议。零售亭一般从总公司获得在线服务支持，设在购物中心、银行和超市市场等中心，以便将销售网点与直接营销结合起来。

三、间接分销渠道

间接分销渠道亦称中介制，是指保险公司通过保险代理人和保险经纪人等中介机构向准保户推销保险产品。

间接营销中的保险代理人是从事保险代理活动的人，保险代理制度是代理保险公司招揽和经营保险业务的一种制度。

【拓展阅读】何谓“独立个人保险代理人”

为引导保险公司规范有序发展独立个人保险代理人队伍，提高保险销售专业化职业化水平，服务保险业高质量转型，中国银保监会中介部起草了《关于保险公司发展独立个人保险代理人有关事项的通知（征求意见稿》（以下简称《征求意见稿》）并于2020年8月向业内征求意见。

《征求意见稿》有助于独立个人保险代理人把握以下基本监管取向：市场定位上，一方面将独立个人保险代理人归属于个人保险代理人范畴；另一方面强调和突出其非团队属性，打破组织层级，以有别于传统的团队型个人保险代理人。从业形态上，鼓励独立个人保险代理人展业形式多样，“坐商”“行商”均可。管理机制上，强化保险公司的管控责任，以此为抓手落实对独立个人保险代理人市场行为的管控。

根据《征求意见稿》，独立个人保险代理人是指与保险公司签订委托代理合同，不参加营销团队、自主独立开展保险销售的个人保险代理人。

此次发展独立个人保险代理人，“独立”主要体现在以下三个方面：

①独立个人保险代理人必须破除组织层级，不得隶属任何保险营销团队，也不得发展保险营销团队，仅可以聘请少数人员从事协助投保、出单、售后管理等辅助性工作；

②独立个人保险代理人应按照代理销售的保险费直接计算佣金，不得给予组织增员利益等间接佣金；

③独立个人保险代理人根据保险公司的授权代为办理业务的行为，由保险公司承担责任。独立个人保险代理人没有代理权、超越代理权或者代理权终止后以保险公司名义订立合同，使投保人有理由相信其有代理权的，该代理行为有效。

间接营销中的保险经纪人是代表投保人或被保险人的利益参与保险活动的人。保险经纪制度是指保险人依靠保险经纪人争取保险业务、推销保险单的一种保险营销方式。

【拓展阅读】关于保险网络直播和短视频的风险提示

随着网络直播和短视频等新兴营销渠道的兴起，其中暴露的风险问题也逐渐引起了相关部门的重视。北京银保监局2020年就关于保险网络直播和短视频做出了以下风险提示：

一是严格区分保险短视频、直播业务形式。按照“实质重于形式”的原则判断，属于互联网保险业务的，应当严格符合互联网保险业务监管规定。对于通过线上引流、线下转化等方式开展销售活动的，应当严格遵守所属渠道类型及相关保险产品销售的监管要求。

二是严格规范保险短视频、直播有关主体。保险机构可以按照互联网保险业务监管规定建立自营网络平台，开展保险短视频、直播等形式的互联网保险业务活动，应当集中运营、统一管理。保险机构对于所属各级分支机构及从业人员个人通过短视频、直播等方式开展的营销宣传活动，应当严格管理审核，确保营销宣传信息合规准确。保险机构应当充分“了解你的合作方”，不得委托未取得合法资格的机构从事保险销售活动，不得以信息技术费用、推广费用、咨询费用等名义变相支付保险销售佣金。

三是严格管理保险短视频、直播相关内容。保险机构通过保险短视频、直播进行营销宣传的，应当符合相关法律法规要求，不得出现不实陈述或误导性描述等情形。保险公司应当审核第三方网络平台以短视频、直播等形式提供宣传服务的内容，对宣传内容的真实性、准确性和合规性承担相应责任。保险机构应规范使用机构简称，避免出现保险公司与保险专业中介机构、保险机构与第三方网络平台等相混淆的情况。

第三节　保险促销与分销业务实训

一、新人晋升培训

图3－1、图3－2所示分别为新人晋升培训课程架构（第1天）、新人晋升培训课程架构（第2天）。

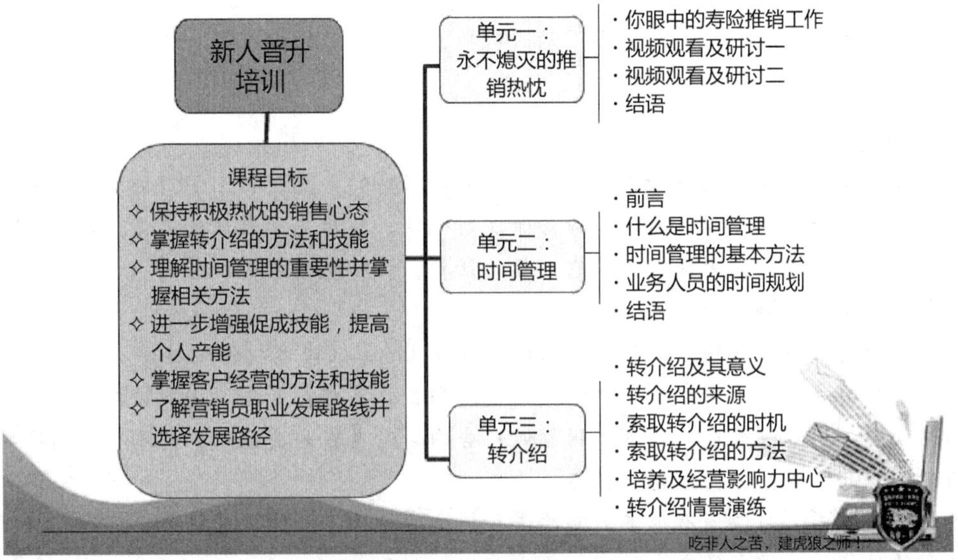

图3－1　新人晋升培训课程构架（第1天）

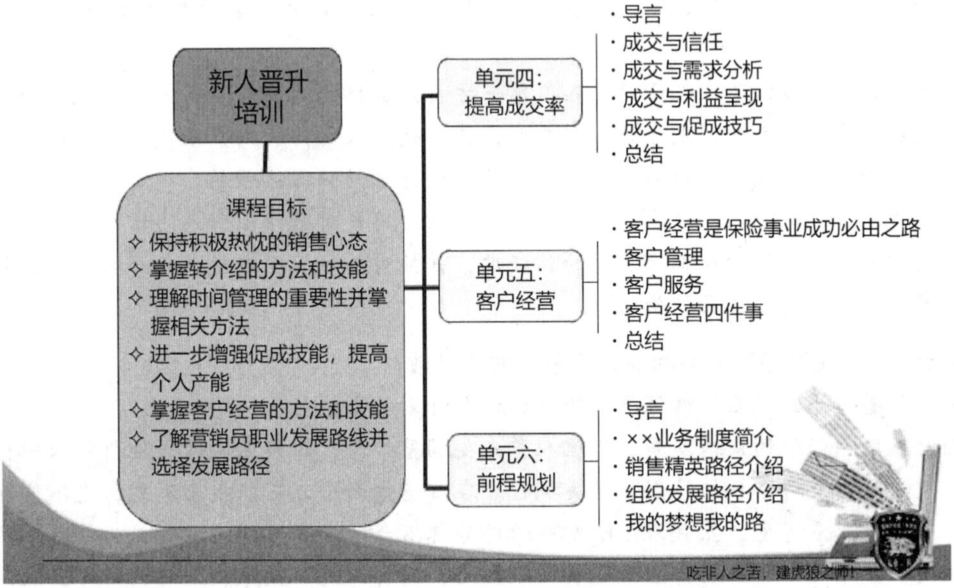

图3－2　新人晋升培训课程构架（第2天）

二、新型营销渠道

1. 实训目的

引导学生学习并利用互联网等新型科技手段，善于利用并开发更新的营销渠道。

2. 实训要求

掌握新型营销渠道区别于传统营销渠道的特点；能够利用新型网络营销渠道开展保险销售工作；尝试开发新的营销渠道。

3. 实训内容

互联网时代给保险营销带来了巨大的变革和无限的可能，除了微博营销，还有微信营销、二维码营销等新的手段。阅读以下两段资料，结合某款保险产品，你能开发一种网络营销的新渠道吗？

【拓展阅读】微博营销

微博营销是一种新型网络营销方式，因为随着微博的火热，催生了有关营销方式，就是微博营销。每一个人都可以在新浪、网易等注册微博，然后更新自己的微博。每天更新的内容就可以跟大家交流，或者涉及大家感兴趣的话题，这样就可以达到营销的目的。这样的方式就是新兴推出的微博营销。

国内的微博在微博营销方面较为突出的当属 Follow5 微博客，他们接连成功举办了孙楠大连公益演唱会和水木年华北京工体十年启程演唱会，可谓是开创了国内微博的先河。各大门户网站的微博也不甘落后，在各个网站做广告的同时也在蠢蠢欲动，都渴望在这个将来可能成为新的媒介形式的微博分得一杯羹。

值得一提的是，微博还有很多需要改进和提高的方面，如微博的认知度还有待提高，注册和使用的便捷性、信息的分类处理等都需要进一步改善。

博的价值在于简练，在于面向最普通的大众，意义在于广播形式。

微博营销模式至少有以下 4 种：活动营销；植入式广告；客户服务的新平台；品牌宣传。

微博营销很可能需要第三方的介入，第三方就是微博的运营商。第三方首先是给出一种策划，然后需要对三类微博做组合，即企业微博、代言人微博、用户微博，用一种受众能够认同的并且受欢迎的方式，对新产品、新品牌等进行主动的网络营销。

微博作为营销平台的入口有待进一步开发。微博用户对微博上信息的信任度高，对微博上的商业信息、商业活动也都有较高的信任度，并且对关注的人或粉丝推荐的产品更具有好感，微博具有较大的潜在营销价值。

【拓展阅读】互联网保险来势汹汹，代理人如何自救？

一、调整心态正视互联网保险　给自己订个计划马上执行

面对互联网保险的快速发展，代理人首先要调整心态，正视互联网保险所带来的机遇与挑战，然后给自己订个目标计划，坚决执行。在心态方面千万不能视而不见，更不能躲之避之。不管你看不看得见，互联网保险发展的趋势都不会改变。另外，不要以为换行业就能躲开互联网，如今几乎所有的行业都在触网。因此，只有正视、拥抱、适时利用好互联网，才能给自己带来机遇。

不管如何选择，都是互联网在推动甚至逼迫代理人提升学习能力，突破寿险、面向更广泛的金融产品，更重要的是学会让互联网为自己所用。因此，不少代理人在网上建立了个人网页，或在沃保网、大家保、放心保等第三方网站上租赁门店，确实可以带来销售机会。那么，为何要选择一个好的第三方保险平台作为代理人自己的网站渠道呢？

二、建立有资信认证的个人网站 扩大知名度和可信度

“众多代理人在网上纷纷设立了自己的‘个人理财工作室’的个人网页。这能够让客户更加清楚近期公司的主打产品，了解保险知识等。另外，比如我自己就在沃保网上开通了皇冠会员，目的就是希望借着沃保网这个大品牌宣传自己，最看重它提供的‘代理人资信认证体系’这个功能。因为这比自己建立的博客或者空间来得更有可信度，另外有专人帮忙推广，个人在网络上的知名度也会提升。”来自保险之家——沃保网一名资深代理人如此表示。

其实，许多代理人每天工作中的第一件事情就是打开电脑，因为网络系统能够帮助代理人完成售前的所有作业环节，通过智能指挥，清晰指引代理人队伍高效完成售前的邀约、拜访、促成等诸多活动环节。另外，在洽谈保险业务时，代理人也可以端着一台笔记本电脑或者手持一台平板电脑，甚至只需要手机就可以通过互联网直接完成签单和收取保费的过程。同时，代理人与老客户联系的方式也从过去的单纯使用电话联系，变为更多地借助微博、微信等互联网社交平台。对此，来自沃保网的另一位资深代理人表示：“如今有非常多的代理人都有自己的微博、微信账号，用以和客户联系，或者发布一些保险小知识，拉近和客户的距离。我自己也一直在运用，虽然签下的单子不多，但是品牌打出去了，周边的人都认识我这个保险代理人。我也会适时用自己在沃保网的个人站更新产品和保险理财知识等。”

三、不断提升自己的外延价值　加强售后服务质量

互联网介入传统金融行业并不久，但所造成的冲击和变革却已成事实。在这几年的发展中，保险代理人的工作方式也已经跨入了“E 时代”。来自沃保网的一位资深寿险代理人表示：“保险代理人的出路之一是不断提升自己的外延价值，给客户网络上给不了的东西。但目前来说，互联网对我们代理人而言，主要是方便工作和客户维系的用途。客户通过我们的个人网页或者其他一些网站主动提出投保需求，签单机会也是无形中慢慢增多的。”

在未来，国内的代理人还可以走高端路线，给客户提供一整套全方位的财务规划、风险解决方案，以及当客户在发生理赔时，站在客户的角度为其争取到更多利益。专业的代理人只有准确将一个保险产品所包含的所有信息都告诉客户，为客户利益负责，才能够真正在这个市场上做大。其中，售后服务对客户来说至关重要，这恰恰是互联网保险所不能够提供的，代理人更是要不断加强提升自己的售后服务质量。

当然，售后服务包括的内容很多，比如客户生病出院后，第一时间为他们送去理赔金；当客户搬家地址发生变更时，要及时帮助他们变更合同；逢年过节时，要及时向客户拜年问好，寄去贺卡；等等。同时，针对不同客户也要提供差异化的服务，例如年轻客户过生日时，打电话、发短信问候一下就可以；但当老年人过生日时，可亲自登门问候。又如，帮客户解决孩子教育的问题，对客户进行知识性教育（比如，给客户解释 30 种大病是什么、30 种小病是什么）；等等。

此外，售后服务是增加营销附加值的内容，客户遇到的任何难题都可能是售后服务的内容，售后服务做得好，才能开发出市场的最大潜力。当然，售后服务的细节体现在很多方

面。把保险卖出去并不等于保险销售的结束，而是销售的开始。人的心理是不断变化的，为了更加完善售后服务，还要及时了解客户的想法，及时调整自己的服务内容。还要建立良好的售后管理方法，例如把客户的生日、续缴保费日期等制成备忘录，便于查阅和管理。

总而言之，代理人体系不会消弭，毕竟国民的保险意识尚不发达，代理人客观上起到了教育市场的效果。有网络营销理念的优秀代理人可以利用互联网扩大销售半径、提高拓展效率，终究摆脱保险公司的产品束缚，发展成为以专业咨询为价值核心、真正站在客户立场、为客户服务的保险经纪人，甚至综合金融经纪人。如今，保险公司纷纷触网，作为保险代理人也不能落伍，紧紧跟随互联网保险发展的潮流，不断提升自己的外延价值及售后服务质量，在未来就不怕没有自己的一席之地。

【课程思政教学实例】保险分销渠道创新

【案情简介】

联名营销：客户的需求是保险业跨界合作的根源，多领域的合作将起到协同增效的作用。跨界营销核心在于“创新”，目的在于通过创新解决营销环境中存在的问题，实现合作双方的共赢。比如，友邦保险公司和一家网红餐饮店花圃的联名，花圃注重呈现天然食材，呼吁健康饮食，这与友邦“健康长久好生活”的理念不谋而合。

自媒体营销：2021 年保观 InsurStar 的年度保险短视频大 V 奖颁给了深蓝保，深蓝保以微信公众号、小程序为载体，提供保险知识科普、热门产品测评、一对一保险规划、保单管理等服务。长久以来，国人的保险观念都相对保守，近几年以深蓝保为代表的自媒体逐渐出现在大家的视野中。结合图文、视频等多形式的传播，深蓝保让枯燥复杂的保险知识变得有趣且有料，也让更多人正确认识保险，相信保险的价值。

场景营销：保险需求具有隐蔽性，有时需要外部刺激才能被激发，这样的成本往往是巨大的。如果在营销过程有一个虚拟的场景去模拟，就能够在一定程度上唤起客户的潜在需求。场景营销首先要准备一系列生活场景，体验者通过游戏的方式模拟保险人生。体验者根据职业、性别、年龄等基本要素选择角色，进入生活场景的模拟，在不同关卡中穿插各种风险，体验者选择不同的保险产品用来规避风险，体验不同人生。

人工智能营销：近年来，科技发展突飞猛进，AI 科技也逐渐为保险营销注入了新的活力。例如，利用 AI 智能客服获取客服数据，给出准确合理的回复，同时将数据收集起来进行建模和分析。此外，AI 还可以提供实时辅助营销。目前，中国人寿提出了科技创新助力打造“智慧国寿”的畅想。他们以人工智能为技术支撑形成了以慧学、慧听、慧眼为智能核心的“国寿大脑”整体规划。

【案例中的思政元素】

①科学精神。好的营销渠道要能够经得住时间的考验，以上同学提出的创新渠道是否科学严谨？

②时代担当。以上案例均来源于保险专业学生的课堂分享，运用同学身边的案例进行分享，更加容易产生共鸣。此外，青年学生的创新思路应该得到鼓励及正确引导。

③广阔视野。鼓励学生不断扩展知识的深度和广度，尝试将新思路、新理念、新技术、新方法运用到保险营销实践中。

第四章　承保业务操作技能训练

实践目标

保险公司承保，是在保险营销员完成业务拓展之后进行，对投保人保险需求给以书面形式的确定，从而完善保险程序，这是每项保险业务必须进行的程序。本章要求学生了解保险承保环节在整个保险经营环节中的地位。掌握保险一般程序、保险核保的主要内容以及保险公司对展业与承保的管理。

实践要点

利用保险业务操作软件，掌握保险承保、核保的主要程序、步骤。保户投保，包括保户填写投保单、缴纳保费；保险公司承保、签订保险合同，包括核保、出具保单、出具保费的收据等。

思政目标和要点

承保既是保险经营的首要问题，也是保险经营中的基础工作，承保质量高低直接关系到保险公司经营的稳定和经济效益的好坏。承保质量是反映保险公司经营管理水平高低的一个重要标志。通过对本章的学习，有助于学生加深对保险承保的认识，正确认识保险公司的职责和使命，加强对保险职业的理解和认同。

第一节　承保业务主要环节和操作要点

保险业务运作是从承保开始的。承保既是保险经营的首要问题，也是保险经营中的基础工作，承保质量高低直接关系到保险企业经营的稳定和经济效益的好坏。承保质量是反映保险公司经营管理水平高低的一个重要标志。

承保是指保险人接受投保人的申请并与之签订保险合同的全过程。从严格意义上讲，一项保险业务的接洽、协商、投保、审核、配证、收费、建卡都属于承保工作。实际上，承保是展业的继续，是在展业的基础上进入保险合同双方就保险条件进行实质性谈判的阶段。可以说，承保是寿险业务处理中最复杂、最频繁、最集中的环节。

一、制定承保方针

因为承保环节是保险公司进行筛选风险的一个过程，保险公司经营风险的高低在很大程度上取决于这一环节的把关程度。因此，保险公司一般都设有专职的承保部门，由它制定与公司目标相一致的承保方针和编制承保手册。

承保手册起到了向保险公司展业人员传达公司承保方针的作用，也是帮助承保人做出最优承保决策的行为指南和依据。承保手册主要内容包括：规定承保的险种、展业的地区、所使用的保险单和费率厘定计划，以及可以接受的、难以确定的和拒保的业务、保险金额，需要得到上一级承保人批准的业务等。

二、获取和评价承保信息

承包人员通常是在综合各种信息和个人判断的基础上决定是否接受投保人的投保申请。为了做出准确、合理的承保决策，承保人员必须从各个方面获得各种信息，以便分析和评价投保人面临的风险。这些信息可通过下列资料获得。

1. 投保单

投保单是保险合同的重要组成部分，也是不可缺少的原始单证。在投保单上，投保人要向保险人如实告知影响保险人做出签约决定的全部重要事实。例如在人身保险中，投保人需要如实填写被保险人的年龄、健康状况、职业、经济承担能力、与受益人的关系等情况。如果投保人未能如实告知、隐瞒这些重要事实，保险人可以投保人违反最大诚信原则而解除保险合同。因此，投保单成为承保人的第一手资料。

2. 业务员报告书

业务员报告书并非保险合同的一部分，保险公司有义务对其内容保密。因此，保险代理人可以无所顾忌地在其中披露有关被保险人各方面的详细信息。因为只有保险代理人面见过被保险人，对被保险人的健康状况、家庭情况、身体缺陷等有真实的了解，保险代理人的如实告知有利于承保员保证保单的承保质量。

3. 体检报告书

在人寿保险和健康保险中，体检报告是提供被保险人身体健康状态信息的重要来源。体检的内容与被保险人的年龄、保险金额等有关，体检后应填写体检报告书，以供核保人员审核。体检报告书包括三部分内容：

（1）被保险人对体检医师的书面健康陈述；

（2）医师对被保险人进行体检结果的记载；

（3）体检医师对被保险人的综合健康评价。

4. 调查报告

在投保大额人寿保险的情况下，如果承保人员想了解被保险人更多健康状况以外的情况，如职业、品质、习惯及经济情况，则需进行实地调查。通过调查，可以对投保单中未涉及信息加以了解，还可以对已掌握的信息进行证实。这项调查可以由保险代理人、保险公司的调查人员或专业调查机构进行。

5. 病例摘要报告书

对于存在严重既往病史的客户，有时有必要通过其曾就医过的医院，查看其病历报告，才可能对危险做出恰当评估。病历摘要报告书应包括现症就诊详情和以往就诊记录。

6. 寿险同业健康信息中心

在美国寿险公司核保的另一个信息来源是健康信息中心。它是由多家寿险公司组成的一个非营利机构。该信息中心的成员公司把承保过程中收集到的健康方面的信息和少量非健康方面的信息编号，并向该中心报告。成员公司可以利用该中心的档案来核实被保险人的健康状况，但是核保人员不能仅根据健康信息中心提供的信息做出承保决定。

三、审查核保

审查核保包括审核投保单填写是否准确，以便识别和衡量投保人、被保险人和保险标的的风险，从而科学地进行承保选择和承保控制，才能以适当的保险费率或保险条件做出正确的承保决策。

四、做出承保决定

1. 正常承保

投保人的投保条件符合保险公司承保手册中的标准，保险公司按标准费率承保给保险标的的风险，并出具保险单，至此对投保人的投保要约进行书面承诺。

2. 条件承保

对于低于承保标准但经适当调整仍可进行承保的，保险公司通过增加限制性条件或加收附加保费的方式予以承保，并出具保险单。

3. 延期处理

当被保险人危险因素的程度不明确，无法给予准确合理的风险评估时，核保人员常采用暂时不予承保，即延期处理。

4. 拒绝承保

如果投保人投保条件明显低于保险人的承保标准，保险人就会拒绝承保，从而避免保险公司经营风险过大，保证偿付能力，以实现保险公司经营目标。

五、单证管理

缮制单证是保险承保工作的重要环节，其质量的好坏直接关系到保险合同双方当事人的权利和义务能否顺利履行。保险单证的缮制要及时，采用计算机统一打印，做到内容完整、数字准确、不错不漏、无涂改。保单上注明缮制日期、保单号码，并在保单的正副本上加盖公、私章。如有附加条款，将其粘贴在保单的正本背面，加盖骑缝章。

六、续保

续保是指一个保险合同即将期满时，投保人在原有保险合同的基础上向保险人提出续保申请，保险人根据投保人当时的实际情况，对原有合同条件稍加修改而继续对投保人签约承保的行为。

第二节　核保工作流程及内容

一、核保含义

核保工作主要是对任何不利于保险经营、有损被保险人群体的因素加以排除或者进行适当的危险评价，以维护保险制度运作的公平，实现保险经营安全与获利，确保投保大众经济利益，达到危险分摊公平等目的。核保对事故率是主动的，利用承保条件，核保选择行为的准确性和科学性决定了事故率的高低。

核保是风险选择的过程，是实现保险经营中盈利目标的主要手段，是保险公司管理水平和状况的重要标志。核保是寻求与标的风险相适应的承保条件的过程。图 4－1 浅析了风险信息的主要来源。风险状况界定是在对各种来源的风险状况信息进行全面分析与研究的基础上，引用大数法则，对风险的高低进行定性或定量描述的结果。

“核保”是指“审核承保条件”的意思，而承保条件主要指保险责任范围（包括基本条款、扩展条款、承保协议中有关的内容等）、保险金额（限额）、费率、免赔额度、缴费方式、费用（经纪费用、服务成本等）等。根据保险公司的有关政策、再保险安排能力与状况，承保条件是确定风险大小的主要因素之一。同时，承保条件的各要素之间是可以呈现一定非线性互动关系的。

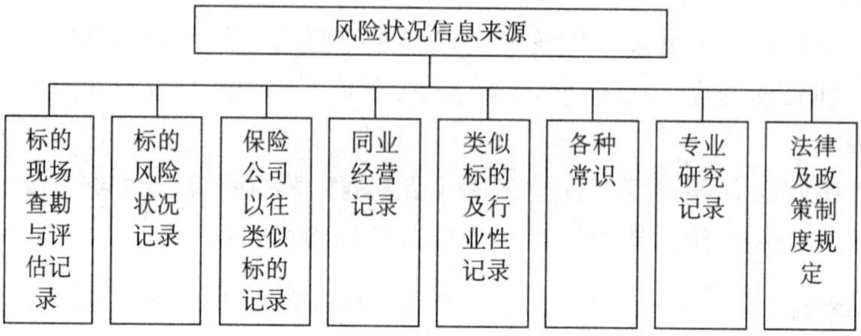

图 4－1　风险信息组成

有的保险公司倡导“必须确保公司承保的每笔业务都盈利”的策略，对核保工作提出了非常明确的工作目标与导向。

在保险公司的风险管理环节，核保岗位直接面对各种投保咨询资料，对于进入保险公司的各种风险进行判断和选择，处于控制风险入口的核心岗位和前沿地位。优秀的核保人员不但可以正确地对风险进行判断和选择，而且能够促进业务的发展，提高公司经济效益，强化公司的专业形象，增强竞争能力。核保工作做不好，对公司的业务发展、风险控制都有很大的负面影响，既无法处理好业务发展速度与质量的矛盾，又不能有效地控制风险。

二、核保工作流程

图 4－2 所示为核保工作的具体流程。

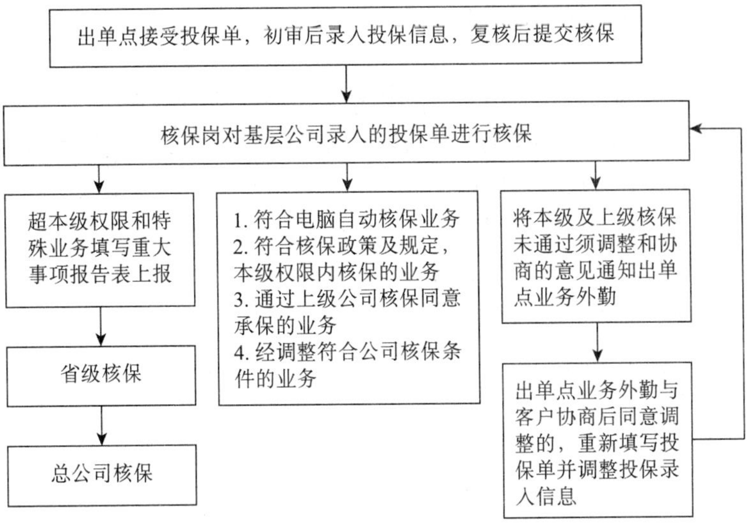

图 4－2　核保工作流程

1. 制定核保政策

各公司根据业务经营情况，因时、因势、因利地制定具体核保基本原则。全面、细致、谨慎地进行核保，争取最好的承保条件，保证保险公司具有长期的承保利润；避免片面追求规模的短期行为，这将破坏市场和客户的关系，不利于保险公司的长远发展。

在业务质量把控上将业务类型分为以下三种：

一是提倡承保的业务，包括：近两年已决赔付率加未决赔付率之和小于40%的效益险种；近两年已决赔付率加未决赔付率之和小于40%的优质客户群体的业务。

二是控制承保的业务，包括：近两年满期赔付率大于65%的高赔付险种；连续两年满期赔付率大于65%的高赔付率的客户群体；老、旧车型不得承保全车盗抢险、自燃损失险或火灾、爆炸、自燃损失险和不计免赔特约险。

三是禁止承保的业务，包括：有欺诈行为的客户；严重亏损的客户。

2. 核保管理

（1）坚持集中核保原则，并按照授权管理规定，确定各级核保权限；

（2）根据风险经营状况制定本公司核保规定，并及时进行调整；

（3）核保岗位人员必须实行持证上岗及考核制度；

（4）加强对初核人员进行业务技能、核保规定培训考核。

3. 核保操作

（1）属于本级权限内业务核保。录单员初步审核投保单及相关资料、录入投保单后，经复核提交核保员。符合自动核保条件的业务，由业务系统自动核保后生成保险单。不符合自动核保条件的业务，由核保员按照本级公司的核保规定进行审核，核保通过时，生成保险单；须修改或调整的，通过业务系统或重要事项报告表将核保意见反馈给承保公司业务人员，由业务人员负责与投保人协商调整后，重新填写投保单，修改录入信息再次提交。核保不通过时，应签署拒保意见。拒绝承保的，业务人员应及时将信息反馈给客户。

（2）超出本级权限的业务核保。必须按核保权限规定，填写重要事项报告表并提出承保意见，逐级上报上级公司核准同意后方可核保。接到上级公司回复的核保意见后，核保中心应按照有关规定及时与承保公司联系，确保出单时效。

4. 核保时限

（1）属本级权限内的业务，应立即通过电脑业务系统进行核保。

（2）超本级权限或特殊需要上报的业务：地市级公司必须在一个工作日内填报重要事项报告表；省级公司对本级权限范围内业务的核保必须在接到上报重要事项报告表的一个工作日内完成核保；超出本级权限范围的业务应在接到上报的重要事项报告表的一个工作日内提出本级核保意见并上报总公司。总公司收到省级公司上报的重要事项报告表后应在一个工作日内完成核保并将意见反馈给上报的省级公司。

三、核保工作的主要内容

保险核保内容主要包括承保选择和核保控制两个方面。

（一）承保选择

承保选择表现在两个方面：一是尽量选择同质风险标的的承保，从而使风险在量上得到测定，以期风险平均分散；二是淘汰那些超出可保风险条件的保险标的。承保选择包括事前选择与事后选择。事前选择使保险公司处于主动地位，若发现问题，公司可以根据具体的风险状况决定拒保或附加条件承保。

1. 事前选择

事前选择包括两个方面：一是对投保人或被保险人的选择。虽然保险标的本身的性质与保险风险的大小关系最为密切，但是在整个保险经营活动中，保险标的始终在投保人或被保险人的控制下。投保人对保险标的是否具有保险利益、投保人的品格和行为都会直接影响保险事故发生的可能性与损失程度的大小。二是对保险标的的选择，保险标的是保险公司承保风险责任的对象，其自身性质和状况与风险大小以及所造成的损失程度直接相关，保险公司在承保业务时必须对不同性质的保险标的加以分类，核保时依据分类标准对具体的保险标的做出合理选择，剔除影响保险经营稳定的保险标的。对保险标的选择的重点应集中在保险标的本身发生损失的可能性大小上。

2. 事后选择

事后选择是保险公司对保险标的的风险超出核保标准的保险合同做出淘汰的选择。具体表现为：一是保险合同保险期满后，保险公司自动解除与被保险人的合同关系；二是保险人如发现被保险人有错误申报的重要事实或欺诈行为，可解除合同；三是按照保险合同规定事项注销保险合同。

（二）核保控制

核保控制是指保险人对投保风险做出合理的核保选择后，对承保标的的具体风险状况，运用保险技术手段，控制自身的责任和风险，以适合的承保条件予以承保。核保控制的对象主要有两类：一是风险较大但保险人还是予以承保的标的，保险人为了避免承担较大的风险，必须通过核保控制来限制自己的保险责任。二是随着保险合同关系的成立而诱发的两种新的风险——道德危险与心理危险。保险公司控制道德危险的主要措施包括控制保险金额、避免超额保险、控制赔偿程度；保险公司控制心理危险的主要措施包括控制保险责任、设定免赔、实施共同保险、订立保证条款、设置优惠条款等。

1. 控制保险责任

（1）控制逆选择。所谓逆选择是指那些有较大风险的投保人试图以平均的保险费率购买保险。逆选择意味着投保人没有按照应支付的公平费率去转移自己的风险损失。通常，保险人通过不承保或有条件的承保不符合保险条件者，从而控制投保人的逆选择。例如，投保人患有超出正常危险的疾病，保险人就不会同意其购买定期死亡保险的要求，而劝其改为购买两全保险。这样一来，保险人既接受了投保，又在一定程度上抑制了投保人的逆选择。

（2）控制保险责任。除了常规风险外，对于一些具有特殊风险的保险标的，保险人需要与投保人充分协商保险条件、免赔额、责任免除和附加条款等内容后特约承保。这样既能满足被保险人的特殊需要，又能控制保险责任，使保险人支付的保险赔偿金额接近预期的损失金额。

（3）控制人为风险。人为风险是保险人在承保时比较难以防范的风险，尤其是随着保险欺诈水平不断提高而有不断增加的趋势。在实务中，通常要防范和控制道德风险、心理风险和法律风险。

2. 控制道德风险

（1）控制保险金额，避免高额保险。控制保险金额也就意味着控制了保险损失赔偿和给付的最高限额。人寿保险，由于保险标的具有不可估计性，投保人通常根据自己的保险需求和保费的交付能力来确定保险金额，很容易因高额人寿保险而产生道德风险。因此，保险人一般不接受过高保险金额的保险业务。

（2）控制赔偿程度。损失补偿时通常有三个限额：一是以保险金额为限；二是在保额的限度内以实际损失为限；三是以可保利益为限。人身保险中的医疗费用保险必须严格遵守保险的补偿原则。

3. 控制心理风险

（1）控制保险责任。控制保险责任也就是控制保险人承担风险的范围和保险赔偿或给付的责任。在承保时，为了明确和控制保险责任范围、满足不同层次投保人的需求，保险人将保险责任分为基本责任、特约责任和除外责任，并通过制定相应的保险条款来明确所承担的赔偿责任。

（2）规定共同保险。共同保险是指由保险人和被保险人按各自规定的比例共同承担保险责任。在对容易产生心理风险的保险险种，保险人常在保险条款中订立共同保险条款，让被保险人自己承担一定比例的保险损失，从而遏制被保险人心理风险的产生，并减少高风险承保的赔偿责任。例如，健康保险中的医疗费用保险就有共同保险的规定。

第三节　核保风险因素分析

一、人身保险核保要素

（一）健康因素

1. 年龄

年龄是风险选择时所要考虑的最重要因素之一，因为死亡概率和人身伤害概率一般随着年龄增加而增加。当年龄达到一定程度时，死亡率急剧提高。因此，在通常情况下，寿险公司都规定每一险种的最高承保年龄，超过这个年龄的被保险人则不接受其投保。而对于50岁以上的投保人，就要进行必要的体检。

2. 性别

女性除妊娠期间死亡率较高外，其他时间死亡率较男性均低。对于重大疾病保险中所承保的多数疾病来讲，男性患病率较高。这可能与男性工作压力较大、社会活动频繁、生活习惯和规律性较差、对身体轻微不适的重视程度不够等因素有关。因此，同等年龄投保重大疾病险，男性费率高于女性。

3. 体格

体格即体形，一般通过身高、体重比例来衡量。过胖、过瘦都会对核保结论产生影响。体重过轻的客户即使体检无异常，但其体质往往较差，免疫力较弱，患病的概率也较大。体重过重的原因有很多，主要与遗传、内分泌异常、进食过多而活动过少有关。肥胖客户的血糖、血脂、血压对心脏都会有影响，而这些体检项目异常直接影响健康保险保单所承保的险种责任。

4. 身体状况

身体情况的评定主要依靠体检报告的相关数据。客户是否需要体检，以及做何种体检项目是根据投保金额及健康告知书所反映的情况决定的。一般大致可分为血压、心电图、尿液和血液等方面的检查。

5. 个人病史

个人现病史是指被保险人投保时正患有的疾病，包括客户投保时告知正患疾病和体检发现的疾病。对未来被保险人身体状况不产生较大影响的病症，如白癜风等，可按标准体承保。对重大疾病有直接影响的危险因素，如肺结核、心肌炎等应予以拒保。对于现病史不能判断是否会发展变化的疾病（如胸部肿块），不知是良性还是恶性，应延期承保，待手术确诊后再进行判断。

6. 家族病史

在对保险标的进行风险评估时，家族病史是一个重要依据，因为有些疾病是容易遗传的，如糖尿病、高血压。家族病是指遗传因素起主导作用的疾病，这些疾病在出生时甚至在胚胎时，由于基因遗传就已形成。如果被保险人的父母均因心脏病在60岁以前死亡，那么被保险人患心脏病的概率就很高。一些传染性疾病虽然其本身并不一定遗传，但是由于母亲在怀孕或分娩时将此疾病传给婴儿，如乙型肝炎，此类人员的子女投保时应通过体检等方法进行筛选。

（二）非健康因素

1. 保险利益

保险利益是指投保人对保险标的具有的法律上承认的利益。投保人对下列人员具有保险利益：本人；配偶、子女、父母；前项以外与投保人有抚养、赡养或者扶养关系的家庭其他成员、近亲属。除上述规定以外，被保险人同意投保人为其订立合同的，视为投保人对被保险人具有保险利益。在核保具体操作中，关于被保险人同意规定的应用范围相对严格，必须要求投保人与被保险人之间存在一定的经济利益关系。主要包括以下关系类型：

（1）雇佣关系：企业对具有合法雇佣关系的人员具有保险利益。

（2）合伙人关系：一方合伙人对另一方合伙人具有保险利益。

（3）债权债务人关系：债权人对其债务人具有保险利益。

（4）其他合法关系：合理的经济利益关系。

2. 职业

职业不同，其所具有的危险程度不同，对死亡率的影响也不同。职业按其危险度可分为事故危险职业、健康危险职业、工作环境危险职业三类。事故危险职业是指容易发生各种意外事故的职业，如矿工、潜水员等；健康危险职业容易诱发某些职业性疾病，经常接触粉尘、放射性等有毒有害物质的人员容易患矽肺、工业中毒等职业病；工作环境危险职业，由于劳保设施不完善、劳动强度大、工作时间长，意外事故发生率较高，对健康危害程度也很大。

3. 习惯、嗜好

对有不良生活习惯，如饮酒、抽烟、滥用药物、体态肥胖，并伴有高脂血症、高血压等症状的客户，核保时要作为重点。

4. 投保履历

了解过去是否曾投保保险或目前正在申请保险，是否曾被加费、延期或拒保，是否有过理赔记录等。

5. 兼职状况

兼职工作使人们经常处于过分紧张状态，其危险性比无兼职状况者更高。

6. 生活环境

被保险人生活环境的好坏，通常与生活收入状况有密切关系，同时亦与教育程度、家庭成员、社交环境是否复杂有关。恶劣的环境势必对人的身心健康造成不利影响，从而增加死亡率。如居住地处于市中心，一方面噪声对健康产生不良影响，另一方面容易发生交通事故。所以环境也就不可避免地成为人寿保险核保必须考虑的因素之一。

（三）财务因素

财务核保在核保中占据重要地位，其目的在于确定合理的保额，减少逆选择、骗保骗赔和退保等。财务核保时，核保人员需要综合分析影响保险需求的诸多因素，包括被保险人的年龄、职业、收入、性别和婚姻状况等，据此来综合判断被保险人的真实财务状况和合理保险需求。

1. 财务核保的审核资料

（1）投保单中的基本信息。

（2）财务问卷。被保险人累计风险保额在50万元以上的，填写高保额财务问卷。

（3）生存调查资料中包含的财务资料，例如生存调查问卷、生存调查报告。

（4）其他收入证明资料、薪金收入证明，如每月工资单、纳税证明等。

（5）其他收入及资产拥有权的证明，如房产证、购买汽车证明、股票交割单等。

（6）其他客观性的可帮助评估被保险人经济价值的资料。

2. 财务核保的要点

（1）投保人所投保的险种，期缴方式年缴保费一般应控制在本人年均收入的20%以内。

（2）被保险人的合理累计风险保额由被保险人的经济价值确定，即由其本人的收入能力决定，核保中一般根据其本人年均收入的倍数确定。不同年龄段下投保人年收入与最高保险金额的倍数关系如表 4 – 1 所示。

表 4 – 1　投保人年收入与最高保险金额的关系

年龄	现行收入的倍数	年龄	现行收入的倍数
20 ~ 24 岁	20	45 ~ 49 岁	11
25 ~ 29 岁	18	50 ~ 54 岁	9
30 ~ 34 岁	17	55 ~ 59 岁	8
35 ~ 39 岁	19	60 ~ 64 岁	6
40 ~ 44 岁	12	65 岁和 65 岁以上	5

（3）如果投保申请超出上述比例计算的保险金额，核保人员应综合分析其投保动机、保障需求、收入状况，如果并未发现有异常情况，可以考虑予以承保，但此类超额幅度应控制在 20% 以内。

二、财产保险核保要素

（一）投保单

投保单是保险合同的重要组成部分，且每笔业务一定要有投保单。投保单必须由投保人亲自填写，保险公司的展业人员可给予协助和指导。填写投保单要求内容真实、字迹清楚、书写工整、完整，如有错误或遗漏，投保人必须在更正处签章，不得随意更改。审核投保单时应注意的要点：

（1）投保人名称应填写投保人单位的全称。投保人在一般情况下应与被保险人一致，如不同，应问清他们之间的关系，是否具有可保利益。因债权、债务、抵押或有关利益的关系方也可以成为被保险人，但必须同时列上各自的全称和地址。

（2）保险财产地址指保险标的所在地即坐落地点，如若保险标的存放地址不止一处时，应列明各处的地址、保险金额和保险标的。若被保险人变更或增加财产存放地，应及时向保险人申报，经保险人加批后将其列入保险财产范围。

（3）投保人对投保单填写内容核对无误后，须在投保人签章处加盖公章，并填写填单日期。

（二）风险评估表、风险查勘报告

承保前，应根据所有的材料，实地查勘投保单位的周围环境、防灾措施、风险管理情况，进行风险分析和评估，主要工作有：

（1）查明保险财产的占用性质，以便弄清可能存在的风险；查明建筑物的主体结构及所使用的材料，确定建筑物等级。

（2）了解地域范围情况。保险财产处于不同的地域范围，具有不同的危险，如保险财产处于沿海一带，就有遭受台风的可能；处于河边，就有受水淹的可能。要根据保险标的物所处位置分析遭受主要风险的可能性。

（3）了解防灾安全措施。主要看被保险人是否设置有效的防灾设备，弄清其分布、维护情况。如在河边的，在汛期应有一定高度的防水墙和应急方案；一般来说，火灾是主要危险，要按消防部门的规定检查保险财产在设计、装修用料方面是否符合防火要求，是否配备足够的消防器材及消防器材的保养情况，是否订立安全防护措施，是否配有训练有素的消防施救人员，以保证随时使用。

(4) 了解保险财产以往的损失情况。一般从被保险人过去3~5年的损失记录中可看出被保险人对保险财产的管理情况，通过分析以往损失原因找出风险所在。

(5) 了解被保险人的道德情况。特别是对经营状况差的企业，弄清楚是否存在道德危害。为防止道德危害发生，需要通过政府有关部门或金融单位了解客户的资信情况，必要时可建立客户资信档案，以备承保时使用。

(6) 划分危险单位。危险单位划分是指组成保险财产的各个单元（如建筑物）之间遭受灾害事故时所波及的范围。若两个单元是可以分隔的，发生灾害时不至于相互波及，可视作两个危险单位，否则作为一个危险单位。

(7) 分析最大可能损失。确定危险单位之后，就要估计最大可能损失，这是指保险单项下承保的财产在发生灾害事故时可能遭受的最大风险之后，根据这种风险可能对保险标的波及面和保险标的物本身的抗火、抗灾能力，尽可能合理地估计出整个保险标的的最大损失率。以损失率乘以保险财产的保额，便是最大可能损失数字。

从以上几个方面进行风险评估之后，要填具有关风险评估表或核保问卷。

（三）承保条件

1. 主条款

对于财产保险各险种主条款，原则上都应使用经保监会审批的主条款。对非标准条款的使用需求，必须首先对条款具体内容进行审核，并报监管部门备案。

2. 附加条款

附加条款是对主条款的扩展、补充和说明。对于附加条款的使用，应考虑标的实际风险状况和市场竞争因素，力求规范、严谨、逐一核保。财产险类附加条款有些主要只是明确保单赔偿基础或是对保险合同内容的解释，一般不考虑加费，还有一些对保险范围的扩展。具体使用应该根据保险标的的实际情况，设定赔偿限额或每次事故免赔额，并在厘定费率时综合考虑。

3. 特别约定

特别约定及备注均应作为重要的核保内容。保单上的特别约定及备注与条款具有同等法律效力，处理失当可能危及整个保单的实质性内容。使用特别约定及备注，有标准文本的必须使用标准文本，没有标准文本的用语必须具体、完整、准确。

4. 保险金额

保险金额是保险人承担赔偿责任的最高限额。确定的保险金额不同，所能获得的赔偿也不同。保险金额相当于财产实际价值的保险，称为全额保险（足额保险）；保险金额低于实际价值的保险，称为不足额保险；保险金额高于实际价值的保险，称为超额保险。不同的保险标的，可用不同的方法确定其保险金额，保险金额的确定应适当，否则发生损失时，被保险人可能会得不到足够的赔偿。

保险金额一般按以下办法确定：

(1) 按市价确定财产的保额，即按当时的市场行情进行估价所核定的资产（如商品、货物、建筑物、设备）的价值确定保险金额。在保险单上不约定保险标的实际价值，只列明保险金额作为赔偿的最高限额。发生损失时，保险人按照标的损失当时的实际价值（市价）计算赔款。

（2）按财产的重置价值来确定其保额。重置价值是指重新置换或建造同样的全新固定资产所花成本及费用的估价，它包括货价、运费、工资、保险费、税款等。为适应被保险人重置财产的需要，保险人允许被保险人以超过实际价值的重置价值投保。例如，一台旧机器可以同类产品的新机器的价值作为保险金额，以旧换新。以财产的重置价值作为保险金额时，所定的保险金额一般高于市价的20%左右，但具体比例要根据重置或重建所需费用来定。为了明确责任，保险人应附加“重置价值条款”，使用注意事项详见该条款的解释。

（3）按双方约定的保险价值来确定财产的保险金额。财产保险中，保险合同当事人不约定保险标的的实际价值，但对于某些特殊标的，如字画、古玩、工艺品等，投保人或保险人在投保时双方事先约定一个金额，以此作为财产的保险金额。发生损失时不论所保财产在损失当时当地的实际价值（市价）多少，保险人认定按保险单上约定的保险金额计算赔偿。全部损失按保险金额全部赔偿，部分损失按保险金额乘以损失比例赔偿。为了明确责任，保险人应加贴“定值保险条款”，使用注意事项详见该条款的解释。

（4）以约定的赔偿限额来确定财产的保险金额。这种承保方式与一般财产保险不同，其保额往往低于全部被保险财产的价值，当保险标的发生损失时，不论其保额占实际财产估价的比例多少，只要在保额以内，保险人均按照实际损失赔付。这种方法一般只适用于某些特大土木工程如地铁、隧道、大坝、公路、桥梁等。

（5）按保险财产的账面原值或账面原值加成数来确定财产的保险金额。发生损失时，保险人按保险金额与保险价值的比例来承担赔偿责任。值得注意的是，此承保方式不适用于管理制度不完善、账务不清的企业。

（6）保险单明细表中列明的费用，如“清理残核费用”“灭火费用”“施救费用”“专业费用”等，一般以第一危险责任赔偿方式单独列出保险金额承保。每项费用应计入总保险金额并按约定费率收取保费。但也有另外的习惯做法，即把此类费用列入扩展责任中，并规定一个与保额相适应的赔偿限额，但采用这种方式承保加收保费就困难了，一般在确定费率时应考虑这一扩大的责任。

5. 保险费率

保险费率主要根据以下几种因素综合分析后厘定：

（1）建筑物的建筑结构或物资类别；

（2）标的物危险性大小；

（3）历年赔付记录；

（4）标的所处地理环境及当地水文、气象、地质情况；

（5）防灾设施及其保养情况；

（6）被保险人经营管理情况；

（7）免赔额高低；

（8）特别条款。

利润损失险不得单独承保，其保障范围不得大于主险（物质保险）的保障范围，且必须在保单封页上注明所跟主险的保单号。加保利润损失险后一般不得再划分危险单位，利润损失险自留须和主险同比例，总共最多一个自留额。利润损失险赔偿期限低于12个月的，保额必须以12个月计算，赔偿期限高于12个月的，保额相应扩大。保险费率一般为年费率，客户中途退保或短期投保，一般应按短期费率计收保费，保险期限不足一个月的按一个月计算。

费率一经双方商定，在保险期满前一般不得中途改变，若因企业转产或占用性质改变、承保风险明显减少，可根据其危险程度适当调整。

及时收费是保险公司正常运作的基本保证，为尽可能减少应收保费，保单中还要订立最后付费日期。一般被保险人的付款期限应掌握在保险起讫日起两周以内，且应一次缴清，但对一次缴清保费有困难的客户或保险费数额巨大者，可经双方协商后采取分期付费的方法支付保费，但最多不能超过四期，并以书面形式注明每期应缴付的保费和缴付日期。

6. 免赔额

为减少小额赔款的支出，降低投保人的投保成本，同时督促被保险人做好防灾防损工作，财产一切险和机器损坏险应根据标的风险的大小，确定不同金额的免赔额。免赔额可以是一个具体金额、百分比，也可以是具体金额加上损失的百分比，以高者为准。例如：1000元；损失金额的10%；1000元或损失金额的10%，以高者为准。利润损失险的免赔额用时间表达，一般不少于3天。

（四）暂保单

暂保单是正式保险单出具之前开出的一种临时合同，在一般情况下不得轻易使用。出具暂保单的前提必须是客户急需转嫁风险的需求，并且明确表示在开具保单的公司投保；另外，暂保单的保险责任和保险项目必须明确。

使用暂保单有两种情况：

（1）保险中介人在争取到业务而尚未向保险人办妥保险单之前，临时开出的证明。

（2）保险人与被保险人双方在就原则问题和费率、承保范围达成协议后，仍需就某些条件、保单条款细节进行商讨时，先给被保险人开出同意提供保障的证明。至于保单中的核赔、权利和义务等细节，均以正式保单为准。

暂保单在保险人履行赔偿责任上，与正式保单一样具有效力，但其有效期一般不超过30天。当正式保单开出之后，暂保单就自动失效。暂保单也可以在正式保单开出之前中止效力，但保险人应事先通知被保险人。

在出具暂保单时应注意：

（1）保险人必须充分了解被保险人的资信情况及保险标的的风险情况。

（2）被保险人以往的投保情况，如是否曾在其他保险公司投保。

（3）对保险双方已经协商确定保险条件的，被保险人要书面确认。

（4）要求被保险人先支付一定金额的保费（一般为预计保费的10%～20%）。

（5）在暂保单期间发生保险事故，结案必须在正式保单签发之后。

（五）批单

已经核保通过的保险单，如发现差错或因其他问题需要更改，将出具相应的批单。批单的使用须遵循以下原则：

（1）所有批单都需核保，流程同原保单，原则上仍由原保单核保人核保。

（2）对非被保险人原因造成的差错，由上报单位填写处理保单差错申请表，经核保同意后予以批改。

（3）被保险人提出的更改保单条件的申请，须由客户提供批改申请书，经核保同意后予以批改。客户提供的批改申请书应粘贴在投保单背后，并加盖骑缝章。

（4）批单的缮制一般最少三份。一份送交保户，粘贴在保单正本之后；一份经过单证流转后粘贴在保险单副本上，并加盖骑缝章；一份存入客户卷。

（5）凡是保险费有增减的，批单应列明加费或退费的计算公式，同时还要出具付费通知书。

（6）批单的文字要求既要简练，又要措辞达意，能准确地说明问题。

第四节　核保业务操作技能

一、核保操作要点

核保是保险公司对可保危险进行评判与分类，进而决定是否承保、以什么样的条件承保的分析过程。核保是保险公司经营活动的初始环节，是保险承保工作的核心。核保工作的好坏直接关系到保险合同能否顺利履行，关系到保险公司的承保盈亏和财务稳定。严格规范核保工作是降低赔付率、增加保险公司盈利的关键，也是衡量保险公司经营管理水平高低的重要标志。

核保流程是保险公司保险经营的核心流程之一，流程环节的掌控对公司整体风险选择能力的管理与改善是非常关键的。

1. 接受投保申请

投保申请主要通过投保单的填写与递交来实现。

2. 风险调查与评估

接收投保单后，保险公司开始进行风险调查与评估，主要从两个方面着手：一是审核分析投保人填写的风险申报表（评估表）的内容；二是现场查勘。风险评估必须以达到了解标的风险状况为目的，分为以下几个具体步骤：

（1）审核投保单内容。投保单的审核是核保工作的第一步，是保险公司对投保风险的第一条监控防线，非常重要。

（2）明确主要风险。主要风险实质在投保责任范围内是可能性较大而一旦发生造成损失金额也较大的风险，主要风险取决于保险标的内容，保险标的所在行业性质、地区、保险时期。

（3）明确风险点位。风险点位是在保险标的范围内最容易发生保险事故的环节点、地点或位置，如高楼建工险的地基工程、高速公路建工险的护坡与软基路段，公众责任险的电梯间、浴池、游泳池等。调查风险点位应着重调查主要风险点位。

（4）了解风险源。风险源即承保风险的来源或产生风险的原因。产生风险的原因来源于两大类：自然的，如地质结构的变化、台风、地震等；人为的，如恶意、疏忽等。

（5）了解被保险人风险管理水平。被保险人风险管理水平应从三个方面来进行分析：人员素质、风险管理制度、风险管理设施。

（6）了解保险责任事故发生的可能性。重点了解保险标的所在行业发生类似事故的概率、被保险企业以往的损失记录、保险标的当前所处的状况。

（7）分析一次事故有可能造成的最大损失。一次事故有可能造成的最大损失取决于保险标的的性质、保险标的各个部分的间距（财产险）、事故影响范围的大小、消防与风险防范的措施、法律对损失金额的认定（责任险）等。

对标的进行风险调查与评估后，应对标的风险状况进行总的评价，评分等级可以优、良、一般、较差、差等为参考。

3. 承保决策

（1）根据标的风险状况，决定是否承保。实务中，保险公司对核保政策禁止承保的风险不能承保；风险较大，而承保条件不能相应提高的项目不能承保。对于不予承保的项目要向投保人说明理由；对于决定承保的项目，要根据投保人的保险意图和标的状况拟定承保条件。

（2）正确拟定承保条件。要选择合适的险种条款，适合投保人的保险意图。主要考虑三个因素——被保险人、保险标的、保险责任，避免张冠李戴错误地选择险种条款。同时，要严格界定保险标的的内涵与外延。保险标的要明确名称、项目、所在地址、地域。在财产保险中，如投保人仅对部分财产投保而又不确定具体的财产部分，应在保单上明确说明投保财产在全部企业财产中所占的比例，并约定在发生赔案时，按比例赔偿。

（3）正确使用保险金额的确定方式。保险金额有两种基本确定方式：按照保险标的的价值确定，一般适用于财产保险；按照保险标的有可能发生的损失范围确定，一般适用于责任险。按照保险标的的价值确定保险金额分为两种方式：定值保险与不定值保险。除艺术品、古董等价值波动大的特殊财产外，财产保险应采用不定值保险方式。除非特殊情况，否则财产保险不能按保险标的有可能发生的方式投保，应根据标的损失的区间概率对费率做出相应调整。财产保险标的含一个以上项目，除明确总保险金额外，还应视具体情况确定每次事故赔偿限额、每人赔偿限额。

（4）正确厘定费率和免赔额。费率和免赔额的厘定要与保险标的的风险状况相对应。保险标的风险状况评级为优、良的，费率可在市场平均水平上适度下调；风险状况评级为一般的，费率可适用市场平均费率；风险状况较差或差的，费率应在市场平均费率基础上适度上调。免赔的设置考虑三个因素：必然发生的损失金额；被保险人风险管理意识和水平；被保险人选择自担的风险。免赔的变动应与费率的变动相联系：免赔额提高，费率降低；免赔额减少，费率提高。两者相互变动的幅度取决于标的损失在金额上的分布概率。

（5）谨慎使用附加条款。附加条款分为限制责任条款、中性条款、扩展责任条款，应根据标的风险状况谨慎使用。在一个险种项下，对特定标的的必然要发生或发生机会非常大的风险，应附加特别条款将其排除在保险责任之外；对特定标的，如对保险标的的范围、保险责任、核赔方式有歧义，应附加中性条款予以明确。可保风险的扩展责任条款可以使用，不可保风险（如某些契约责任、核辐射责任等）的扩展责任条款不可以使用。同时，不可利用附加条款把一个险种改变为另外一个不同的险种。扩展责任条款应视具体情况单独设置赔偿限额和免赔额。

（6）确定保费交付方式和日期。在投保单和保险单上都必须明确约定付费方式和日期，一般情况下应明确约定保费的缴费期限。如保险费数额较大或其他特殊原因，可同意客户分期交付保险费，但分期付费必须满足一定的条件。

4. 复核、签发保险合同

核保人拟定承保条件后，由出单部门或经办机构出具保险单、保险凭证、批单、协议等保险合同文件。

5. 保险合同的变更

保险合同的变更必须有合理依据，须获得保险人与被保险人的同意，同时，保险合同的变更必须采用书面的形式（批单）。

6. 保险合同的解除

保险合同的解除要符合法律法规，要与被保险人达成相关的共识或协议。

二、财产保险核保

投保单是投保人向保险公司表达投保意向的一份文件，也是核保人员对保险标的了解的第一步。

审核投保单是核保工作重要的一环，是风险评估不可或缺的一个步骤。以下是投保单的审核要点。

1. 投保人、被保险人、受益人（人身险）资料

确认投保人、被保险人、受益人的身份是否正确、信息是否充分。一是确定投保人、被保险人与受益人的关系，断定其中不存在道德风险；二是审核投保人、被保险人是否对标的具有可保利益；三是对标的权属进行分析，清楚标的损坏赔偿的权益归属；四是审核投保单中投保人名称与其在法定机构的注册名称及投保单中的签章是否相符；五是姓名/名称、地址、邮编、联系方式等基本信息须清晰无误。

2. 投保险种、应用条款

分析客户关心的风险所在，正确识别客户的意图与需求，根据现有险种、产品与条款，确认拟用险种正确无误。一是未开办险种或其相应的责任范围超出保险企业规定、保险惯例或保险监管规定的不能承保。二是投保险种不能出现张冠李戴与违规操作。例如，客户投保财产险就不能用机损险的投保单，或者为了规避核保规定而以客户投保公众责任险来替代雇主责任保险需求，或以质量保证保险条款来实现产品责任需要等。三是批改申请合乎规定，如降费的理由充分（确实证实标的风险降低或者以加大免赔的方式而申请降低费率）；批改险种正确，如减少机损险的保额就应是对机损险进行批改申请而不是对财产综合险进行批改申请。

3. 保险标的

准确界定承保标的的性质、范围、内容。一是明确区分承保标的是责任险、保证险还是财产险，如客户的需求是承保公众责任，就不能以财产综合险保单来承保。二是保险责任范围清晰，如承保公众责任保险，特别约定中仅提示“扩展火险责任”，就很不明确；又如产品责任险所保障的产品种类和型号必须清楚描述。三是审核对有关保险责任的措辞，避免模糊字眼的出现，确保责任范围清晰、无争端。四是对申请保险金额的批改，要清楚客户申请的是对流动资产还是固定资产的保险金额的批改。五是保险标的的行业性质或者标的类型须清晰。六是标的的位置、范围要准确、清晰地加以描述。

4. 保险项目

审核投保单、批改申请，确保承保标的的具体项目清晰。一是审核财产险或机损险的保险金额是以某月报表上的某部分资产进行确定还是以附加财产清单的形式进行确定的；二是审核承保金额是包括固定资产、流动资产（从报表角度来看，在出单中以流动资产为承保项目是没有任何意义的，而且概念模糊，因为报表上流动资产的范围非常广，包括应收款项、应付款项等诸多内容）的全部还是仅仅承保存货等；三是承保金额中是否包括条款剔除的禁保财产或其他代销、寄卖标的等；四是被保险人的行业与标的特征须清晰（如建筑工程保险的建筑类型、财产综合保险中标的行业特征等）。

5. 地域范围

审核标的涉及的区域范围。首先要清楚承保标的的坐落位置、地点、周围环境状况，对财产处于多个地点的要清楚财产的分布状况；其次，要清楚产品责任与质量险等产品的销售区域，对涉外客户尤其要给予重视。最后，要认真审核拟援引的法律争议归属等问题。

6. 保险金额、赔偿限额

确保保险金额数据来源准确、可靠。不管保险金额的确定方式如何，要确认保险金额与相关利益相符。数据要有源可循，如以报表数据为准，则要求社会有关的报表数据，以数据的相对准确、合理为原则。要避免因超额投保或不足额投保而产生的道德风险。若涉及累计赔偿限额、每次事故赔偿限额等须审核两者的关系及合理性。

7. 保险期限

清晰的保险期限约定对保费的最终结算是很有利的，如预收保险费的产品质量险、货运险、产品责任险、煤气责任险等。保险期限通常不应超过一年。工程险项目或货运航次险的保险期限应根据项目或航次的实际完成时间而确定。实务中，一是要确保保险期限的确定性，如货运险开口保单中，对标的的预约运输时间段的界定要清晰，还有“钩对钩”或“仓至仓”等条款的选用，又如建筑工程保险中对保险期限的拟定要按条款规定进行等；二是在未实地验标或得到某些书面确认之前，切忌倒签保单；三是要确保保险期限的合理性，谨慎使用保险期限展期。

8. 约定交付保费方式、日期

保险费缴纳时间通常分期初一次性交付和分期交付，另有期初预缴保费再按保险期限结束时的实际保险价值或其他参数调整保费。确保保费是否按约定交付将成为保单生效的先决条件。重点审核分期付款方式是否符合保险公司相关规定、是否合理，同时要审核付款方式是否会产生应收风险（如商业承兑等）。

9. 风险申报表（评估表）

风险申报表是进行初步风险评估的重要依据与信息来源，不同险种须用不同的风险信息表。重点审核风险信息的完整性与真实性，确保申报项目不漏项、数据格式符合要求，如量化数据不能以定性方式来描述、投保人签章完整。

10. 过去损失记录

主要记录或提供近年来的主要损失信息，这是风险评估的重要依据之一。不管标的过去投保了还是未投保，均要提供。过去损失记录主要包括事故损失大小、损失原因、发生时间等信息，其损失涉及范围不一定与保险责任直接相关。

11. 司法管辖权归属国（责任险）

责任险投保中，须明确司法管辖权归属国。通常分国内管辖权及世界管辖权两种，世界管辖权属高风险业务。

12. 投保人申明、签名、盖章、投保日期

审核投保人签名、盖章与投保单或（批单）保单中的被保险人的有关内容是否相符、投保时间是否存在倒签现象，务必确保投保人申明所填写资料属实。

三、人身保险核保

核保的过程就是保险人对保单申请人的风险状况进行评估、选择和分类的过程。由于个体的差异性和信息在申请人与保险人之间的不对称分布，使得核保的过程较为复杂。一份寿险保险合同的成立，通常需经过多个步骤。

（一）初审

保险营销人员初次审核称为“第一次风险选择”。做好第一次的核保工作，可以避免逆选择，提高工作效率，减少合同纠纷，它是保险营销人员应尽的责任。营销人员的初审方式与内容如下：

（1）面晤。面晤的目的在于排除道德风险。

（2）观察。营销人员应详细观察被保险人的健康状况及生活环境。

（3）询问。营销人员应对被保险人的健康情形、职业及告知等做技巧性的询问。

（4）了解投保人的经济能力。

（5）填写业务员报告书。

（6）检视整个投保书。投保单内容有无遗漏，投保人、被投保人、法定代理人、业务员有无签章等。注意有无不实告知、是否签名等。

【案例1】保险销售员小张得知姐夫考到了驾驶执照，姐姐告诉他说：“你姐夫拿到驾驶执照了，你帮他买一份保险吧。”小张说：“那就帮他买份××保险！”姐姐说：“行，那你就帮他办吧！”小张虽然也知道应该征求姐夫的同意，但他想：“都是自己人。”虽然他知道姐夫曾因运动受过伤，做过手术，但他想反正姐夫现在很健康，所以他替姐夫填了投保单、健康声明书，同时在健康告知一栏，全选了“否”，让姐姐签了字，交了保件。请问：保险销售员小张有哪些不规范的行为？

【案例分析】保险销售员小张的不规范行为主要有：缔约未与被保险人见面；未经被保险人同意而缔约；自行代填投保书与告知事项；未将曾住院事实如实告知。

（二）内勤人员初审

保险营销人员将投保书、保费暂收收据和委托银行代扣保险费协议书等投保文件交初审内勤，初审内勤按公司规定对有关投保资料进行审核。

1. 内勤初审主要内容

（1）投保书及相关报告书、通知书是否填写完整。

（2）年龄审核。投保人与被保险人的年龄都应为周岁。

（3）身份证是否填满，是否有性别关系错误，身份证是否过期。

（4）收费地址及所属地区邮编填写是否详细、准确。

（5）被保险人职业、工种与类别是否匹配。

（6）健康与财务告知栏是否全部填写，是否有说明，说明是否同投保书提示项目相符。

（7）投保人、被保险人及业务员是否都有签名，业务员所属部门标记是否完备。

（8）业务员报告书是否填写完整。

（9）缴费方式选择“委托银行转账”方式的投保书是否附有委托银行代扣保险费协议书。

（10）是否有过多涂改或应重填项目。

（11）暂收收据回收时，“正式收据”签收栏是否有客户签字。

初审未通过的投保文件，退回营销部门进行修正；初审通过的投保文件，由初审员在投保书上签章后进行收银录入。

2. 初审注意事项

（1）填写要求是否规范。仔细审核投保书、收据和其他单证的填写是否规范，确保各类单证填写符合公司的要求。

（2）投保是否符合投保规则。注意不同险种投保的一般规则和特殊规则，确保所投保的险种、保额/份数、保险年期、交费年期、主附险搭配等符合投保规则的要求。

（3）资料是否齐全。初审应备的资料主要有投保书、对应暂收收据或委托银行转账协议书、业务员报告书、相关病历资料（如告知疾病史和住院史）及保险公司规定的其他投保资料。

【案例2】核保疏漏，引发争议

投保人冯某于1995年8月17日投保终身保险一份，附加住院医疗险1份。在投保时保险营销人员将附加险的费率由340元错算成190元，而当时公司核保人员亦未查出其错误便核保通过。另外，在保单上又将投保人的名字打错。1997年8月，公司发现了上述费用错误，通知客户在交第3年保费时，附加险费率按正确的数目340元交纳。该客户获知后怒气冲冲地到保险公司客户服务部，以公司屡屡出错对保险公司失去信任为由，要求全额退保。

【案例分析】

“业务技术，精益求精”这一训导应以员工强烈的责任心为基础才能得以体现。保险公司某些员工可谓业务熟练，但因责任心不强，在工作上屡屡出错。保险公司对因自身的失误给客户带来的麻烦应表示真诚的歉意，消除客户的对立情绪。过去两年少收的费用应由保险公司承担，打错的名字应立即予以纠正。同时，经办人员应向客户反复宣传保险的意义及客户投保终身寿险的优越之处，尽力劝阻客户退保。

（三）体检医师核保

体检医师核保称为“第二次风险”选择，是指核保人员根据被保险人的年龄、身体健康状况、既往病史及现病状况进行进一步身体状况检查的人员实施体检，以判断其是否符合承保要求，是否要特别加费，或予以延期、拒保。

【案例3】体检时死亡，保险公司该赔付吗？

黄某于2002年4月11日为颜某向某保险公司投保“平安鸿盛”，保险金额档次1万元，同时预交了首期保险费1181元。保险公司开了“人身险暂收收据”给原告。由于颜某超龄，保险公司于2002年4月25日向投保人发出要求被保险人进行体检的新契约通知书。4月26日，业务员带领被保人颜某到医院体检。颜某在体检开始之前疾病发作，当时办理了住院。经诊断为肺部感染性休克、风湿性心脏病、心衰，住院至4月29日死亡。原告黄某于2002年10月21日向法院起诉，要求保险公司赔偿，后双方达成和解：保险公司退给原告保险费 1181 元；同时按照保险责任一年内疾病身故支付 1000 元；承担案件受理费 230 元；共计 2411 元。原告同意放弃诉讼请求及保险责任等一切权利。协议履行之后，原告又于 2002 年 12 月 20 日再次起诉，要求被告赔偿。

一审法院认为，原告黄某、被保险人颜某与保险公司签了人寿险投保书并交了首期保险费，由于颜某超龄需要体检，待体检合格才能正式签订合同。所以原、被告并未正式签订保险合同。原告诉讼请求是被保险人意外死亡赔偿，因证据不足，不予支持。且被告已依据双方协议向原告退回首期保费 1181 元和基于人道主义补给原告 1000 元共计 2181 元。故判决驳回原告的诉讼请求，由原告承担诉讼费用。一审判决后，原告不服提起上诉。

二审法院认为，投保人提交的投保书是要约。保险公司发出的新契约通知书未明确表示是否同意承保，而是要求被保险人进行体检。因此，不是承诺，而是一份新要约。投保人若同意通知书的内容，按保险公司的要求进行体检并提供被保险人身体健康的体检报告给保险公司后，就完成了对保险公司该份新要约的承诺，投保人与保险公司的保险合同才成立。本案中，投保人及被保险人虽然同意进行体检，但被保险人在进行体检时发病死亡，尚未完成体检，也未提供被保险人的体检报告，因此保险合同未成立。故上诉人以双方之间的人身保险合同已经成立为由，要求保险公司承担责任的理由不成立。另外，在人身险暂收收据中，虽然注明在收取首期保险费至保险公司同意承保并签发保险单期间，如被保险人因意外伤害事故身故或者按照投保人申请的保险合同条款规定，保险公司将按照投保人所申请的意外身故责任给付意外身故保险金或按照所申请的保险合同条款规定，承担相应免体检额的疾病身故保险金。

本案中，被保险人因为肺部感染性休克、风湿性心脏病等疾病死亡。保险公司要求被保险人进行包括物理检查、尿常规、心电图等内容的体检，被保险人也同意。因此，被保险人的死亡不是意外事故身故，也不属于免体检额的疾病身故。上诉人于 2002 年 10 月 21 日第一次向人民法院起诉后，双方已经就争议事项达成协议并已履行。上诉人以同一事实和理由提起诉讼，违背诚实信用原则，其诉讼请求缺乏事实和法律依据，法院不予支持。判决驳回上诉，维持原判，二审受理费由上诉人承担。你认为哪种观点正确，为什么？

（四）核保人员的核保

核保人员核保是“第三次风险选择”，是指核保人员根据初审资料、体检报告书、病历、特别问卷（如高血压调查表、肝病调查表、驾照问卷、高保额问卷、职业问卷等）、投保单等资料再次进行审核，确定对准被保险人可否承保或者以何种条件进行承保的过程。这一过程的主要步骤如下：

（1）初步审核。核保人员在收到投保人、业务员所提供的基本资料后，即可按照有关要求，并根据公司的投保规则及经营政策对所提供的资料检查核对，以确定资料是否齐全。

【案例 4】超额投保，留下隐患

林某下岗后与先于他下岗的妻子租屋开了一个杂货店。经过几年的辛勤劳动，积累资金约 4 万元，但基本都占用在商店的货物上。1999 年初，林某想扩大经营但苦于缺乏资金。1999 年 9 月，在保险代理人于某的宣传鼓动下，林某投保终生寿险，保险金额 30 万元，趸缴保费 20400 元。投保 1 月后，林某到保险公司申请贷款 5 万元（用于因交纳保险费所欠亲友款 1 万元和用于扩大商店规模）。保险公司接待人员告诉林某，根据有关条款规定，投保两年后才能按保单的现金价值的90%申请贷款，于是林某强烈要求退保。

【案例分析】

林某所投保险种的保险金额显而易见超出了林某的经济承受能力，造成此后果的原因在于保险销售员的误导。不难推理，于某为获得高额的代理手续费，利用保单质押贷款条款和林某不懂保险知识，以保险金额代替保单的现金价值，使林某误以为可获得高额贷款。经办人员可以耐心解释，劝说客户不要退保，但考虑到林某的实际情况，保险公司可为其按规定比例办理退保。林某的退保金损失由销售员于某来承担。

（2）进一步收集资料。对投保金额巨大，或告知声明有异常、遗漏，或核保人员在初步审核过程中发现有疑点的保件，有必要进一步收集有关资料。例如，一般对健康状况有疑点时，可要求进一步提供病历资料、填写健康问卷或要求被保险人体检，以获得进一步的健康资料；对财务状况有疑问的，有针对性地要求补充客观有效的财务证明文件或专人调查，以确定保险需求是否合理。

（3）综合分析，查定核保手册。核保人员根据投保资料，对影响被保险人死亡率的有利及不利因素进行综合分析，依据核保手册，运用数理查定方法，以标准体的死亡率为基准，查定被保险人的额外死亡率，并依此确定被保险人所处的危险等级，决定承保的条件。

（4）确定承保条件。核保人员依被保险人的危险程度，把被保险人划分为标准体、次标准体、拒保体。对于次标准体，核保人员依据其危险程度，做出加费、附加承保条件、限额、缩短保险期限、改变缴费方式等决定，以达到危险选择的目的。

（5）做出核保决定，即由核保人员对准被保险进行风险评估，做出核保决定。在这一阶段，一般有快速核保和电脑核保之分。快速核保指的是保险公司设有专门从事快速核保的人员，在投保单符合一定标准的情况下，就能批准这一投保单。一般而言，快速核保的标准主要有：保单填写内容清晰无误；符合规定的年龄段；保额在规定范围内；体格指数属适度标准内；被保险人无明显健康问题；被保险人职业等级符合标准；以往保险记录良好。快速核保的优点在于能降低核保成本，并有助于促进客户服务。

（五）生存调查

生存调查是“第四次风险选择”，是指保险人为保证经营的稳定性，在承保前和承保后，对被保险人的健康状况、财务状况及投保动机等实施的全方位调查。生存调查主要有保险合同成立前的调查和保险合同成立后的调查。

（1）保险合同成立前的调查。进一步收集资料，辅助核保人员做出可否订立保险合同和承保条件的决定。针对保额较大或有疑问的保件，为了避免投保人、被保险人过失未如实告知或故意隐匿，不如实告知，需要进行生存调查。

（2）保险合同成立后的生存调查。保险合同成立后，调查人员可在客户申请复效、变更、加保等项目时进行生存调查，或者进行抽样跟踪观察。如有疑问或核保结论不正确，可对已成立的保险合同做相应的处理。

（3）生存调查的方法。①直接调查。由生存调查人员直接面见投保人和被保险人，以了解被保险人的健康、投保人经济状况是否符合投保条件。该方法比较直观，节省费用，不易引起保户的反感，常由业务员实施，但可信度较低。②间接调查。通过与被保险人熟悉的人群如同事、同学、邻居或亲属等的调查，达到了解被保险人的目的。调查被保险人的健康状况、经济状况及投保动机是否符合投保条件。间接调查法消息来源比较广泛，但时效慢、费用高，也容易引起保户的误解，常由保险公司的生存调查人员来实施。③委托调查。委托专业机构和人员进行调查，这种方法费用昂贵。

【课程思政教学实例】说明义务履行与不利解释原则的适用

案例一：

【案情介绍】

2017 年 9 月 18 日 23 时 05 分左右，赵甲驾驶陕 KD31 × ×/K91 × × 挂重型半挂车，沿省道 313 线由西向东行至 94 + 80N 处时，由于操作不当驶入对向车道，与由东向西正常行驶的田甲驾驶的晋 AA29 × × 号厢式货车发生相撞，致田甲当场死亡，晋 AA29 × × 号厢式货车乘车人田乙、赵乙受伤，两车不同程度损坏，厢式货车货物损毁。赵甲驾驶证于 2003 年初次申领，事故发生时属增驾 A2 实习期。田丙、卫某等人因赔偿事宜起诉肇事车辆保险公司。

【案例分析】

本案的争议焦点在于“增加准驾车型后的 12 个月为实习期”中的实习期是否属于保险合同中约定的“实习期”。

法院判决保险公司承担责任的理由主要是：《中华人民共和国道路交通安全法实施条例》第二十二条第二款、第三款规定，机动车驾驶人初次申领机动车驾驶证后的 12 个月为实习期。因此，对于实习期应理解为初次申领驾驶证后的实习期，而不包括增加准驾车型后的针对车型又设定的实习期，驾驶人在该实习期内驾驶增加的准驾车型并不为法律法规禁止。涉案保险合同免责条款约定的“实习期内驾驶的被保险机动车牵引挂车”情形，亦应对之做出上述理解。

另外，保险人对保险合同中的免责条款具有提示和明确说明的义务。有关“实习期”的现行规定存在不一致，故对保险条款的理解易产生歧义，因此保险人在订立合同时的说明义务应当较之其他免责条款更为“明确、详尽”，即保险人应将保险条款中的“实习期”到底系何种含义向投保人或被保险人做出明确说明。否则，相应免责条款应当认定为无效。

最后，根据保险法的不利解释原则，对于保险合同格式条款有两种以上解释的，人民法院或者仲裁机构应当做出有利于被保险人和受益人的解释。本案中，有关实习期的免责条款系保险公司所预先拟定，未经投保人、被保险人等协商合意的格式条款。对于“实习期”的理解依据现行规定存在争议，即使该条款对合同双方具有法律效力，在保险公司无证据证明已将条款中“实习期”为“机动车驾驶人初次申请机动车驾驶证和增加准驾车型后的 12 个月”的含义解释告知投保人的情况下，对该条款的理解应当做出有利于被保险人和受益人的解释，即对“实习期”的理解应当按“机动车驾驶人初次申领机动车驾驶证后的 12 个月”为宜。

【案例的思政元素】

（1）诚信意识与法治精神。诚信是保险合同履行的基石，法治是保险合同履行的保证，秉承诚信、法治，才能真正维护好保险合同契约双方的合法权益。保险合同双方当事人均应诚实守信，全面尽责地履行自身的义务。本案中，保险人应严格遵守最大诚信原则，尽责履行对保险合同特别是免责条款中的说明义务，而保险法也对保险人未履行说明义务对被保险人造成的不利后果进行了补救性规定，即保险合同中免责条款无效，保险人仍需履行保险合同责任。

（2）司法公正与弱势群体保护。习近平主席指出："全面推进依法治国，必须坚持公正司法。公正司法是维护社会公平正义的最后一道防线。如果人民群众通过司法程序不能保证自己的合法权利，那司法就没有公信力，人民群众也不会相信司法。"保险双方当事人作为平等的民事行为主体，理应通过公正司法保护自身合法权益。本案中审判机构能够以事实为基础，以法律为准绳，公正审判，指出公民享有的生命健康权和财产权益应得到维护，侵害公民身体造成伤害的，应当承担侵权责任，赔偿权利人有权向赔偿义务人主张赔偿。机动车发生交通事故造成人身损伤、财产损失的，当事人起诉侵权人和保险公司的，首先由保险公司基于保险合同在承保范围内根据双方交通事故责任予以赔偿，不足部分由机动车所有人、使用人根据双方过错责任的比例赔偿。此外，在保险合同履行中，投保方处于相对不利的弱势地位，保险法建立权利保护救济机制，重点关注投保方权利保护，提出当保险人与投保方对保险合同条款存在争议时，应当按照有利于被保险人和受益人原则进行条款解释。

案例二：承保有违操作规程，保险合同仍然成立

【案情介绍】

2008 年 8 月 11 日，刘某填写了"终身寿险投保单"，并交付了首期保险费。约一个月后，刘某出差时在所住宾馆的意外火灾中不幸身亡。事故发生后，保单受益人要求保险公司全额给付 100 万元保险金。保险公司拒赔，其理由是，由于该人身保险合同保额巨大，必须经过体检后方可决定是否承保，刘某尚未体检，因而该保险合同不成立。受益人不服，向法院起诉，要求保险公司承担给付保险金的责任。

在法院一审过程中，保险公司认为，保险合同没有成立：首先，投保人填写投保单并预交首期保险费只是要约行为，并不能因此认为保险公司已做出承诺；其次，刘某并没有根据保险公司的规定进行体检，保险公司无法确定保险金额和应交纳的保险费；最后，保险公司出具保险费收据并不能代表保险公司已做出承诺。受益人则认为，刘某填具投保单是要约行为，保险公司收取保险费是承诺行为，保险合同已经成立并生效。至于刘某没有完成体检这一过程，是由于没有收到保险公司的通知，过错应该在保险公司。

一审法院经审理认为，保险合同未成立，判决驳回原告的诉讼请求，保险公司返还所收保险费。原告不服，提起上诉。在二审过程中，双方达成调解协议，保险公司赔付 30 万元结案。

【案例分析】

保险公司违反业务操作规定承保并不影响保险合同成立。本案中，保险合同已经成立。分析如下：

（1）《中华人民共和国保险法》第十三条规定："投保人提出保险要求，经保险人同意承保，保险合同成立。"从合同法的原理来看，保险合同需要经过要约和承诺两个阶段方可生效。本案中，刘某填写了投保单是要约行为，投保单交给保险公司，保险公司接受了保单，此时，该要约即生效。如果保险公司做出承诺的意思表示并送达刘某，保险合同成立。本案中，投保单上写明："投保人和被保险人填写完本投保单和健康告知书后，请向我公司业务员交纳首期保险费，并索取临时收据。保险计划书、保险费正式收据及保险单将延后 1 至 5 天呈送。"从投保单上述约定可以看出，保险公司的承诺期最多为 5 天。而从保险公司收取保险费之日到被保险人意外死亡之日已有近 1 个月，保险公司在承诺期内没有做出明确的拒绝承保的意思表示；相反，保险公司收取了首期保险费。从法律上可以推定保险公司对投保人的要约做出了承诺，保险合同因此成立并生效。

（2）保险公司的业务操作规定是保险公司在开展保险业务时用来规范业务流程、强化内部管理的一系列规则和制度，对投保人不具约束力，因为这些规定并没有载明在保险合同中，也没有在投保人投保时告知投保人。本案中，保险公司关于超过一定保险金额的保险合同须经体检后才能承保等规定，并未在合同中注明，也没有告知刘某。因此，保险公司应当按保险合同的约定承担保险责任。

【启示】

根据我国对保险代理人的有关规定，保险代理人员无权签发保险单。保险合同是否签发，由保险公司决定。保险公司必须审查投保人的申请，为控制风险，对超过一定金额的保险还要在对被保险人进行体检后才决定是否承保。这样，在投保人交付首期保险费到保险公司做出承保决定这一过程中就可能出现一段被保险人利益得不到保护的空白，这对被保险人来说显然是不公平的。在此期发生的保险事故一般应由保险人承担责任。

保险公司对内要加强管理，教育员工及其代理人严格按业务操作规程开展业务。

第五节　保险承保实训

前面四节介绍了保险承保的一些理论知识，下面介绍财产保险和人寿保险中主要险种的承保实务。

一、企业财产保险的承保实训

（一）投保单的填写

当保险双方就有关事项初步达成一致意见后，保险业务人员指导保户正确填写企业财产保险的投保单，并认真初审。企业财产保险投保单的内容包括：

（1）投保人。应写单位的全称。

（2）投保财产项目。要求填写投保的会计科目名称，如存货、固定资产、在建工程等。

（3）特别约定保险财产。应在投保单上载明财产名称、数量、单价、保险金额及地点，必要时附清单。

（4）以何种价值投保。如分期结算的存货科目填写“账面余额”，固定资产科目填“账面原值加成 $x\%$”。

（5）保险金额。

（6）费率及保险费。

（7）附加险。应填写附加险的险种，如商业盗窃险、露堆财产保险以及保险金额。

（8）总保险费。包括基本险分项保险费和附加险各项保险费之和。

（9）保险责任期限。

（10）特别约定。包括投保科目的剔除项目与金额、占用性质、财产坐落地址。处于蓄洪区和引水区的财产投保应在特别约定中注明不负责洪水责任等。

（二）填写结算凭证

结算凭证须填写根据某年某月底结算的账面金额、结算期数和结算期限。结算凭证上“以何种价值投保”栏规定：固定资产及在建工程项目按投保单要求填写，存货填“账面余额”；结算凭证上的特别约定，只需注明剔除项目和金额；保险费按基本险和附加险顺序，分别列明公式计算；等等。保险业务员接受了保户的投保单和结算凭证后，先进行初审，同时做以下工作：

（1）对同一地址要划分两个以上独立危险单位的投保单位要实地勘察，绘制投保单位平面图。

（2）按平面图填制企业财产险业务查勘表。

（3）划分独立危险单位必须账面能够分开，根据保户资产账面，以明细账卡资料填制保险金额分配表。

（4）对每一危险单位保险金额超过一定限额，须填制重大保险标的的承保报批表及风险评估表。

（三）核保和审核

业务员初审后的投保单、结算凭证以及外勤绘制的平面图、缮制的查勘表、保险金额分配表和重大保险标的的承保报批表、风险评估表交给专业核保人员核保和审核。核保和审核的主要内容有：

（1）投保人是否属于企业财产险的适用对象，是否填写全称。

（2）对承保标的的风险评估。

（3）投保财产项目以及以何种价值投保，是否明确和符合要求。

（4）附加险是否可保和符合要求。

（5）占用性质、费率厘定、折扣优惠是否正确。

（6）特别约定是否完整、明确、规范。

（7）分项保险金额之和是否等于总保险金额，总保险金额的大小写是否相符。

（8）基本险保险费和附加险保险费是否分别计算，保险费计算结果是否正确，基本险保险费和附加险保险费之和是否等于总保险费，总保险费的大小写是否相符。

（9）结算凭证和投保单的内容是否一致。

（10）保险责任期限是否明确，附加险和基本险是否一起起讫。

（11）对估价投保的财产，财产的所在地是否填列，有多处存放地点的保额是否分列。

（12）投保人的地址、电话、所有制性质、开户银行和账号是否逐一填齐。

（13）投保人和经办人员是否盖章，印章是否符合规定。核保后，对符合承保条件的，由核保人在投保单和结算凭证上加盖核保人员签章、公司保险业务专用章，并注明日期，交签单人员签发保险单。

（四）缮制保险单

根据核保后符合承保条件的投保单，缮制保险单，内容与投保单一致。缮制保险费收据，登录业务资料卡，并在签发的保险单证上加盖签单员私章。

（五）复核保险单

复核人员将签发的保险单、保险费结算凭证、保险费收据和登录的资料卡等与投保单逐项核对无误后在单证上加盖复核章。

二、上机模拟

企业财产险业务操作主界面，如图 4－3 所示。

图 4－3　企业财产险业务操作主界面

（一）主险投保（见表 4－2）

表 4－2　　主险投保相关业务内容清单

<table>
<tr><td>业务说明</td><td>承保员录入被保险人基本资料</td></tr>
<tr><td>角色权限</td><td>承保经办员</td></tr>
<tr><td>前置条件</td><td>无</td></tr>
<tr><td>输入项</td><td>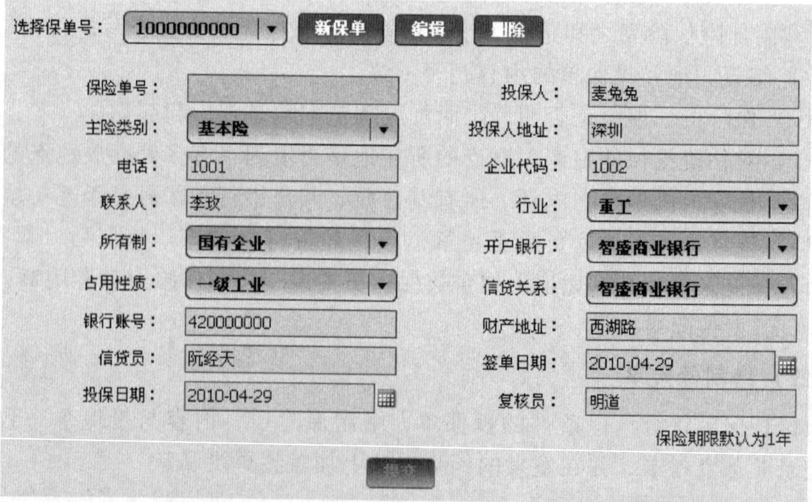
</td></tr>
</table>

续表

输入项说明	行业：重工/轻工/纺织/煤炭/电力/商贸/建材/石化/饭店/娱乐场所/机关团体/其他 所有制：国有企业/三资企业/股份企业/集体企业/私营企业/其他 占用性质：综合商业类/地下开采/三级工业/四级工业/五级工业/六级工业（占用性质数据来源于网上，可能不全面） 开户银行：（从银行管理模块读取，非静态数据来源数据库） 信贷关系：（从银行管理模块读取，非静态数据来源数据库） 总保险金额与总保险费是根据投保人读取的历史数据，这两项可以去除
业务处理	1. 用户录入投保人相关信息、经办员及操作员并提交 2. 系统保存保单基本信息
输出	显示保险单号、投保人、投保日期、保险期限信息
输出项	无

（二）财产清单（见表4-3）

表4-3　财产清单相关内容清单

<table>
<tr><td colspan="2">业务说明：录入投保人投保的财产清单</td></tr>
<tr><td colspan="2">角色权限：承保经办员</td></tr>
<tr><td colspan="2">前置条件：基本情况操作</td></tr>
<tr><td>输入项</td><td>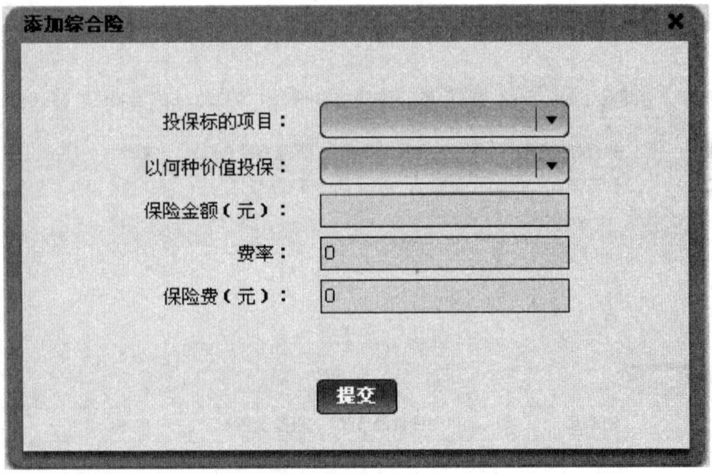
</td></tr>
<tr><td>输入项说明</td><td>承保财产项目编号（综合险）：存/固/工/外/待/递
何种价值作保（综合险、特约险）：原价/加成/重置重建/账面/估价/管理费（特约保险标的项目手动录入）
<table>
<tr><th>附加险险种编号（财产项目）</th><th>标的详情</th></tr>
<tr><td>盗窃</td><td>附加全部财产/附加部分财产</td></tr>
<tr><td>露堆财产</td><td>一般物资/危险品/特危品/金属材料/石油</td></tr>
<tr><td>管道破裂</td><td>附加全部财产/附加部分财产</td></tr>
<tr><td>压力容器</td><td>全年运行/半年运行</td></tr>
</table></td></tr>
</table>

续表

<table>
<tr><td>业务处理</td><td>1. 用户录入保险单号并提交
2. 系统判断保险单号是否未生效，否则进入财产清单页面
3. 用户录入财产清单信息并保存提交
4. 系统保存清单信息</td></tr>
<tr><td>输出</td><td>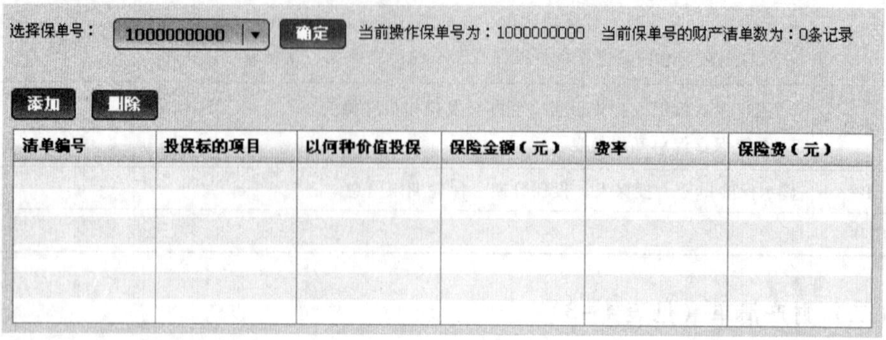
</td></tr>
<tr><td>输出项</td><td>序号、保险单号、主险标的、投保方式、保额、费率、保费</td></tr>
<tr><td colspan="2">其他说明：投保方式暂定“以何种价值作保”</td></tr>
</table>

（三）附加险投保

输入保单号，列表显示保单信息，如图 4 - 4 所示。

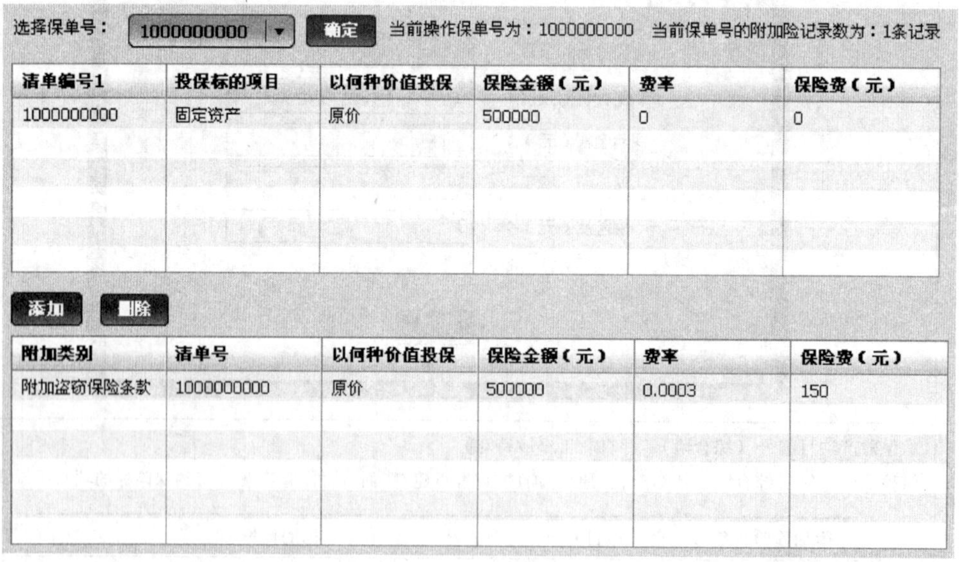

图 4 - 4　保单信息页面

选择保单，添加附加保险，如图 4 - 5 所示。

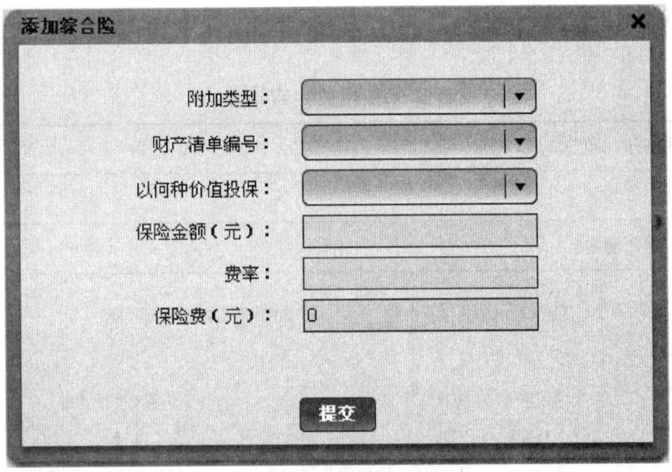

图 4－5　添加综合险页面

（四）特别约定（见表 4－4）

表 4－4　特别约定相关内容清单

业务说明	录入保单特别约定条款
角色权限	承保经办员
前置条件	基本情况操作
输入项	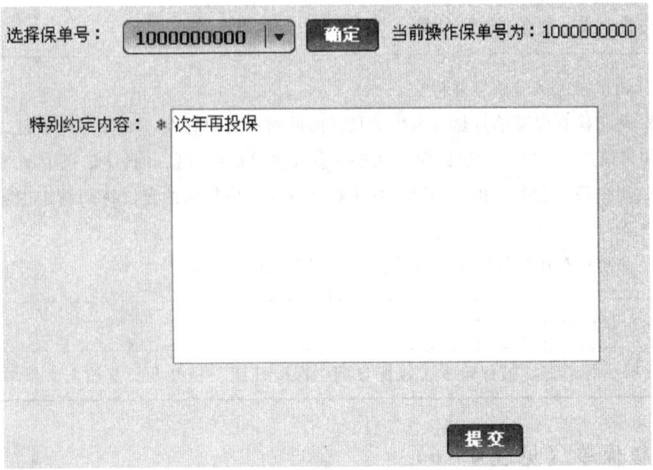
输入项说明	可以引用其他险种的特别约定页面，本操作比较简单，主要是录入保险单号、检查保险单号，然后录入保存即可
业务处理	1. 用户录入保险单号并提交 2. 系统判断保险单号是否未生效，如果未生效则进入特别约定页面 3. 用户录入特别约定信息并提交 4. 系统保存特别约定信息
输出	转至当前保单的特别约定列表
输出项	编号、保险单号、特别约定

（五）计算保费（见表 4－5）

表 4－5　　计算保费相关内容清单

业务说明：计算保费并复核保单	
角色权限：承保复核员	
前置条件：基本情况、财产清单	
输入项	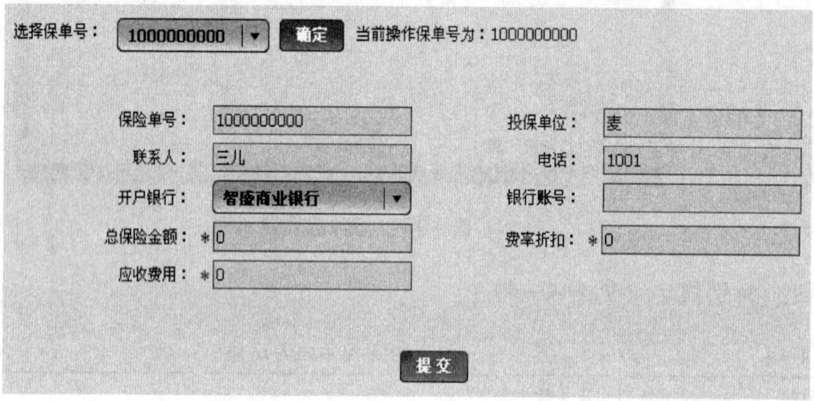
输入项说明	费率折扣计算方式：全部折扣/只有基本险折扣（建议做单选框组件，也可以将费率折扣计算方式作为表单项） 交费形式：现金/支票/结算
业务处理	1. 用户录入保险单号并提交 2. 系统检查保险单号是否未生效且保险的财产清单存在，如果检查不通过，则在原页面提示错误信息；如果通过，则查询并返回保单基本信息及清单费用信息（具体信息请参照交费计算页面） 3. 用户录入费率折扣，系统计算实收保费并生成特别约定，特别约定内容为“保险费率折扣 5%”。用户录入复核人姓名并提交 4. 系统保存用户复核信息并修改保单状态为生效
输出	转至保单查询列表
输出项	序号、保单号、被保险人、投保日期、保险日期、经办人、复核人、保单状态

（六）复核保单（见表 4－6）

表 4－6　　复核保单相关内容清单

业务说明	〈此操作与计算保费功能重复〉
角色权限	〈此操作与计算保费功能重复〉
前置条件	

续表

<table>
<tr><td>输入项</td><td>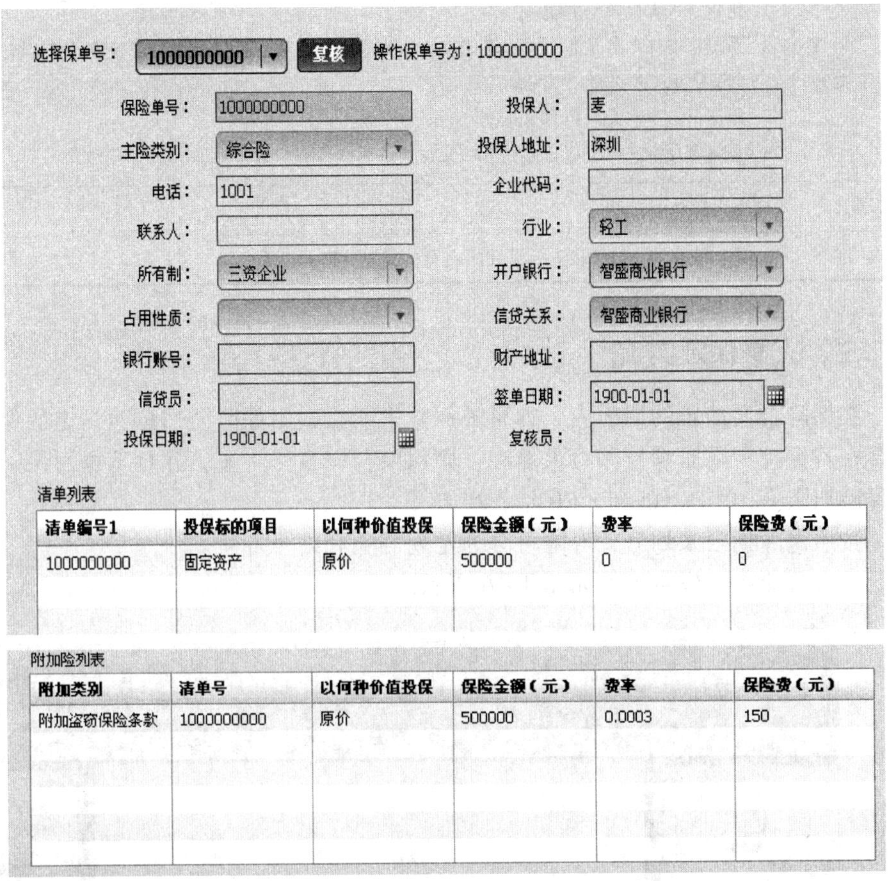
</td></tr>
</table>

（七）办理交费（见表4-7）

表4-7　　办理交费相关内容清单

<table>
<tr><td>业务说明</td><td>办理承保保单交费</td></tr>
<tr><td>角色权限</td><td>承保经办员</td></tr>
<tr><td>前置条件</td><td>计算保费</td></tr>
<tr><td>输入项</td><td>
</td></tr>
<tr><td>输入项说明</td><td>交费形式：现金/支票/结算</td></tr>
</table>

续表

业务处理	1. 用户录入保险单号并提交 2. 系统检查保单号是否生效，且未交费，检查通过后系统返回保单计算保费信息（交费方式），并计算已交保费及还差保费 3. 用户录入本次交费信息并提交 4. 系统保存本次交费信息并计算已交保费及还差保费信息并返回交费查询列表
输出	转至交费查询列表
输出项	序号、保单号、被保险人、第几次交费、交费日期、经手人

三、人身保险实训

在保险合同约定的期间内，如果被保险人死亡，则保险公司按照约定的保险金额给付保险金；若保险期限届满被保险人健在，则保险合同自然终止，并且不退回保险费。定期寿险的保险期限有 10 年、15 年、20 年、30 年等。

按照保障期限来划分，寿险可分为定期寿险和终身寿险。

人身险业务操作主界面如图 4－6 所示。

图 4－6　人身险业务操作主界面

主界面上部操作键用于切换险种及角色，左边栏为功能菜单区，中间部分为业务操作区，右边栏显示用户名、修改密码及显示各个功能操作说明。

学生登录人身险业务系统后，首先应选取角色，如图 4－7 所示，选取承保员角色开始承保业务操作。所有险种业务操作首先应以承保员角色进入系统，建立保险单，然后切换角色完成其他业务操作（承保处理业务流程见图 4－8）。

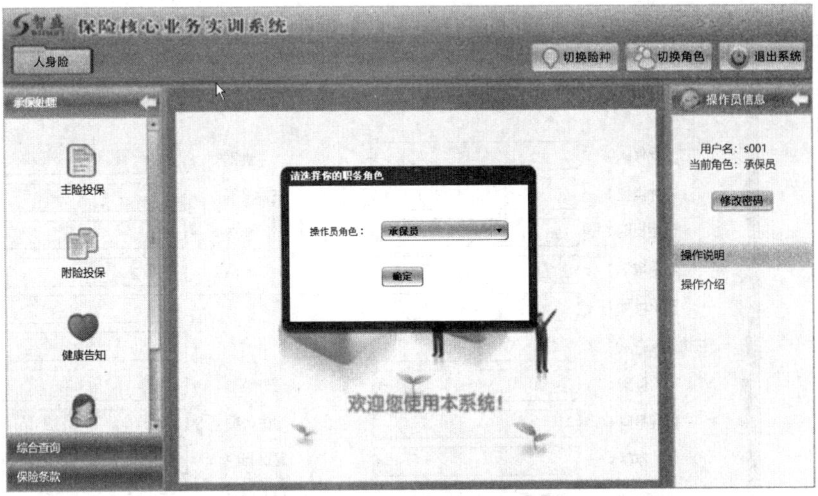

图 4－7　选取操作员角色界面

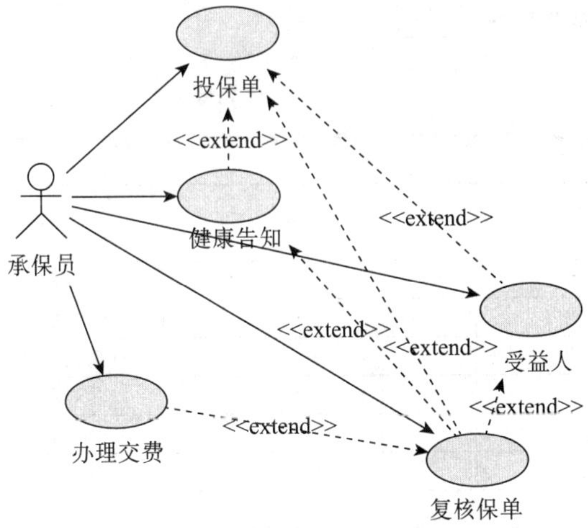

图 4－8　承保处理业务流程

1. 投保单

以下为承保员角色进行承保业务操作说明，如表 4－8 所示。

表 4－8　承保单相关内容

业务说明	由承保经办员录入客户保单信息
角色权限	承保经办员
前置条件	无

续表

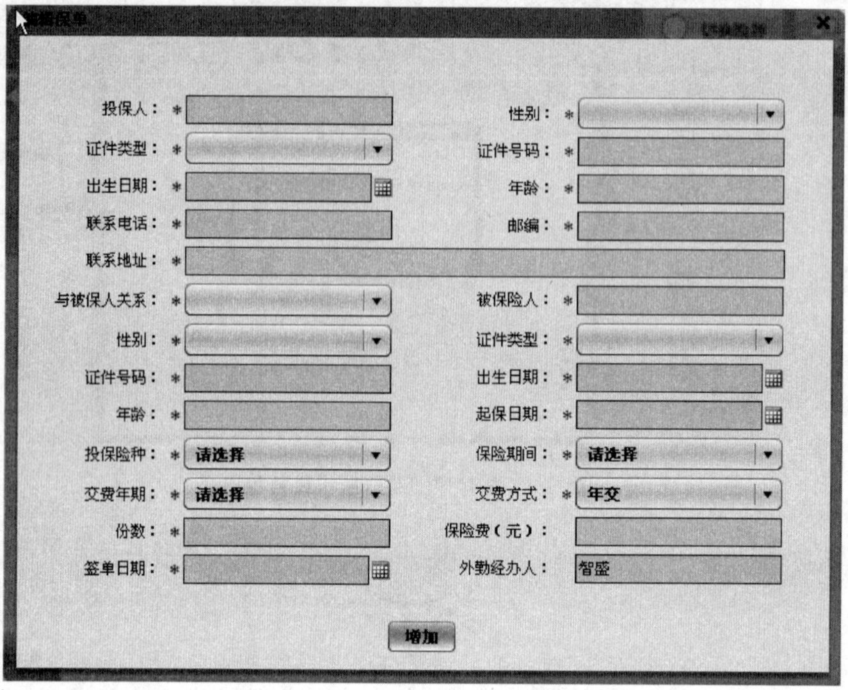

输入项

投保人	文本框
性别	单选框
证件类型	下拉框
证件号码	文本框
出生日期	日期组件
年龄	文本框
联系电话	文本框
联系地址	文本框
邮编	文本框
与被保险人关系	下拉框
被保险人	文本框
性别	单选框
证件类型	下拉框
证件号码	文本框
出生日期	日期组件
年龄	文本框
投保险种	下拉框
保险期间	下拉框
交费年期	下拉框
交费方式	下拉框（年交/半年交/季交/月交）
份数	文本框
保险费	文本框（不可编辑）
签单日期	日期组件
起保日期	日期组件
外勤经办人	文本框

续表

输入项说明	年龄与投保年龄 1～70 岁 长寿险种、与被保险人关系从数据库读取 所有日期为日期组件 健康状况：健康/有残疾 交费方式：5 年趸交/10 年趸交/15 年趸交/20 年趸交/25 年趸交/30 年趸交/5 年年交/10 年年交/15 年年交/20 年年交/25 年年交/30 年年交 承保份数：1～50 份 交费标准：通过险种、性别、投保年龄、交费方式查询 保费金额＝交费标准×承保份数 与被保险人关系选择本人时，投保人年龄、出生日期、身份证重置并设置为不可用状态
业务处理	1. 承保经办员在投单列表页面点击“新建”按钮 2. 承保经办员在新建页面录入投保年龄、性别、交费方式等信息 3. 系统根据投保条件生成保费金额 4. 承保经办员录入其他保单信息 5. 系统保存保单数据 6. 将生成的保单信息返回页面 7. 点击保单信息页面“返回”按钮返回保单列表页面
输出	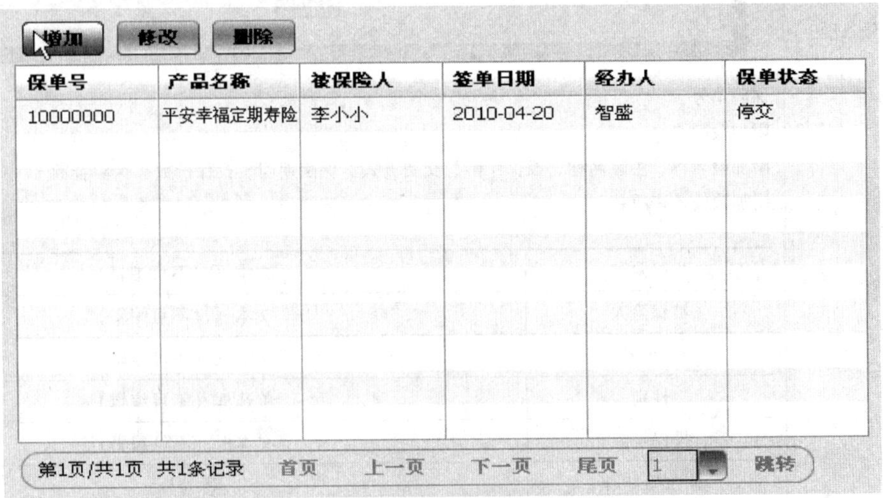
其他说明	在投保单列表删除保单时要一并删除其下的健康告知、受益人信息只有保单未生效时可以删除

2. 附加险投保单（见表 4－9）

表 4－9　附加险投保单相关内容

业务说明	投保附加险
角色权限	承保经办员
前置条件	投保单

续表

输入项

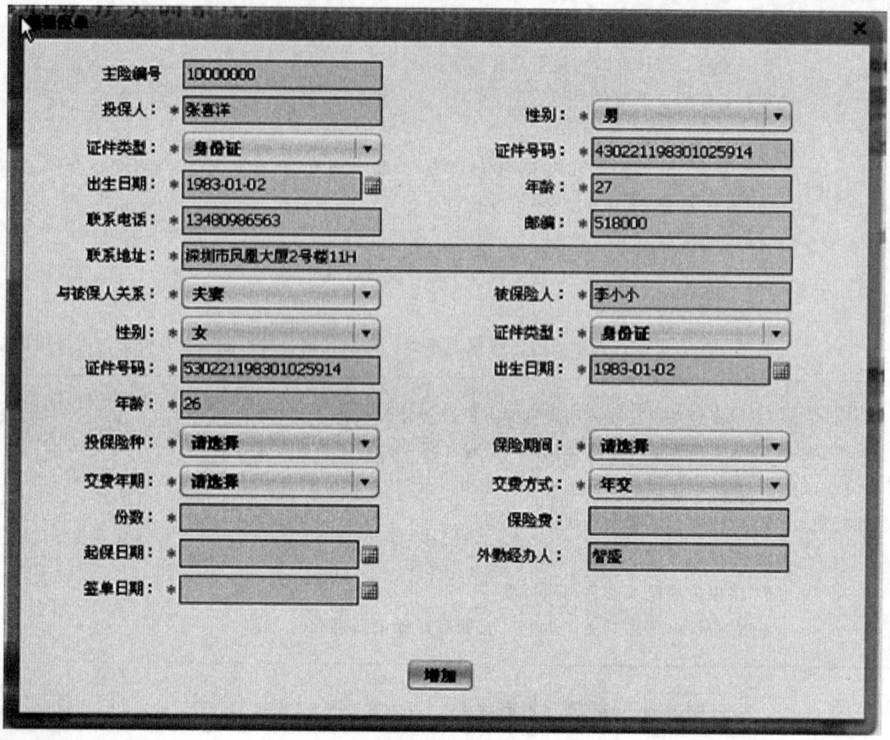

保险单号

附加险列表

险加险名称、主险名称、投保年龄、交费方式、保险期间、投保份数、保险金额

附加险输入表单：

主险险种	文本框（不可编辑）
被保险人	文本框（不可编辑）
保单号	文本框（不可编辑）
性别	单选框（不可编辑）
投保年龄	文本框（不可编辑）
附加险险种	下拉框
交费年期	下拉框
保险期间	下拉框
投保份数	文本框
费率	文本框（不可编辑）
保险费	文本框（不可编辑）

输入项说明	无

续表

<table>
<tr><td>业务处理</td><td>1. 承保员录入保险单号
2. 系统检测保单是否生效，如果未生效，则返回保单下对应的附加险列表
3. 承保员增加或修改附加险信息
4. 系统返回主险信息及附加险对应的交费方式与投保期间范围
5. 承保员选择附加险交费方式、投保期间及承保份数，系统查询费率并计算保费金额
6. 承保员提交附加险信息，系统增加或保存附加险信息</td></tr>
<tr><td>输出</td><td>1. 附加险保存后显示附加险信息
2. 在附加险信息点击“返还”后显示附加险列表</td></tr>
<tr><td>输出项</td><td>

附加险列表：
附加险名称、主险名称、投保年龄、交费方式、保险期间、投保份数、保险金额</td></tr>
<tr><td>其他说明</td><td>无</td></tr>
</table>

3. 健康告知（见表 4－10）

表 4－10　　健康告知相关内容清单

<table>
<tr><td>业务说明</td><td>询问投保人健康状况</td></tr>
<tr><td>角色权限</td><td>承保经办员</td></tr>
<tr><td>前置条件</td><td>投保单</td></tr>
<tr><td>输入项</td><td>健康问询：
1. 您是否目前吸烟或者曾经吸烟？
2. 您是否目前正在使用或曾经使用止痛药、麻醉剂、镇静安眠剂、迷幻药、毒品、有机溶剂等？
3. 您是否有参加赛车、赛马、搏击类运动、滑雪、攀岩、探险或特技活动及其他高风险活动的爱好？
4. 您是否有智能障碍，或五官、脊柱、胸廓、四肢、手足、足趾缺损、畸形或功能障碍？
5. 您至今接受的健康检查结果有无异常或被医师建议接受其他检查？
6. 最近五年内是否住过医院或疗养院，是否接受过手术、射线、化疗？</td></tr>
<tr><td>输入项说明</td><td>无</td></tr>
</table>

续表

业务处理	1. 页面录入保单号 2. 检查保单号信息（是否未生效） 3. 插入健康反馈信息 4. 将健康反馈信息返回页面
输出	
其他说明	健康状况信息从后台读取，可管理

4. 受益人（见表 4－11）

表 4－11　　　　受益人相关内容清单

业务说明	填写保单的受益人列表
角色权限	承保经办员
前置条件	投保单、健康告知
输入项	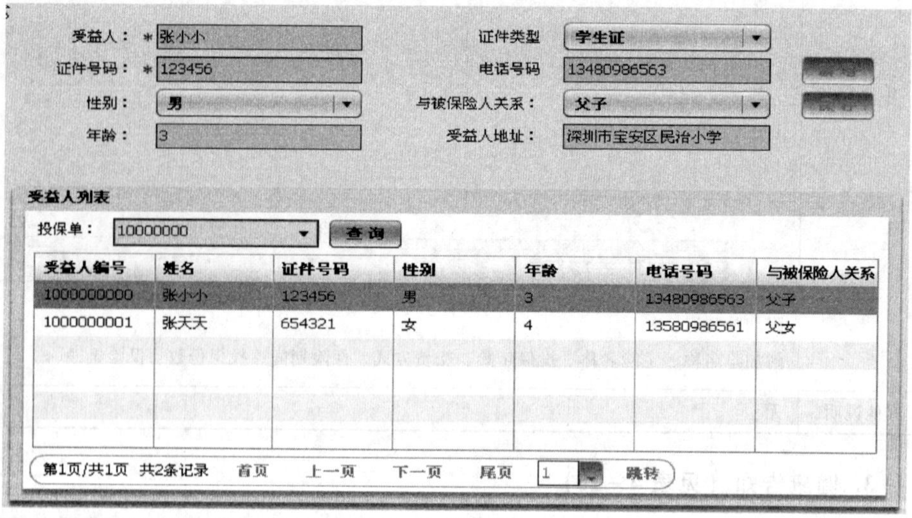
输入项说明	性别：男/女 年龄：1～100 岁 健康状况：健康/有残疾 与被保人关系：后台读取
业务处理	1. 录入保单号信息 2. 检查保单号（是否未生效） 3. 填写受益人信息并保存 4. 数据库插入受益人信息并返还保单号对应的受益人列表

5. 复核保单（见表 4－12）

表 4－12　　　　复核保单相关内容

业务说明	复核保单信息
角色权限	承保复核员

续表

<table>
<tr><td>前置条件</td><td>投保单、健康告知、受益人</td></tr>
<tr><td>输入项</td><td>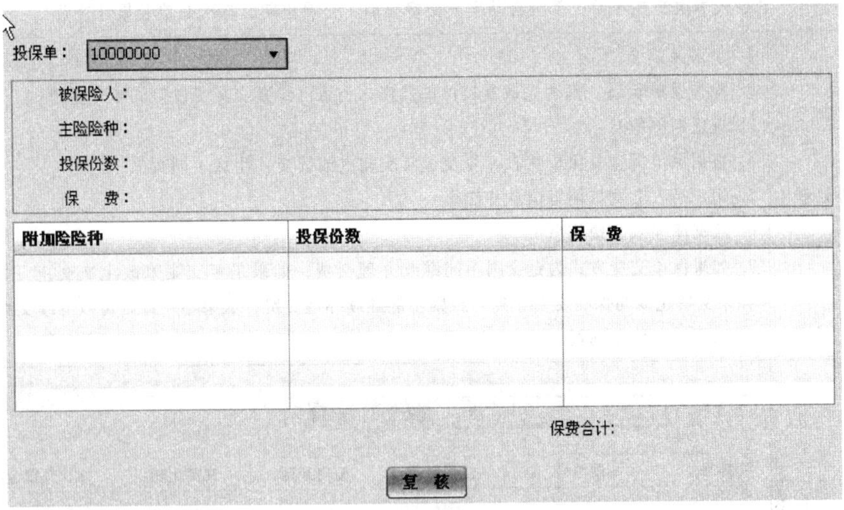
</td></tr>
<tr><td>输入项说明</td><td>输入项由报表工具从后台读取</td></tr>
<tr><td>业务处理</td><td>1. 输入保单号
2. 检查保单号信息（是否未生效、是否完成健康告知及受益人操作）
3. 修改保单状态为复核状态</td></tr>
<tr><td>输出</td><td>提示复核成功</td></tr>
</table>

6. 办理交费（见表 4－13）

表 4－13　　办理交费相关内容清单

<table>
<tr><td colspan="2">业务说明：办理保单交费信息</td></tr>
<tr><td colspan="2">角色权限：承保经办员</td></tr>
<tr><td colspan="2">前置条件：复核保单</td></tr>
<tr><td>输入项</td><td>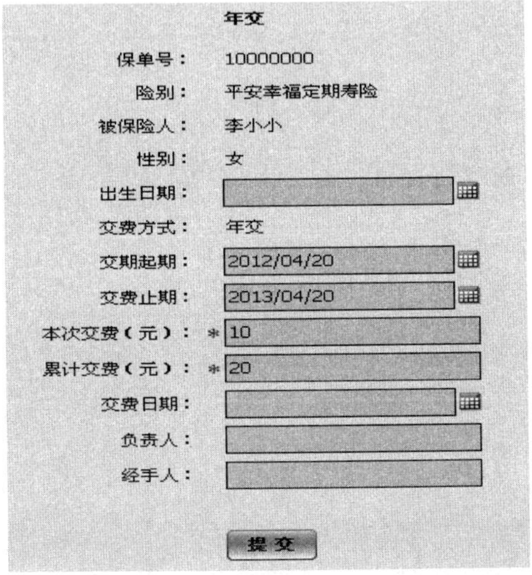
</td></tr>
</table>

续表

输入项说明	本次交几年由本次交费起期及保单交费止期决定 录入本次交几年后，系统自动生成交费起期、交费止期、本次交费及累计交费
业务处理	1. 录入保单号 2. 检查保单状态（是否完成复核保单操作，是否已经趸交交费或完成年交交费） 3. 返还保单信息 4. 根据保单类型及保单状态（趸交或年交初次或续交）生成不同页面 5. 用户录入交费日期等信息并提交 6. 数据库插入交费信息 7. 如果保单交费方式为趸交则不能继续办理交费，如果是年交则修改上次交止日期和累计交费信息，如果交费止期与保费交费止期一致则不能继续办理交费，如果不一致则可以继续交费 8. 返还交费信息到页面
输出	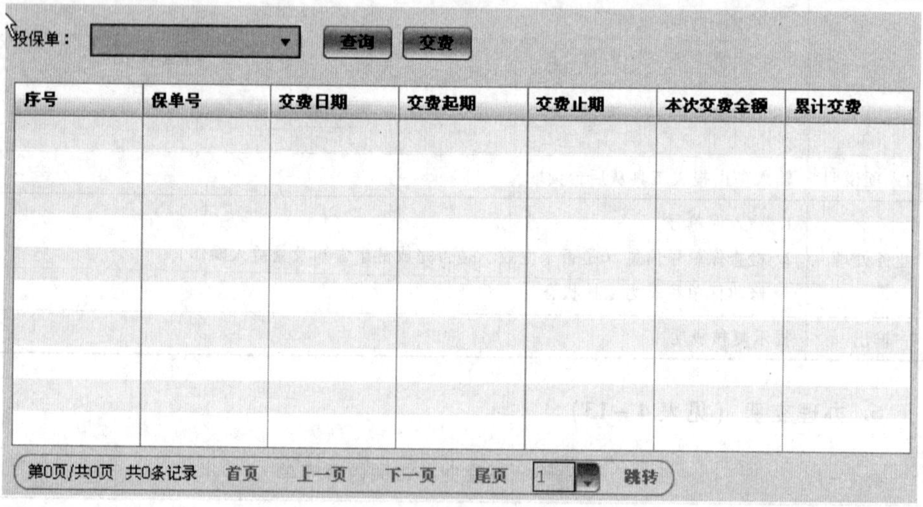
其他说明：无	

第五章　理赔业务操作技能训练

实践目标

保险理赔，是当被保险人因保险事故导致保险标的受损后，保险公司审核保险责任，确定受损程度，并依据保险合同的约定补偿被保险人损失的保险程序。保险理赔贯彻了保险的职能，为被保险人的财产提供坚实的保障，从而保证了社会再生产的顺利进行。本实训就是利用保险业务操作软件，掌握财产保险理赔的主要程序、步骤。

实践要点

保险理赔关系到合同双方当事人的切身利益，具有很强的政策性。为了保证理赔工作的质量，必须制定出一整套严密的保险理赔工作流程并严格遵照执行。保险理赔程序根据不同的险种和案情，一般需经过受理和立案、调查、审理、理算、复核、通知给付或拒赔、单证流转、结案归档等过程。通过实训，学生能够掌握保险赔付的程序，还能深知不同险种赔付程序的区别。

思政目标和要点

结合我国传统诚信文化和市场经济中的诚信理念，凸显保险市场中最大诚信的重要意义和丰富内涵，倡导学生做人求学诚实守信。结合保险理赔的学习和实践，丰富对保险损失补偿职能的认识，从中国传统文化来看，保险是成人达己、渡人渡己；从自然法则的角度来看，保险是基于共生理论，是“相依为命”；从人性视角来看，保险是一种互助友爱精神的体现，是“一人为大家，大家为一人”。体现上述精神的关键要进一步强化对保险理赔的认识。

第一节　保险理赔的基本程序

一、登记立案

保险标的发生保险事故时，财产保险的被保险人、人身保险的被保险人或受益人有义务将事故发生的时间、地点、原因及其他有关情况及时通知保险公司或保险代理人。《中华人民共和国保险法》规定，保险事故发生后，投保人、被保险人或者受益人必须履行以下义务：

（1）及时通知保险人；

（2）依照保险合同请求赔偿或者给付保险金；

（3）提出赔偿或给付请求的同时向保险人提供其所能提供的与确认保险事故的性质、原因、损失程度等有关的证明和资料；

（4）当保险人依照保险合同的规定，认为有关证明和资料不完整并通知投保人、被保险人或受益人补充提供有关证明和资料时，及时补充提供证明和资料；

（5）被保险人有责任尽力采取必要的措施，防止或者减少损失。

损失通知可采用电话（传真）报案、上门报案和营销人或经纪人报案三种形式。及时通知损失可以使保险公司立即开展损失调查，避免因延误造成调查困难，可以防止道德风险因素的产生，以便保险公司及时采取施救措施，防止灾害事故的蔓延和损失的加重。损失通知根据险种不同通常有时限要求。例如，被保险人在保险财产遭受保险责任范围内的盗窃损失后，被保险人应该在 24 小时内通知保险人，否则保险人有权不予赔偿。有的险种没有明确的时限规定，只要求被保险人在可能的情况下尽快将损失通知保险人。如果被保险人在法律规定或合同约定的索赔时效内未通知保险人，视为自动放弃索赔权利。《保险法》第二十六条对此做了统一规定：

（1）人寿保险以外的其他保险的被保险人或者受益人，向保险人请求赔偿或者给付保险金的诉讼时效期间为二年，自其知道或者应当知道保险事故发生之日起计算。

（2）人寿保险的被保险人或者受益人向保险人请求给付保险金的诉讼时效期间为五年，自其知道或者应当知道保险事故发生之日起计算。

一般保险公司都设有 24 小时的报损中心，专门接受被保险人的损失通知。被保险人及时通知保险公司，保险公司在接到通知后再请被保险人填写出险通知书。财产保险损失通知的内容一般包括被保险人的姓名或名称、地址、保单号码、出险日期、出险原因、受损财产的项目和金额等；责任保险损失通知的内容包括责任事故发生的时间、地点、受害人、证人等。被保险人或受益人在损失通知后，应该向保险人提供索赔所必需的各种单证。在财产保险中，索赔单证包括保险单的正本、损失报告等。人寿保险的死亡索赔单证有保险单原件、受益人的身份证和户籍证明、最后一期的缴费收据、公安机关出具的死亡证明等。意外伤害保险中残废保险金的索赔单证为保险单原件、被保险人的身份证明、指定机构开具的被保险人身体残疾程度的鉴定书（如果伤残为意外所致，须提供意外事故证明文件；如为工伤，须提供劳动部门工伤事故调查报告）。医疗费用保险索赔需出具的单证有指定医院出具的详细诊断书（包括诊断全称、简单病史和治疗过程）、治疗费用结算明细表、治疗费用原始收据（药费原始收据应附处方）、门诊或急诊病历、被保险人身份证明文件、保险单原件、最后一次缴费收据等。海洋货物运输保险的索赔单证有保险单或保险凭证正本、运输合同、发票、装箱单、磅码单、检验报告、货损货差证明和索赔清单等。如果损失涉及承运人和托运人等第三者的责任，被保险人还应提供向第三者责任方索赔的书面文件。如果损失涉及海难，被保险人应提供海事报告书或海事声明书。

二、单证审核

保险公司在接到被保险人或受益人的损失通知和索赔单证后，保险内勤人员要立即进行单证的审核，以决定是否有必要全面展开理赔工作。单证的审核包括以下几个方面。

1. 审核保险单的有效性

如果保单是无效的，就不必受理。例如，人身保险合同规定，如果投保人在过了宽限期仍未缴纳保费，保险合同中止，除非投保人在两年内提出复效申请，提供健康证明，补缴保险费和利息，否则保险合同终止。又如，我国财产保险基本条款规定，被保险人应当履行如实告知义务，否则保险人有权拒绝赔偿，或从解约通知书送到15日后终止保险合同。

2. 审核损失是否由保险责任范围内的原因造成

如果保险标的损失是由不保损失原因造成的，保险公司不承担保险责任，也就没有继续进行理赔工作的必要。

3. 审核索赔人在索赔当时对保险标的有无保险利益，即索赔人是否有权取得赔偿

索赔人一般是保险单载明的被保险人，对寿险保单而言，索赔人应是指定的受益人或被保险人的法定继承人。保险人在赔偿时要查明被保险人或受益人的身份，以决定其有无资格领取保险金。例如对财产保险合同，要审核被保险人在损失发生时对保险标的有无保险利益。又如货物在运输途中发生海损，但是运输单据（包括保险单）已从发货人手中转移到收货人手中，这时发货人就无权索赔。

4. 审核有关单证的有效性

例如，在人身保险中，理赔人员要审核缴费凭证、身份证、死亡案件的死亡证明、残废案件的残废证明等单证是否有效。又如，海上保险除了审核保单外，还要审核损失证明是否合法，货物的发票、提单与保单是否一致。

5. 损失的财产是否为保险财产

保险人对被保险人的索赔财产，必须根据保险单认真审核，以判断是否属于保险财产。例如，我国财产保险综合险规定，土地、矿产、水资源、货币、有价证券属于除外不保的财产，堤堰、铁路、金银珠宝属于保险双方特别约定才能承保的财产。

6. 损失发生是否在保险的有效期内

保险单都明确载明保险有效的起讫时间，只有在保险有效期内发生的损失，保险人才负赔偿责任。例如，我国远洋货物运输保险的保险期限通常以仓至仓条款来限制，规定保险期限从保单载明的起运地发货人的仓库运输时开始到保单载明的收货人仓库为止，并以货物卸离海轮后60天为最后期限。在初步确定赔偿责任后，保险公司根据损失通知编号立案，将保单副本与出险通知单核对，为现场勘查做准备。

三、现场勘查

现场勘查的具体内容包括以下几个方面。

1. 查明出险的时间和地点

查明出险的时间是核实出险时间是否在保单的有效期内，即损失时间是否发生在保险责任的起讫时间内。对投保时已出险或保险期满后未办理续保手续的拒绝理赔；对那些没有及时通知损失、事后补保的索赔人，更应仔细核实出险时间，不仅向当事人、现场目击者了解出险时间，而且要向公安消防或有关部门核实。查明出险地点是核实出险地点是否与保单载明的财产地点一致或在保单载明的有关区域内。例如，远洋货物运输保险或船舶保险中出险地点要在保单载明的航线和行驶区域内。

2. 调查核实出险的原因

调查核实出险原因就是核实出险原因是否属于保险责任范围内的风险，这是一项非常复杂的工作，保险理赔人员必须通过深入细致的调查研究才能确定出险的原因。例如，我国企业财产保险的理赔，理赔人员要对与出险有关的风力、风向、水位、流速、室内外火源、电源以及安全管理情况等做详细调查，以便分清直接原因和间接原因、自然因素和人为因素，从而找出损失的近因。对一些技术性问题，有时还需依靠专家来提供咨询服务，或请有关部门做出技术鉴定。例如，我国的保险公司对火灾损失和交通事故一般都由公安消防和交通管理部门调查损失原因并提供损失的书面证明。

3. 查清受损标的的具体情况

查清受损标的的名称、数量和施救整理的过程，以核实保险标的的损失程度和范围以及支出的施救费用。

4. 妥善处理受损的保险标的

处理受损标的的损余物资，尽量减少保险损失。

5. 获得保险事故的第一手资料

为了获得保险事故的举证材料，保险理赔人员在勘查过程中还要取得有关行政主管部门如公安局、消防部门、交通管理部门出具的事故证明。根据现场勘查和现场记录，保险理赔人员要做出保险事故的勘查报告或检验报告，为责任审定提供第一手资料。

四、责任审定

保险公司在现场勘查后，根据勘查报告，审定损失责任。如果损失属于保险责任，就要确定保险人的保险赔偿责任和赔偿范围；如果损失不属于保险责任，保险人必须向被保险人或受益人发出拒绝赔偿或给付保险金的书面通知。如果涉及第三者责任，还必须分清责任。

（1）审核被保险人是否具有保险利益，索赔单证及索赔时效是否有效，被保险人是否有违约行为而影响索赔权利等。

（2）根据保险合同、勘查报告、有关部门出具的损失证明或专家的技术鉴定资料等，审核损失是否由承保的风险导致的，损失是否在保险责任范围内并符合索赔条件，受损的标的是否与保单中载明的一致，保险事故是否发生在保单有效期内，等等。

（3）根据有关报表、单据、被保险人提供的损失清单、施救费用清单来核定保险标的的实际损失金额，同时还要审核施救费用是否合理以及合理费用支出的金额。

（4）如果是因第三者责任造成保险标的损失的，保险人必须提供第三者过失责任的法律依据，并核定第三者责任方应该承担的损失金额。

（5）认定被保险人的求偿权利。保险人承担赔偿责任是以保险合同规定的被保险人的义务为前提条件的。如果被保险人没有履行保单规定的义务，保险人可以拒绝赔付。例如，投保时被保险人没有履行如实告知的义务；当保险标的的危险程度增加时，被保险人没有及时通知保险公司；保险事故发生时，被保险人没有采取必要合理的施救措施来防止损失扩大；等等。这些足以使被保险人丧失索赔的权利。

五、损失赔偿计算和赔付

保险人通过责任审定，确定保险赔偿责任和赔偿范围，并根据保险标的的保险金额和保险人的承保条件决定赔偿方式，然后理赔人员按照确定的赔偿方式，根据损失情况，分别按保险标的的损失、施救费用、勘查费用、损余收回、免赔额等项目列出计算公式，填制

“赔款计算书”。

根据保险补偿原则，保险补偿既包括对保险标的损失的补偿，也包括对保险标的损失的各种费用的补偿。《中华人民共和国保险法》规定，保险事故发生后，保险人除承担因自然灾害或意外事故造成的保险标的的经济损失外，还须承担以下费用：

(1) 保险事故发生后，被保险人为防止或者减少保险标的的损失所支付的必要的、合理的费用，其数额在保险标的损失赔偿金额以外另行计算，最高不超过保险金额的数额；

(2) 投保人、被保险人为查明和确定保险事故的性质、原因以及保险标的的损失程度所支付的必要的、合理的费用；

(3) 责任保险的被保险人因对第三者造成损害的保险事故被提起仲裁或者诉讼，除保险合同另有约定外，由被保险人支付的仲裁或者诉讼费用以及其他必要的、合理的费用，由保险人承担。

一般在财产保险合同中，保险人承担的损失补偿有：

(1) 保险金额限度内保险标的的实际损失；

(2) 保险事故发生后，被保险人为防止或减少保险标的的损失所支付的必要而合理的施救费用，费用的补偿在保险标的损失赔偿金额以外另行计算，最高不超过保险金额的数额；

(3) 必要而合理的检验费用。

(一) 财产保险损失赔款的计算

财产损失按其损失程度，可分为全部损失和部分损失两种。全部损失又称全损，指保险财产的全部灭失或修复费用超过其原来价值。全损又可分为实际全损和推定全损。在全损的情况下，保险人按保额赔偿。部分损失又称分损，是指保险财产损失未达到全损的程度。对于部分损失，保险人按确定的保险赔偿方式赔付。

1. 定值保险赔偿方式

(1) 当保险标的发生全部损失时，损失程度为100%，则：

赔偿金额 = 保险金额

在这种情况下，由于保险金额是投保时保险合同双方按照约定的保险价值确定的，因此有可能出现保险金额大于出险时保险标的的保险价值（出险时保险标的的实际价值）的现象。但不管保险金额是否大于或小于出险时保险标的的保险价值，只要是保险标的的全部损失，保险人都按保险金额赔偿。

(2) 当保险标的发生部分损失时，则：

赔款 = 保险金额 × 损失程度

$$损失程度 = \frac{合理市价 - 残差}{合理市价}$$

在这种情况下，同样有可能出现保险金额大于保险价值的现象。倘若保险金额大于保险标的的保险价值，则可能出现赔偿金额大于实际损失金额的情况。

定值保险赔偿方式适用于远洋货物运输保险、船舶保险以及价值难以确定的高级艺术品、古董、古玩等特约保险。

2. 比例赔偿方式

比例赔偿方式适用于不定值保险的赔款计算，是指在保险金额范围内，按照保险标的的保障程度来计算赔偿金额的方式。保险标的的保障程度是指保险标的的保险金额与出险时保险标的的保险价值之比。由于不定值保险合同的双方在投保时没有约定保险标的的保险价值，因此，保险标的的保险价值是以保险事故发生时保险标的的实际价值来确定的，实际价值等于保险标的的重置成本减去折旧。这样，在不定值保险中就有可能出现保险金额大于等于保险价值的情况，也有可能出现保险金额小于保险价值的情况。

（1）当保险金额 = 保险价值时，视为足额保险。足额保险可获得足额赔偿，即：

赔偿金额 = 损失金额

（2）当保险金额 < 保险价值时，视为不足额保险。不足额保险获得比例赔偿，即：

$$赔偿金额 = 损失金额 \times \frac{保险金额}{保险价值}$$

对于被保险人在损失发生时对保险标的进行施救而支出的合理的施救费用，同样按比例计算赔款。

比例赔偿方式适用于不足额保险，其目的是鼓励投保人尽量按财产的实际价值投保，以获得充分、全面的补偿。

（3）当保险金额 > 保险价值时，视为超额保险。超过部分没有保险利益，保险公司不赔偿。

3. 第一损失赔偿方式

第一损失赔偿方式也称第一危险赔偿方式。这种赔偿方式是在保险金额范围内，按照保险标的的实际损失金额来计算赔偿金额。只要不超过保险金额，赔偿金额等于损失金额，不考虑保险金额与保险标的实际价值之间是否一致。不管保险是足额的还是不足额的，保险人都当足额保险看待，损失多少赔多少，但是以保险金额为限。

家庭财产保险一般都采用这种赔偿方式，主要是因为家庭财产很难做到投保时保险标的的保险金额与损失时保险标的的实际价值一致，如果不采用第一损失赔偿方式，被保险人就可能因家庭财产的保险金额和实际价值不符而得不到足额的损失补偿。这有悖于投保人希望投保家庭财产保险获得充足损失补偿的初衷。因此，第一损失赔偿方式可以解决流动性较强、价值变动较大的保险标的足额补偿问题。

4. 限额责任赔偿方式

限额责任赔偿方式是指保险人在承保时对被保险人遭受保险事故所致的损失规定一个限额，而损失赔偿与否和这一限额有关。限额责任赔偿方式分为超限额赔偿方式和不足限额赔偿方式两种。

（1）超限额赔偿方式。超限额赔偿方式是指保险人对小于规定限额的损失发生不予赔偿，规定限额称作免赔额。免赔额有绝对免赔额和相对免赔额。当发生的损失超过规定限额时，保险人对超过规定限额部分的损失在保险金额范围内予以赔偿，这称作绝对免赔；当保险人对发生的全部损失在保险金额范围内予以赔偿，这称作相对免赔。有时保单会规定免赔率。

免赔额 = 免赔率 × 保险金额

（2）不足限额赔偿方式。不足限额赔偿方式是指保险人对小于规定限额的差额部分予以赔偿，但大于或等于规定限额就不予赔偿。这种赔偿方式在农业保险中运用较广，其实质是保障一定的收入水平。如在农作物收成保险中，规定每亩农作物的收成为 2000 元，即每亩不足限额责任是 2000 元。如果农作物遭受保险事故，每亩的实际收成为 1500 元，则保险人应支付每亩不足限额 2000 元的差额 500 元的赔额。

保险人对于被保险人的损失补偿在理论上可以采取现金赔偿、重置更换、修理恢复等形式。至于选择何种形式来进行补偿，通常由保险人根据实际承保方式和损失情况来做决定，且往往是在选择承保方式时就决定了损失补偿的形式。

5. 比例分摊赔偿方式

在重复保险的情况下，各家保险公司按比例来分摊保险财产的损失。比例分摊法有两种：

（1）比例责任分摊制，即按每家保险公司的保额与各家保险公司保额之和的比例来分摊损失金额。其计算公式为：

$$保险公司赔款=\frac{损失额\times某保险公司的保额}{各家保险公司保额之和}$$

（2）责任限额分摊制，即确定各家保险公司的责任限额，然后按照每家保险公司的责任限额与各家保险公司的责任限额之和的比例来分摊损失金额。其计算公式为：

$$保险公司赔款=\frac{损失额\times某保险公司的责任限额}{各家保险公司的责任限额之和}$$

不论采用何种分摊法，被保险人获得的赔偿仅限于其实际损失，不可能因重复保险而额外获利。

例子：某建筑物的实际现金价值为 15 万元，被保险人向 A 公司投保火灾保险，保额为 8 万元，又向 B 公司投保火灾保险，保额为 12 万元。现发生损失为 9 万元，则 A、B 两家公司如何分摊？

在比例责任分摊制下：

$$A公司的赔款=\frac{8}{8+12}\times 9=3.6\ （万元）$$

$$B公司的赔款=\frac{12}{8+12}\times 9=5.4\ （万元）$$

在责任限额分摊制下：

A 公司责任限额为 8 万元，以保额为限，B 公司责任限额为 9 万元，在保额限度内以实际损失为限。

$$A公司赔款=\frac{8}{8+9}\times 9=4.23\ （万元）$$

$$B公司赔款=\frac{8}{8+9}\times 9=4.76\ （万元）$$

（二）人身保险业务保险金的计算

1. 人寿保险业务

对于传统的人寿保险业务，保险事故造成被保险人死亡或保险期满时被保险人继续生存，保险人按保险合同中约定的保险金额给付。

对于投资型的人寿保险业务，保险事故造成被保险人死亡，保险人按投资收益的多少决定保险金的给付，但最低不低于保单中规定的基本保额。

2. 人身意外伤害险业务

我国人身意外伤害保险条款规定，被保险人因意外事故造成伤害以致完全丧失劳动能力、身体机能，或永久丧失部分劳动能力、身体机能的，可以按照丧失劳动能力和伤残程度给付全部或部分保险金。为此，我国保险公司制定了“人身保险残疾程度与保险金给付比例表”和“意外伤害事故烧伤保险金给付比例表”，供寿险核赔人员使用。残废保险金多少视保险金额和残疾程度确定。残疾程度用百分比表示，如丧失拇指全部为10%，丧失一足趾为5%。

残废保险金 = 保险金额 × 残疾程度百分比

当一次意外事故造成被保险人身体不同部位多处残疾时，按各残疾给付比例之和计算残废保险金。如果被保险人身体各部位残疾程度给付比例合计超过100%，只能按保险金额全数给付保险金。尤其要注意的是，一次意外事故，在同一肢多处残疾，且以前未曾发生意外事故残疾的，保险金按残疾中最高的给付比例计算。一次意外事故残疾，合并以前残疾，保险金按合并残疾后的给付百分比减去以前残疾的给付百分比计算。如果被保险人在保险期限内多次遭受意外伤害，每次意外伤害，保险人都必须按合同规定给付保险金，但累计的保险金给付不超过保险金额。

3. 健康保险业务

健康保险中的医疗保险可以采用定额给付方式，也可以采用补偿方式。当医疗保险采取补偿方式时，适用保险补偿原则，保险人对被保险人赔付的医疗保险金不超过被保险人实际支出的医疗费用。如果是第三者责任导致医疗费用支出的，适用于代位追偿原则。如果医疗保险出现重复保险，适用重复保险的分摊原则。因为医疗保险是一种费用损失保险，从严格意义上讲属于财产保险的范畴。而健康保险中的疾病保险属于定额给付性的保险业务，当被保险人罹患合同约定的疾病时，保险公司按保险合同规定的保险金额给付保险金，而不考虑被保险人实际支出的医疗费用。健康保险中的残疾收入保险属于给付型险种，补偿被保险人因疾病致残或因意外伤害致残的收入损失，对被保险人因疾病或者意外伤害所支出的医疗费用不承担赔付责任。

特别需要注意的是，人寿保险中的死亡保险金给付和人身意外伤害险中的残废保险金的给付不存在重复保险问题，也不存在代位追偿问题。被保险人拥有数份保单，保险事故发生时，任何一家公司必须按约定的保险金额给付，不得有所增减。如果是第三者的责任造成被保险人死亡和残废，保险公司给付后不得行使代位追偿权。

保险公司完成审核和勘查工作后，就损失责任、赔偿金额与被保险人或受益人达成协议，即可支付赔款。保险人对被保险人请求赔偿或给付的要求按保险合同的规定办理，如果保险合同没有约定的，按照《中华人民共和国保险法》的有关规定办理。《中华人民共和国保险法》第二十三条规定：“保险人收到被保险人或者受益人的赔偿或者给付保险金的请求后，应当及时作出核定；情形复杂的，应当在三十日内作出核定，但合同另有约定的除外。保险人应当将核定结果通知被保险人或者受益人；对属于保险责任的，在与被保险人或者受益人达成赔偿或者给付保险金的协议后十日内，履行赔偿或者给付保险金义务。保险合同对赔偿或者给付保险金的期限有约定的，保险人应当按照约定履行赔偿或者给付保险金义务。保险人未及时履行前款规定义务的，除支付保险金外，应当赔偿被保险人或者受益人因此受到的损失。”第二十五条规定：“保险人自收到赔偿或者给付保险金的请求和有关证明、资料之日起六十日内，对其赔偿或者给付保险金的数额不能确定的，应当根据已有证明和资料可以确定的数额先予支付；保险人最终确定赔偿或者给付保险金的数额后，应当支付相应的差额。”

六、损余物资的处理

在财产保险中，受灾的财物有时还有一定的价值，保险公司在全部赔付之后，有权处理损余物资。损余物资的妥善处理，对挽救财产损失、减少赔款支出具有积极的意义，保险人应在适当照顾被保险人利益的同时，使损余物资得以充分利用。损余物资有时可以折价给被保险人，以充抵保险金。如果损余物资必须由保险人收回，理赔部门应填写“损余物资收回凭证”。

七、结案

保险理赔人员在支付赔款后，清理有关赔案的所有文件和单证，以及现场的照片和录音，归档管理，以便日后查阅。

八、代位求偿

在保险理赔中，有时是由第三者对保险标的损害而造成保险事故，保险人自向被保险人赔偿保险金之日起，被保险人应将向第三者追偿的权益转让给保险人，在赔偿金额范围内由保险人代位被保险人向第三者请求赔偿。代位求偿既关系到保险公司的经济利益，又能有效地促使有关部门加强风险管理，减少经济损失。

保险人在行使代位求偿权时有几点需要注意：

（1）代位求偿只适用于财产保险与人身保险中的医疗费用险，不适用死亡保险金、残废保险金的赔付；

（2）保险事故发生后，被保险人已经从第三者取得损害赔偿的，保险人赔偿保险金时，可以相应扣减被保险人从第三者已取得的赔偿金额；

（3）保险人行使代位求偿权利时，不得影响被保险人就未取得赔偿的部分向第三者请求赔偿的权利；

（4）保险事故发生后，保险人未赔偿保险金之前，被保险人放弃对第三者请求赔偿的权利，保险人不承担赔偿保险金责任；

（5）除被保险人的家庭成员或者其组成人员故意制造保险事故外，保险人不得对被保险人的家庭成员或者其组成人员行使代位求偿权；

（6）保险人向被保险人赔偿保险金后，被保险人未经保险人同意放弃对第三者请求赔偿权利的行为无效；

（7）被保险人的故意或者因重大过失导致保险人不能行使代位求偿的权利，保险人可以扣减或者要求返还相应保险赔偿金；

（8）保险人向第三者行使代位请求赔偿的权利时，被保险人应当向保险人提供必要的文件和所知道的有关情况。

第二节　财产保险理赔实训

在财产保险业务中，家庭财产保险和企业财产保险的理赔工作相对来说比较简单。这里，我们介绍一种比较复杂又有特殊性的财产保险业务的理赔。

一、机动车辆保险的理赔实务

机动车辆保险的理赔工作与一般保险业务一样，要经过受理案件、现场勘查和调查取证、责任审核、赔款理算、核赔审批、赔付结案等过程。

1. 受理案件

保户出险后，应在48小时内报案，报案方式可以直接上门报案，也可以电话、网络、信函、电报等形式报案。不论何种形式报案，接报人员应立即填写报案登记表，记录被保险人的称谓、车型、车牌、出险时间、地点、原因、估计损失金额、报案人联系电话等并编制报案序号。接报人员或理赔内勤人员接案后依据报案登记表查抄单底，从电脑中调出出险车险保单及批单，核对被保险人名称、车型、号牌、承保险种、保险期限等资料。对的确属于保险标的、确定发生在保险有效期内、确属保险责任的案件予以立案登记。

2. 现场勘查和调查取证

保险理赔外勤人员及时到事故现场，勘查、询问、调查肇事驾驶员、肇事地点附近的目击者以及受伤治疗的伤员，查明出险时间是否在保险有效期内；对起保刚开始或接近保险终止期的赔案更要慎重，到肇事地实地调查、拍照，查明出险地点。对肇事地点前后报案不一致及谎报地点的更要仔细调查。

查明出险车辆的基本情况，查实肇事车辆及第三者车辆的车型、车号、发动机、行驶证等，并仔细与保险单核对。查明出险时车辆使用性质与保单载明是否一致，所载货物是否符合安全规定，是否从事非法活动和经营。查明驾驶员的姓名、驾驶证号码、准驾车型，检查是否属于有效驾驶证。采取多听、多问、多看、多分析的办法，查明出险的真正原因，对故障部位和损失痕迹进行必要的取证与鉴定。查明受损车辆及货物的损失情况、人员伤亡情况。当现场勘查完毕，由勘查人员编制现场勘查报告。

3. 责任审核

根据机动车辆保险条款及现场勘查报告以及其他调查资料分析出险的原因，审定保险责任，并明确赔偿的范围及标准。

4. 赔款理算

接受审核投保人或被保险人的索赔单证。索赔单证主要有出险通知书、车辆估损单、损失清单、驾驶证、行驶证复印件、被保险人书面索赔申请、受损车辆修理发票、交警部门出具的事故责任认定书、事故调解书或有关部门出具的事故证明，以及事故受伤者或伤亡者在县级以上医院就诊的诊治费发票、病历及伤亡证明书等。编制综合报告书，逐项核定损失金额，确定赔付方案，缮制赔款计算书。

5. 核赔审批

保险核赔人员在其权限范围内，根据现场勘查报告、事故证明、事故责任认定书、赔偿调解书等材料，全面分析事故发生的原因，审核保险责任，复核各项赔付金额，审查相关单证的有效性。核保完毕，签署核保意见，并由拥有核赔审批权的人员对案卷进行最终审查。在最终审批之前，任何单位和个人无权对赔偿做出任何承诺，不能支付赔款终结此案。

6. 赔付结案

通知被保险人领取赔款，编制赔款收据，登录赔款记录并将单证清分。

7. 将案卷装订成册，交专人妥善保管，以便日后查阅

对涉及权益转让的案件，保险公司赔付之后，让被保险人填写权益转让书，并使其协助保险公司提供有关第三者责任方的资料，由保险公司向第三者追偿。对有损余物资的案件，保险公司对损余物资应妥善保管、处理，冲减赔款或收回已用。

二、上机模拟

车辆险业务操作主界面如图 5－1 所示。

图 5－1　车辆险业务操作主界面

（一）承保处理（Accept Insurance）

1. 保单管理（见表 5－1）

表 5－1　保单管理相关内容

业务说明：录入投保人及被保险人的基本信息
角色权限：承保经办员
输入项 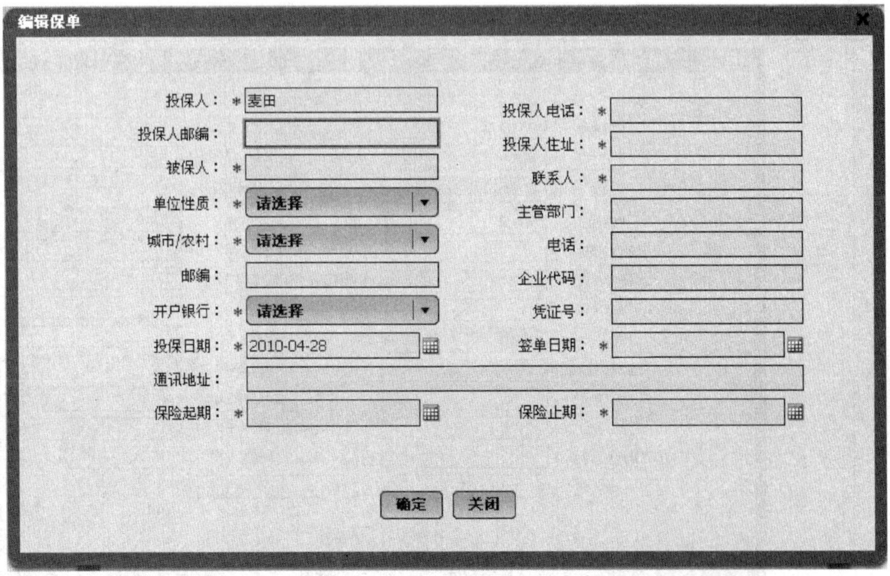

续表

输入项说明：
单位性质：行政单位/事业单位/股份有限公司/有限责任公司/私营单位/个人企业/个人独资/合伙企业/其他
城市/农村：城市/农村

业务处理：
1. 承保经办员录入保单信息
2. 系统保存保单信息

输出项：

其他说明：本业务为车辆险启动业务

2. 车辆清单（见表 5－2）

表 5－2　　车辆清单相关内容

业务说明	录入车辆清单信息
角色权限	承保经办员
前置条件	新保保单
输入项	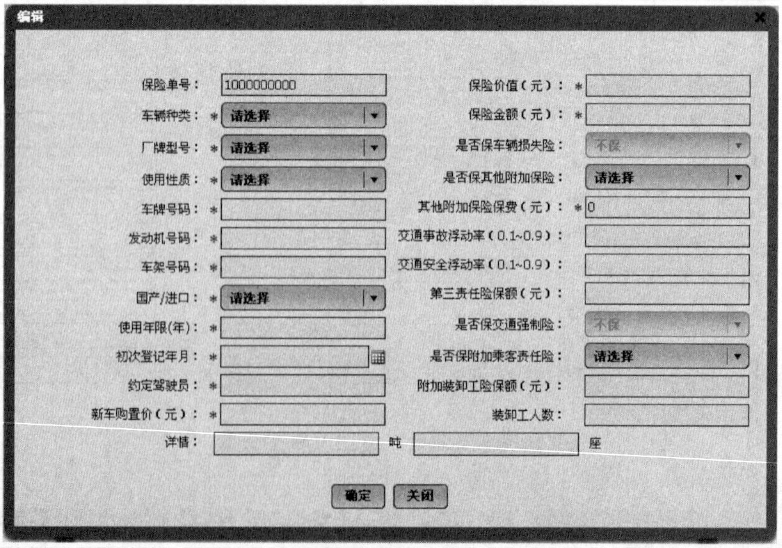

续表

输入项

点击“其他附加保险”弹出窗口

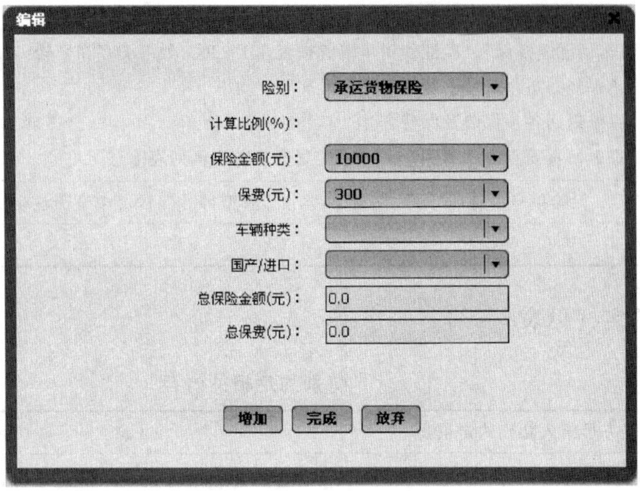

输入项说明

车辆种类：6座以下客车/6座至20座以下客车/20座至20座以上/2吨以下货车/2吨至10吨以下货车/10吨至10吨以上/挂车/油罐 汽罐 液罐 冷藏车/起重 消防 救护 清洁/摩托车/手扶拖拉机/小四轮拖拉机/大中型拖拉机

发动机号码：改成文本输入框 必填项

厂牌型号：桑塔纳/帕萨特/广州本田/奥迪/宇通客车/罐式运油车/国产叉车/起重机/皮卡小货车/大型货车/铃木摩托车/四轮农用运输车

车架号码：改成文本输入框 必填项 17位

使用性质：营业/非营/出租

国产/进口：国产/进口

险别编码

险别编码	险别名称	保险金额	保费	车辆种类	国产进口
1	驾驶员意外伤害责任保险	10000元/20000元	100元/200元	6座以下客车	国产
2	承运货物保险	10000元/20000元/30000元/40000元/50000元	150元/300元/450元/600元/750元	6座以下客车	国产
3	挡风玻璃单独破碎险	计算比例 0.2% 0.5%	保险金额 承保员录入	6座以下客车	国产
4	机动车辆全车失窃保险	计算比例 0.4% 0.8%	保险金额 承保员录入	6座以下客车	国产
5	不计免赔特约保险		240	6座以下客车	国产
6	自然损失保险	计算比例 0.5%	保险金额 承保员录入	6座以下客车	国产
7	新增加设备损失保险	计算比例 1.2%	保险金额 承保员录入	6座以下客车	国产
8	车载货物掉落责任保险	10000元 20000元 30000元	100元 200元 300元	6座以下客车	国产

续表

业务处理	1. 承保经办员录入车辆清单信息 2. 承保经办员点击添加后，系统检查保单状态是否为未生效、保单下牌照是否存在，如果存在就提示“该车辆已经投保”，验证使用年限值是否在 1～30，如果不存在则转到保费浮动调整页面 3. 承保经办员录入基本险浮动率及附加险浮动率 4. 系统返回各项保费及保费合计 5. 在返回页面点击“返回”后，系统显示机动车辆列表信息
输出项	编号、保险单号、牌照号码、车辆种类、厂牌型号、保费（单证无法生成）
其他说明	无

3. 特别约定（见表 5－3）

表 5－3　　特别约定相关内容

<table>
<tr><td colspan="2">业务说明：承保经办员录入特别约定信息</td></tr>
<tr><td colspan="2">角色权限：承保经办员</td></tr>
<tr><td colspan="2">前置条件：新保保单</td></tr>
<tr><td>输入项</td><td>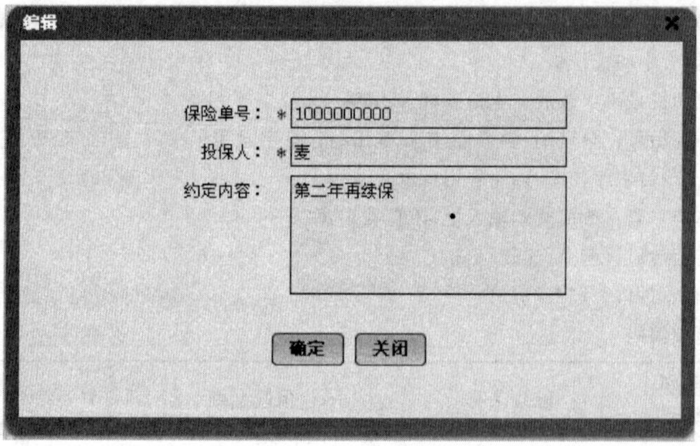
</td></tr>
<tr><td>输入项说明</td><td>无</td></tr>
<tr><td>业务处理</td><td>1. 承保经办员录入保险单号及约定内容
2. 系统检查保单号是否未生效
3. 检查通过后，如果保单号对应的特别约定存在则更新，如果不存在则保存
4. 点击“返回”进入特别约定列表</td></tr>
<tr><td>输出</td><td>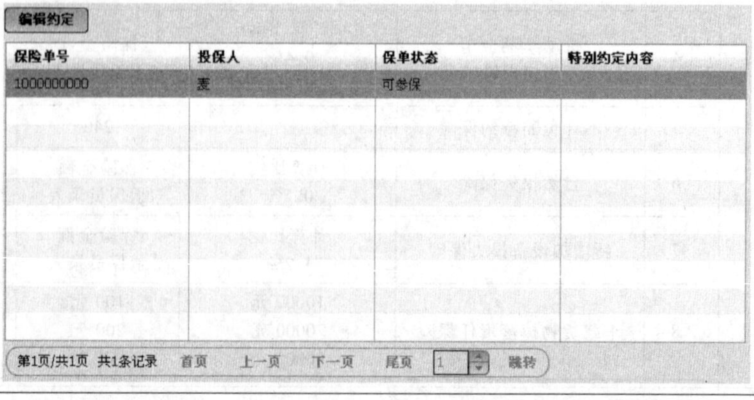
</td></tr>
</table>

续表

输出项：编号、保险单号、约定内容
其他说明：无

4. 复核保单（见表5-4）

表5-4　复核保单相关内容清单

业务说明	对保单及车辆清单信息进行复核，复核后的保单及清单信息不可以编辑
角色权限	承保复核员
前置条件	新保保单、车辆清单
输入项	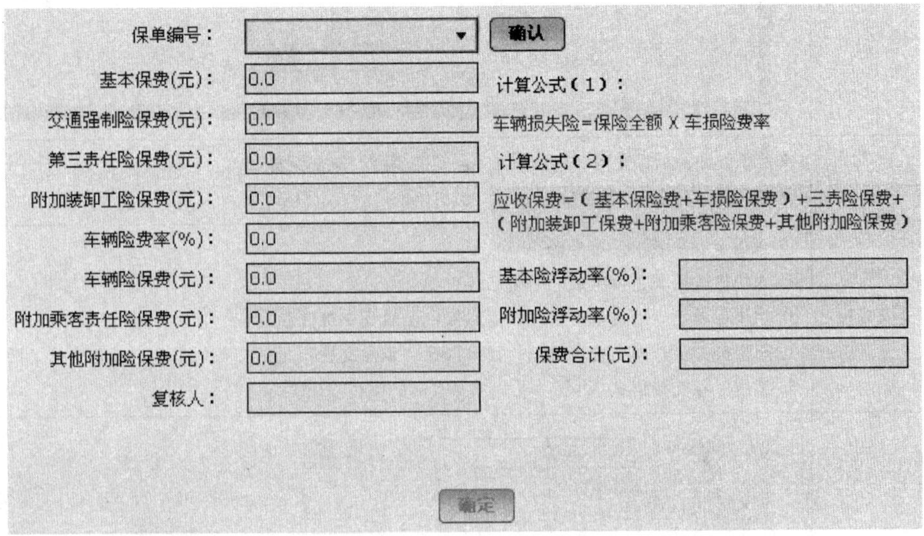
输入项说明	无
业务处理	1. 承保复核员录入保险单号并执行 2. 系统检查保单状态是否为未生效、保单关联车辆清单是否存在 3. 检查通过后，系统统计并返回保单及车辆清单信息 4. 系统设置保单状态为生效
输出项	保险单号、车辆总数、保险金额、车辆损失、交通强制险、责任险保费、其他附加险保费、附加装卸工保费、附加乘客保费
其他说明	无

5. 交费管理（见表5-5）

表5-5　交费管理相关内容清单

业务说明	承保经办员给生效的保单办理交费
角色权限	承保经办员
前置条件	复核保单

续表

<table>
<tr><td>输入项</td><td>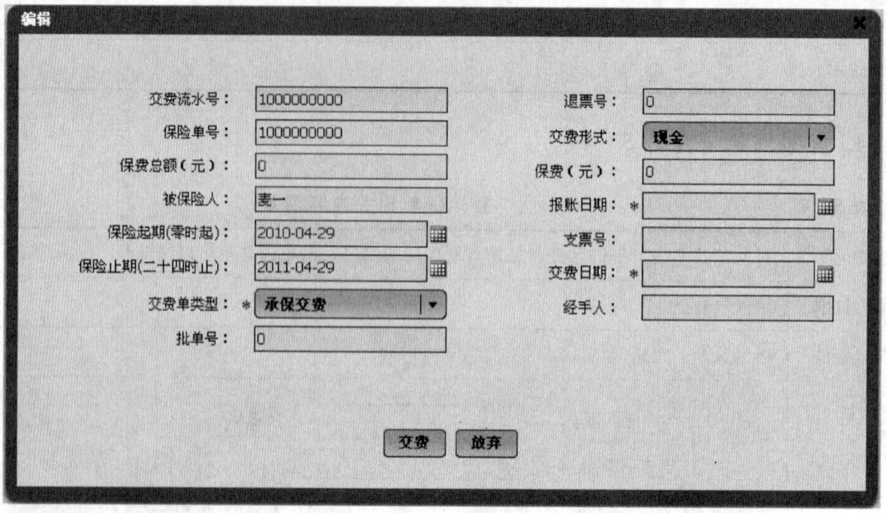
</td></tr>
<tr><td>输入项说明</td><td>交费单类型：承保交费/修改/（加/退车）/易主/补交保费
交费形式：现金/支票/结算</td></tr>
<tr><td>业务处理</td><td>1. 承保经办员录入保单号码
2. 系统检查保单是否生效、是否已经交费
3. 如果保单已生效且未交费，则返回保单保额及交费信息
4. 承保经办员选择交费单类型，如果选择“承保交费”外的交费单类型，还要求录入批单号
5. 系统保存交费信息</td></tr>
<tr><td>输出</td><td>
</td></tr>
<tr><td>输出项</td><td>保单号、保费、交费日期、报账日期、交费类型、批单号、经办人、已交次数、已交保费、未交保费</td></tr>
</table>

（二）理赔处理

理赔业务处理流程，如图 5－2 所示。

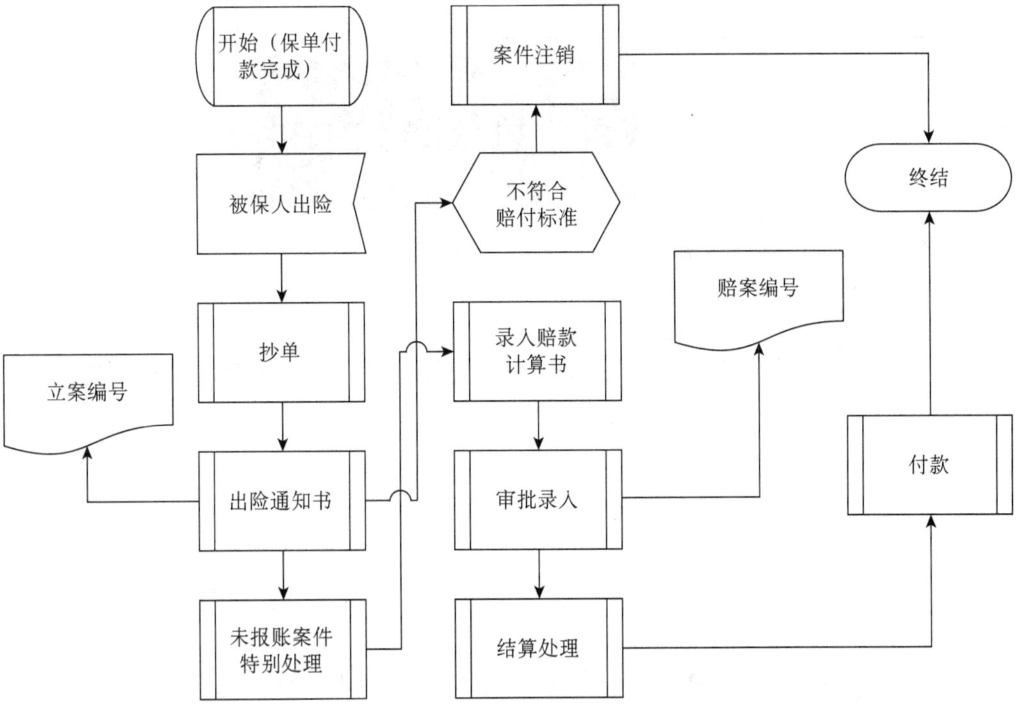

图 5－2　理赔业务处理流程

1. 理赔抄单（见表 5－6）

表 5－6　理赔抄单详情

<table>
<tr><td colspan="2">业务说明：办理理赔业务抄单</td></tr>
<tr><td colspan="2">角色权限：理赔员</td></tr>
<tr><td colspan="2">前置条件：（承保处理）保单交费或（续保处理）保单交费</td></tr>
<tr><td>输入项</td><td>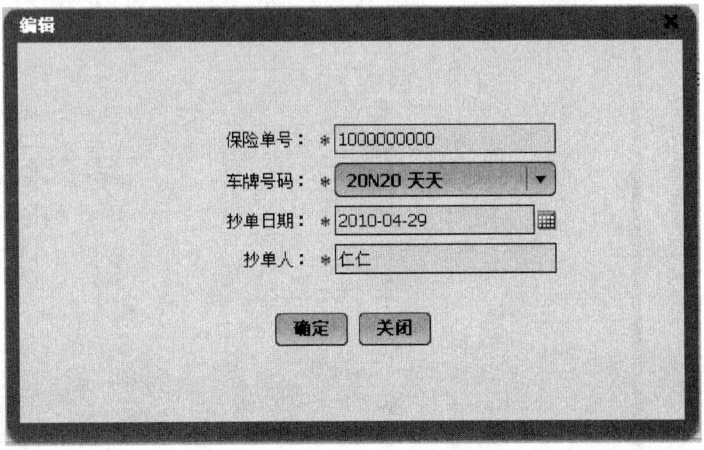
</td></tr>
<tr><td>业务处理</td><td>1. 用户录入保险单号、车牌号码及抄单人并提交
2. 系统检查保单是否交费、保单对应的车牌号码是否存在，如果检查通过，则保存理赔抄单信息</td></tr>
</table>

续表

<table>
<tr><td>输出</td><td>
</td></tr>
<tr><td>输出项</td><td>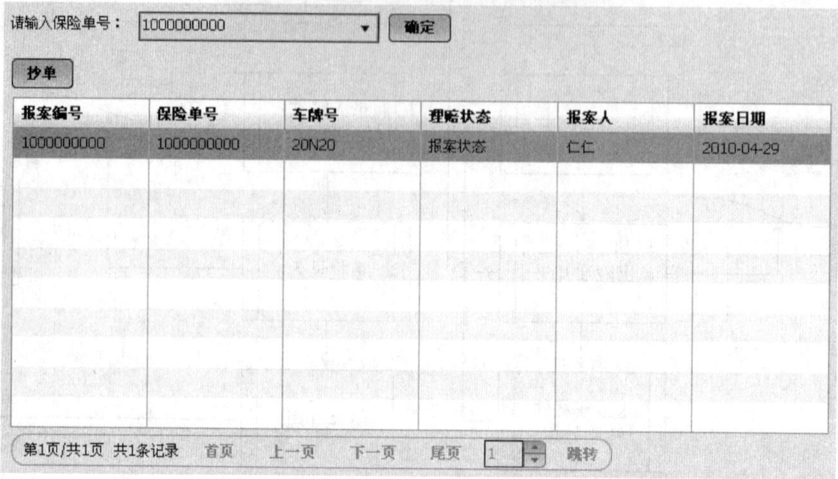
</td></tr>
</table>

2. 立案管理（见表 5 – 7）

表 5 – 7　　立案管理详情

<table>
<tr><td colspan="2">业务说明：出示出险通知书</td></tr>
<tr><td colspan="2">角色权限：理赔员</td></tr>
<tr><td colspan="2">前置条件：理赔抄单</td></tr>
<tr><td>输入项</td><td>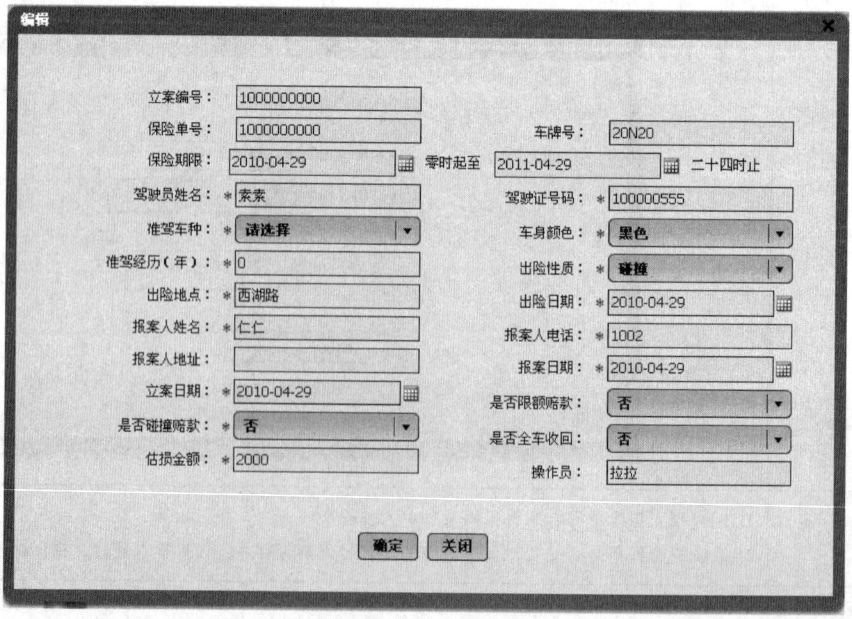
</td></tr>
</table>

续表

<table>
<tr><td>输入项说明</td><td>准驾车种：6座以下客车/6座至20座以下客车/20座至20座以上客车/2吨以下货车/2吨至10吨以下货车/10吨至10吨以上挂车/油罐 汽罐 液罐 冷藏车/起重 消防 救护 清洁/摩托车/手扶拖拉机/小四轮拖拉机/大中型拖拉机
车身颜色：黑色/白色/灰色/蓝色/黄色/绿色/紫色/粉色/棕色/其他颜色
出险性质 碰撞/倾覆/火灾/爆炸/雷击/暴风/龙卷风/洪水/破坏性地震/地陷/冰陷/崖崩/雹灾/泥石流/隧道坍塌/空中运行物体坠落/全车失窃/渡船受灾/其他
是否限额赔款：是/否
是否碰撞赔款：是/否
是否全车收回：是/否</td></tr>
<tr><td>业务处理</td><td>1. 用户录入保单号及车牌号码
2. 系统检查保单是否理赔抄单、保单号与车牌号码是否相符，查询保单有效时间并检查当前是否在保单生效时间内，检查通过后生成立案号
3. 用户录入出险人信息及报案人信息并提交
4. 系统返回保险单号、立案编号、车辆号码、出险日期、立案日期及出险地点</td></tr>
<tr><td>输出</td><td></td></tr>
<tr><td>输出项</td><td>
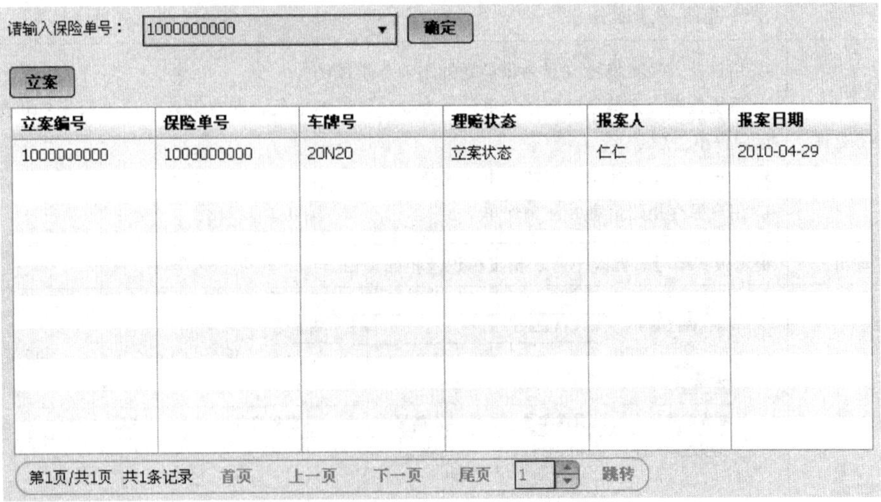

</td></tr>
</table>

3. 结案管理（见表5－8）

表5－8　　结案管理详情

业务说明：录入注销、拒赔、放弃案件报告书
角色权限：理赔员
前置条件：出险通知书操作

续表

<table>
<tr><td>输入项</td><td>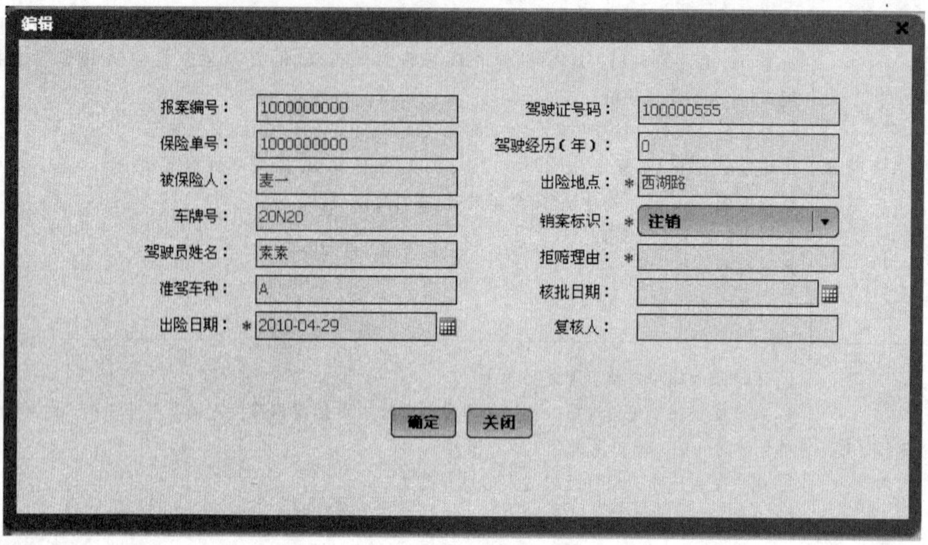
</td></tr>
<tr><td>输入项说明</td><td>销案标识
注销/拒赔/放弃案件</td></tr>
<tr><td>业务处理</td><td>1. 用户录入报案编号（是由出险通知书业务生成的）
2. 系统检查报案编号对应的保单是否生效，如果不生效，则在录入页面提示保单状态，如果生效，则返回保单信息
3. 用户录入销案标识及拒赔理由并提交
4. 用户保存拒赔信息并注销保单</td></tr>
<tr><td>输出</td><td>提示报案编号、保险单号、销案标识及拒赔理由</td></tr>
<tr><td>输出项</td><td>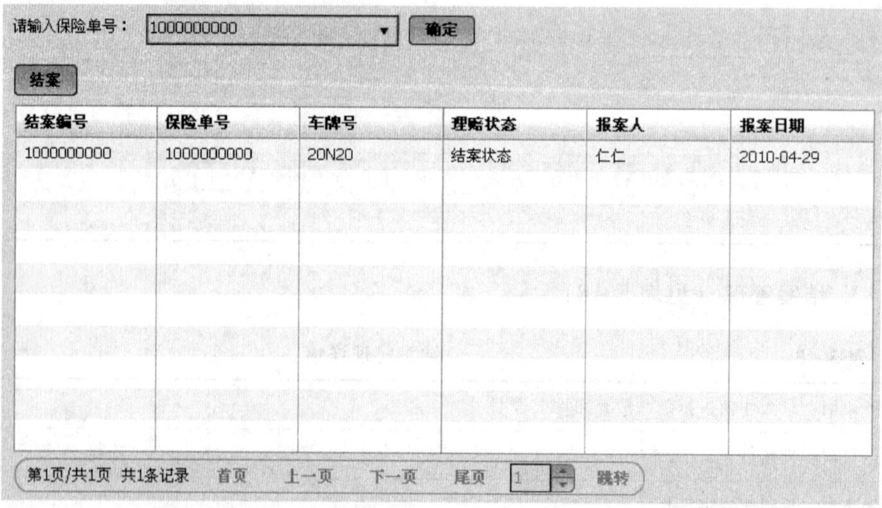
</td></tr>
</table>

4. 赔案结算（见表 5－9）

表 5－9　　理赔结算详情

业务说明：计算赔付额	
角色权限：理赔员	
前置条件：出险通知书	
输入项	增加人损： 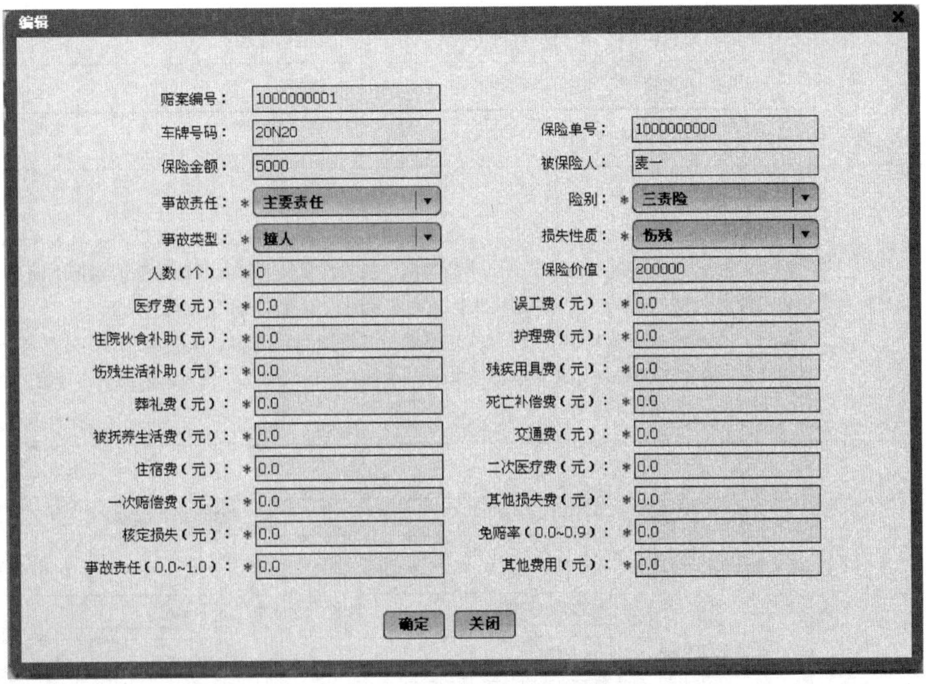 增加物损： 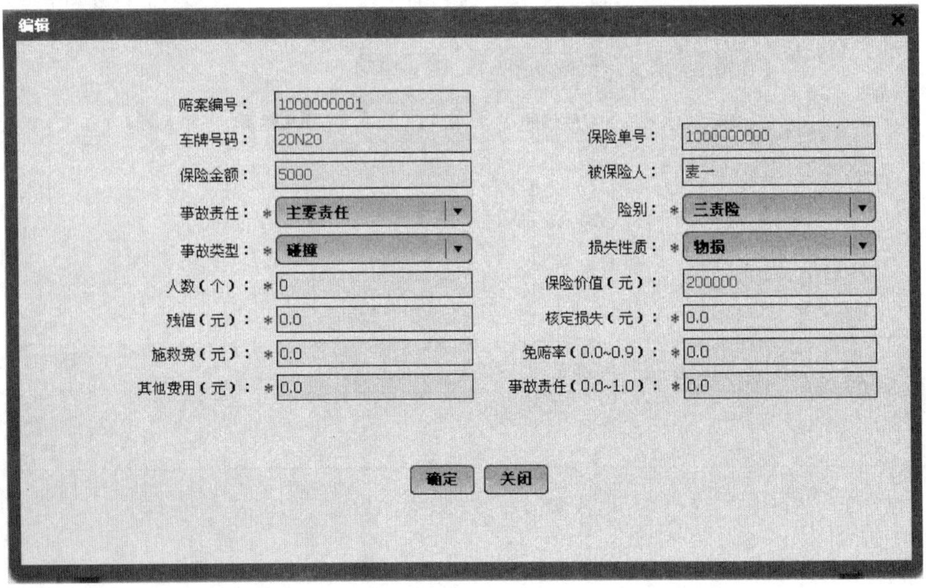

续表

<table>
<tr><td>输入项说明</td><td>事故责任：主要责任/次要责任/全部责任/同等责任
<table>
<tr><th>险别</th><th>事故类型</th><th>损失性质</th></tr>
<tr><td>车损险</td><td>碰撞</td><td>物损</td></tr>
<tr><td>三责险</td><td>撞人/撞车/撞物</td><td>撞人时 伤残/死亡 其他物损</td></tr>
<tr><td>附加装卸工险</td><td>伤亡</td><td>伤残/死亡</td></tr>
<tr><td>附加乘客险</td><td>伤亡</td><td>伤残/死亡</td></tr>
<tr><td>其他附加险</td><td>无</td><td>物损</td></tr>
</table>
核定损失为其他损失之和</td></tr>
<tr><td>业务处理</td><td>1. 用户录入立案编号并提交
2. 系统检查立案编号是否存在、对应保单是否生效，检查通过后，系统返回事故录入界面
3. 用户依次选择事故责任、险别、事故类型、损失性质及人数。联动关系请参照上面险别、事故类型、损失性质列表；至于人数，如果损失性质为物损时人数为0，其他默认为1人
4. 用户录入信息后提交保存，系统生成赔案号并返回保险金额、保险价值、车牌号码；如果损失性质为物损，系统转向物损计费页面；如果损失性质为伤残或死亡，则转向人员损伤计费页面
5. 用户录入各项费用并提交</td></tr>
<tr><td>输出</td><td>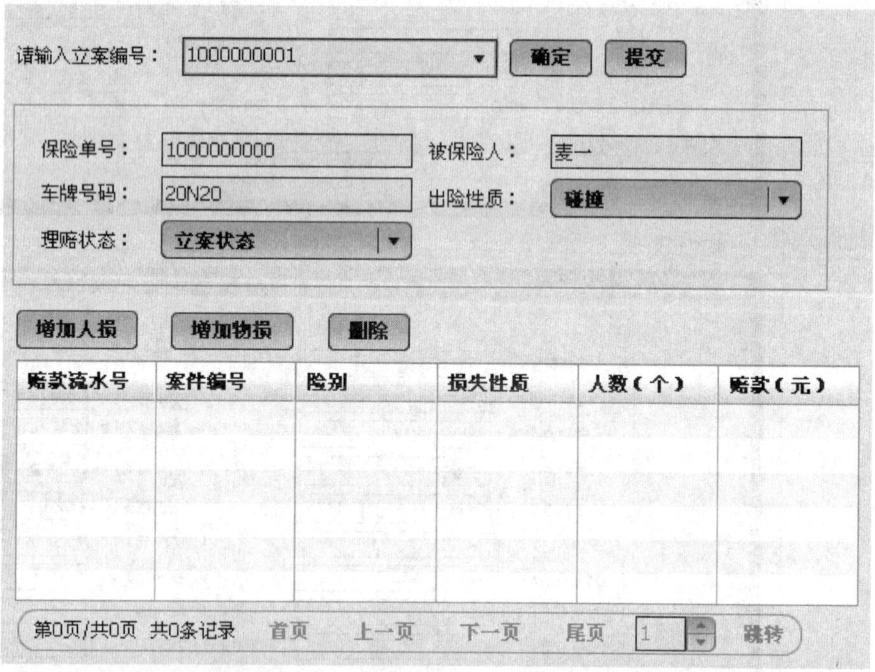
</td></tr>
</table>

续表

输出项	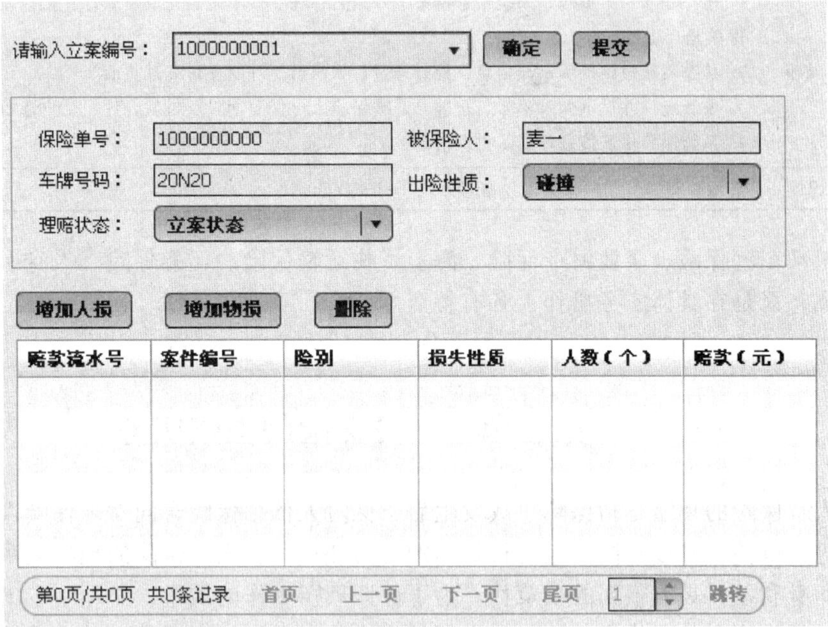

5. 赔付管理（见表 5－10）

表 5－10　　赔付管理详情

业务说明	支付赔付金额
角色权限	理赔员
前置条件	赔款计算
输入项	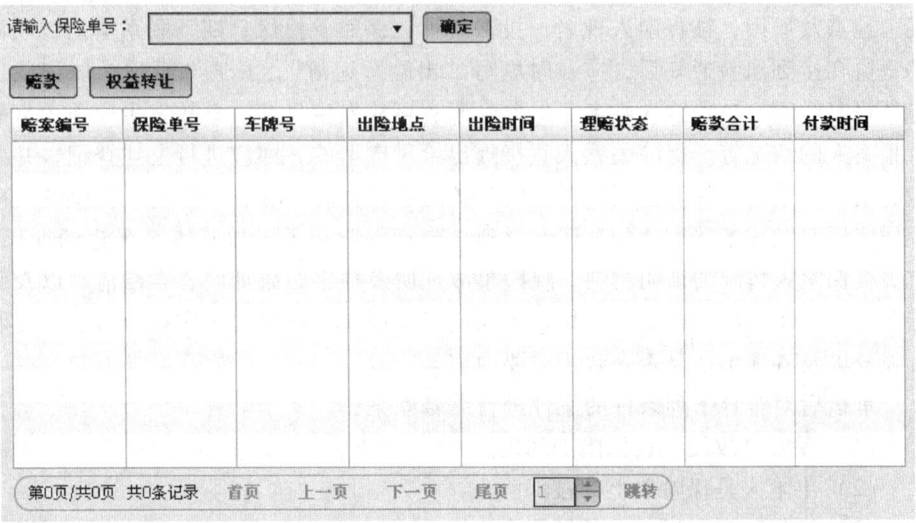
输入项说明	付款类别：预付/付款/修理费批单付款 结算方式：单张

续表

业务处理	1. 用户录入赔案编号，系统检查赔案编号是否存在、保单是否完成赔款计算操作及终止责任批单操作、保单是否生效 2. 检查不通过则提示错误信息，检查通过后系统转至理赔支付处理页面 3. 系统查询并显示保险单号、车牌号、被保险人、保险期限及付款合计，用户选择付款类型并提交 4. 系统保存付款信息并提示付款信息
输出	显示赔案编号、付款类型、结算方式、付款合计

机动车辆保险、企业财产保险、海上货物运输保险、船舶保险、人身保险的理赔程序大体相同，只是在具体实务操作上各有特点。

第三节　人身保险的理赔实务

人身保险的理赔是指保险事故发生后，保险人依据保险合同对被保险人、受益人的索赔申请进行审核，并按合同约定进行处理的行为和过程。人身保险的理赔关系到合同双方当事人的切身利益，具有很强的政策性。为了保证理赔工作的质量，必须制定出一整套严密的保险理赔工作流程并严格遵照执行。人身保险理赔程序根据不同的险种和案情有所不同，一般需经过受理和立案、调查、审理、理算、复核、通知给付或拒赔、单证流转、结案归档等过程。

一、受理和立案

《中华人民共和国保险法》第二十一条规定："投保人、被保险人或受益人知道保险事故发生后，应当及时通知保险人。"保险公司保险条款中通常规定保险事故通知时间限制为三天，有的条款为五天。报案方式可采用上门报案、电话或传真报案。报案内容为出险时间、地点及原因，被保险人姓名、投保险种、保额及投保日期、联系电话、联系地址等。理赔人员在接到出险通知后，应及时填写"出险登记簿"，对通知事项予以记载，记载内容应包括报案时间、被保险人姓名、保单号码、事故发生日期、事故发生原因、事故发生地点以及报案人的情况等。保险关系人直接提出给付申请的，亦应进行上述登记，并要求其填写保险金给付申请书。保险公司及时查阅和核对有关保险单底，对申请人提供的与确认保险事故性质、原因及程度等有关的证明和材料，包括保险单及批单正本、最近两期保险费的凭证、有关被保险人情况的证明材料、保险事故证明及损害结果证明、索赔清单以及其他必要的原始单据和证明材料进行认真审核。审核应以单证是否齐全、事实是否清楚、证明材料是否确实充分以及各项单证是否一致为主要内容。

审核后对符合下列条件的案件进行编号立案：

（1）保险事故发生在保险期间内；

（2）出险人是保险单上的被保险人；

（3）被保险人在保险有效期限内出险；

（4）给付申请在保险法规定的时效之内（人寿保险自其知道保险事故发生起 5 年内，其他人身保险自其知道保险事故发生起 2 年内）；

（5）证明材料齐全。

对于不符合立案条件的，将处理决定及理由书面通知申请人，申请人提交的证明材料不齐全的及时通知其补交。

在人身保险理赔实务中，被保险人或者受益人履行了出险通知义务后，必须提交必要的索赔单证。在人身保险业务中应具备的申请单证有：（1）保险单最近一期保费收据及单位证明；（2）索赔申请书；（3）被保险人身份证明；（4）被保险人户籍证明；（5）受益人身份证明；（6）门诊手册原件；（7）出院小结；（8）医疗费用收据原件；（9）医疗费用收据复印件；（10）重大疾病诊断证明；（11）手术证明；（12）意外事故证明；（13）死亡证明；（14）法医鉴定书；（15）户口注销证明；（16）火化证明；（17）宣告死亡证明。

不同的索赔申请项目需要的单证如表 5－11 所示。

表 5－11　理赔单证索引

申请项目	应备单证
人寿保险：	
疾病死亡	（1）（2）（3）（4）（5）（6）（7）（13）（15）（16）
意外死亡	（1）（2）（3）（4）（5）（6）（7）（13）（15）（16）
宣告死亡	（1）（2）（3）（4）（5）（17）
人身意外伤害保险：	
意外死亡	（1）（2）（3）（4）（5）（6）（7）（13）（15）（16）
意外残废	（1）（2）（3）（6）（12）（14）
健康保险：	
重大疾病	（1）（2）（3）（7）（9）（10）
意外医疗（门诊）	（1）（2）（3）（6）（8）（12）
意外医疗（住院）	（1）（2）（3）（7）（8）（12）
住院医疗	（1）（2）（3）（7）（8）

“居民医学死亡证明书”的获得：客户若在医院内死亡，应提醒家属保管好医院出具的“居民医学死亡证明书”。

“户口注销证明”的获得：居民死亡后必须由其家属到当地派出所进行户口注销。户口注销后，派出所会出具“户口注销证明”。

“尸体处理证明”的获得：城镇居民身故后大多就地火化，尸体火化后殡仪馆会出具“火化证”，作为“尸体处理证明”；农村居民身故后实行土葬的，可由所在村居委会或当地派出所出具“土葬证明书”。

“意外事故证明”的获得：客户发生意外时，应提醒客户家属准备“意外事故证明”材料，如意外车祸应向交警部门索要“交通事故责任认定书”；意外被打伤或遭抢劫受伤应向“110”或当地公安部门报警并请其出具相关证明。

“门诊手册或门诊病历”的获得：客户在医院接受医疗服务时，医院会提供“门诊手册或门诊病历”及就医记录。

“出院小结或出院记录”的获得：住院医疗的客户，在办理出院手续时向其主治医生索要“出院小结或出院记录”，这是医院必须提供给病人的医疗证明。

“重大疾病证明书或医疗诊断证明书”的获得：诊断明确后，及时向主治医生索要“重大疾病诊断证明书或医疗诊断证明书”，避免事后索要困难。

“法医学鉴定书或医院鉴定诊断书”的获得：残废保险金的索赔必须提供残疾鉴定证明。合法有效的残疾证明可从司法部门或保险公司规定的医院获得。

“宣告死亡证明书”的获得：对因失踪而推定被保险人“死亡”的案件，被保险人家属向当地法院申请被保险人“宣告死亡”，经法院公告和法律规定的等待期后，法院会做出“宣告死亡判决书”。

二、调查

调查人员应当客观、全面、细致地审查核实有关单证及证明材料的真实性、合法性和有效性。调查的基本方法有走访、现场调查、咨询或委托鉴定，但是调查不是每一个给付案件的必经程序。单证齐全、证明材料确实充分、保险责任明确且给付金额较小的简单案件无须调查，只需出具书面审理报告，说明审理过程、结论及理由即可。对于及时报案的重大案件，调查人员在接到报案后应及时赶赴现场实地查勘，其他案件必要时也应进行实地查勘。例如对疑难案件，以死亡为给付保险金条件的案件，被保险人因意外死亡、自合同生效之日起两年内死亡或自杀案件，被保险人因疾病或意外伤害事故造成伤残的案件，有保险欺诈、保险犯罪或责任免除可能的案件等有必要进行实地查勘，调查案件发生的时间、地点、原因。案情事实调查完毕后，调查人员应及时撰写案件调查报告。报告内容必须真实、完整，并应随附有关证明材料。

三、审理

审理是人身保险理赔工作的关键环节，理赔人员审理的内容包括：

（1）审理申请材料和调查报告，审核所有证明材料的真实性、合法性和有效性；

（2）审核保险合同的合法性和有效性，包括合同是否依法成立、是否已经期满、是否存在合同失效情况、合同是否依法解除、保险单是否违法转让或质押等内容；

（3）审查保险关系人情况，包括审核投保时是否符合保险利益原则，被保险人的真实年龄、健康状况、职业和生活习惯等情况，受益人的身份证明及与被保险人的关系证明，受益人是否变更，受益人的受益权有无丧失等；

（4）审核保险事故的经过，包括审核事故发生的原因、日期、地点、施救情况、事故结果以及损伤程度等。

审核后，由理赔人员对保险责任进行认定，即确认是否属于保险责任范围以及保险公司应承担多大的给付责任。

例如，在意外伤害保险理赔时，保险公司要审核事故发生是否属于“意外”范畴。意外伤害与保险事故之间较普遍存在第三种因果关系：意外伤害是死亡和残废的诱因，即意外伤害使得被保险人原有疾病发作，从而加重后果，造成被保险人死亡或残废。由于意外伤害是诱因，意外伤害不是保险事故的最直接、最有效、起决定性作用的原因，不符合保险的近因原则，因此意外伤害诱发的死亡和残废不属于保险责任范围，保险公司不承担给付保险金的义务。

又如，在重大疾病保险理赔时，保险理赔人员首先要审核投保动机；其次要确认重大疾病被确诊的时间，如果重大疾病确诊在投保前、保单失效期间或者在保单规定的观察期内，保险人不负保险金给付责任；最后是确认被保险人患有的重大疾病是否属于保险责任范围。保险公司还要审核病历、检查报告、诊断证明以及鉴定书上的姓名、年龄、性别与保单上的被保险人是否一致，审核重大疾病发生日期与病历、检查报告、诊断证明、鉴定书及有关证明上的日期是否一致，是否在保险期限内，是否在观察期之后，必要时保险人应到保险公司指定的医院或司法机构进行复查或司法鉴定。

四、理算

理赔人员在核定保险责任的基础上，对于应承担保险责任的，应准确计算保险金的给付数额。由于人身保险合同的特殊性，除法律规定和合同条款外，在计算保险金给付数额时还应注意：

（1）在宽限期内发生保险事故而当期保费未缴，应从保险金中扣除当期保费；

（2）有自动垫缴保费的，应从保险金中扣除垫缴保费的本利和；

（3）有保单质押贷款的，应从保险金中扣除贷款本利和；

（4）有预缴保费的，应退还。

五、复核

复核是人身保险理赔的必经程序。复核人员接到案卷，要认真全面地复核案件材料，主要查对案件责任范围和责任免除，核对给付金额并签署意见和证明。在复核时，要注意以下几点：

（1）死亡或意外事故的，日期是否在保险单有效期内；

（2）应提交的各类单证（包括证明）是否齐全；

（3）立案的案件是否属于保险责任；

（4）保险单证上的年龄是否与户口簿上的年龄一致，如发现被保险人投保时填报年龄小于实际年龄，原则上可以通融赔付，但如按年龄分档计算保费的，则要追收其按实际年龄计算的差额；

（5）对死亡案件的保险金给付申请要注意受益人问题。

经复核员审核后的单证，在审核栏内盖章，然后交部门负责人、公司经理审定。

六、通知给付或拒赔

《中华人民共和国保险法》第二十三条规定：对属于保险责任的，在与被保险人或者受益人达成赔偿或者给付保险金的协议后十日内，履行赔偿或者给付保险金义务。保险合同对赔偿或者给付保险金的期限有约定的，保险人应当按照约定履行赔偿或者给付保险金义务。《中华人民共和国保险法》第二十五条规定，保险人自收到赔偿或者给付保险金的请求和有关证明、资料之日起六十日内，对其赔偿或者给付保险金的数额不能确定的，应当根据已有证明和资料可以确定的数额先予支付；保险人最终确定赔偿或者给付保险金的数额后，应当支付相应的差额。

因此，理赔内勤根据复核结论对属于保险责任的案件向申请人做出理赔决定通知，将案卷通过交接手续送计财部门，同时通知受益人或受益人指定的代理人前来办理保险金领取手续。

领款人到保险公司领取保险金时要提供本人身份证、工作证和户口簿等身份证明，同时在领款收据上注明领款人身份与被保险人关系并签名盖章。

理赔员和计财部门仔细核对领款人的身份证明及收据上填写的领款人是否是申请人本人，若领款人是受申请人委托的，则要提供申请人的委托书或申请人的身份证、工作证及本人证件后，才能给付保险金。计财部门按领款收据上的给付金额与调查报告单上的数字核对相符后赔款，在付款凭证上盖现金付讫章连同现金一起交领款人。

值得注意的是：

（1）保险公司向受益人或受益人指定的代理人支付保险金，如无特殊约定，受益人为被保险人或其指定的受益人；如果被保险人未指定受益人，被保险人身故时，应向被保险人的法定继承人支付。

对于无法确定受益人范围的案件，保险公司首先要进行保险金给付公告，由权利申请人持有效证明（如身份证明、委托授权证明或被保险人关系证明等）到保险公司办理登记手续，保险公司审查合格的权利人或其代理人领取保险金，最后由保险金领取人出具自行负责处理受益权纠纷的保证书。

对于团体保险业务，受益人必须是被保险人本人和他的近亲属。因此，残废保险金、医疗保险金由被保险人本人领取，身故保险金由被保险人的近亲属领取。

（2）在人身保险理赔中，除年金给付外，保险事故发生时保险人一般一次性给付全部保险金。但依据寿险合同的“保险金给付选择权条款”，被保险人或受益人也可选择其他保险金给付方式，例如：将保险金作为本金存储生息，在一定期间内只支取利息；在一定时期内分期领取保险金；受益人用保险金购买趸缴即期领取的终身年金；等等。

（3）保险金给付后还涉及保单的效力问题。一般死亡给付、满期生存给付后，保单效力随即终止。而发生残废给付或医疗费用赔付后的保单，如果累计的赔付额没有超过保额，保单继续有效。

（4）个人保险金给付对象针对的是被保险人或受益人，团体保险金给付对象有针对投保单位的，也有针对被保险人或受益人的。通常，团体医疗保险金从理赔申请到保险金给付都是针对投保单位的。保险公司理算出每个被保险人应赔的金额并列出清单，将总额以现金方式给付投保单位，由投保单位分发给每位被保险人，完成给付。团体意外伤害保险和团体重大疾病保险的保险金给付对象是被保险人本人或身故受益人，保险人向被保险人或受益人直接给付保险金。

对不属于保险责任的，应向被保险人或其受益人发出拒绝给付保险金通知书。由于人寿保险合同的长期性和储蓄性，对于拒绝给付的保险合同还要做出下列处理：因发生保险责任事故，但由于过失告知不实或其他告知不实等而返还保费；因属于责任免除范围，返还保单现金价值；因解除保险合同而返还保费或保单现金价值；因属于保费豁免责任而进行续期保费豁免。

七、单证流转，结案归档

（1）计财部门在调查报告单财务付讫章栏内盖现金付讫章。在赔款日结汇总表上盖现金付讫章，自留调查报告单：汇总日结表各一份及领款收据作为传票附件，其余单证交统计；

经统计后，调查报告单、日结汇总表各一份及批单退还业务内勤，统计留一份日结汇总表。

（2）业务内勤接到计财部门退还盖有现金付讫章的调查报告单后，对伤残给付案件，要将保险凭证、缴费收据及户口簿、批单一起交外勤退还被保险人。对死亡给付案件，保险凭证及缴费收据留保险公司入案卷袋。一份批单由业务内勤粘贴在保险凭证副本上，一份批单入案卷袋存档。

（3）按调查报告单上的给付数，在理赔给付登记簿上逐项进行登录，并将结案日期在报案登记簿上注明。

（4）赔案经登录后装订，放入案卷袋中归档。赔案套袋上注明给付金额、结案日期、经办人。归档赔案按年份、险种、编号分类放置，长期保存。

（5）个人保险业务结案归档的方式是一人一案，团体保险业务的归档方式是一险种一案。

值得一提的是，团体保险的理赔除了处理具体的理赔案件外，还有一项非常重要的内容就是统计分析，即对众多理赔案件进行归类、分档，并进行统计分析。常见的统计方法有两种：一是按险种统计，统计该险种的单项赔付率；二是按投保人统计，统计该保单的赔付率。统计这些理赔数据，可以提出理赔分析及相关的建议，促进团体保险业务整体理赔风险控制和业务的发展。

八、追踪调查

对大额案件和超权限案件，保险公司在给付保险金后，应安排人员定期进行追踪调查。调查的重点：一是受益人是否真正按所给付的金额获得了保险金；二是有无保险欺诈的线索暴露（如死亡人员出现、残疾人员异常恢复等）。

九、上机模拟

本部分以养老保险为例进行上机模拟。

养老金保险业务操作主界面如图 5－3 所示。

图 5－3　养老保险业务操作主界面

（一）承保处理

承保处理相关流程如图 5 – 4 所示。

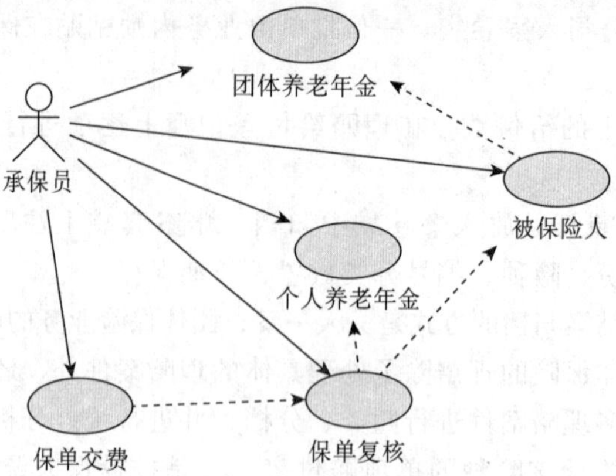

图 5 – 4　承保处理流程

1. 主险投保（见表 5 – 12）

表 5 – 12　主险投保详情

业务说明：录入团体养老年金清单信息	
角色权限：承保经办员	
前置条件：团体养老年金保单号	
输入项	
输入项说明： 性别：男/女 交费期间：5 年/10 年/15 年/20 年/30 年/交至 45 岁/交至 50 岁/交至 55 岁/交至 60 岁/交至 65 岁	
业务处理	1. 承保经办员录入团体养老年金保单号 2. 系统判断保单号是否为团体养老年金 3. 检测通过后系统返回顺序号，承保经办员录入被保险人信息并提交 4. 系统通过被保险人信息查询保费并保存被保险人清单 5. 系统返回被保险人列表，如果选择继续增加，则重复 1 ~ 5 过程
输出	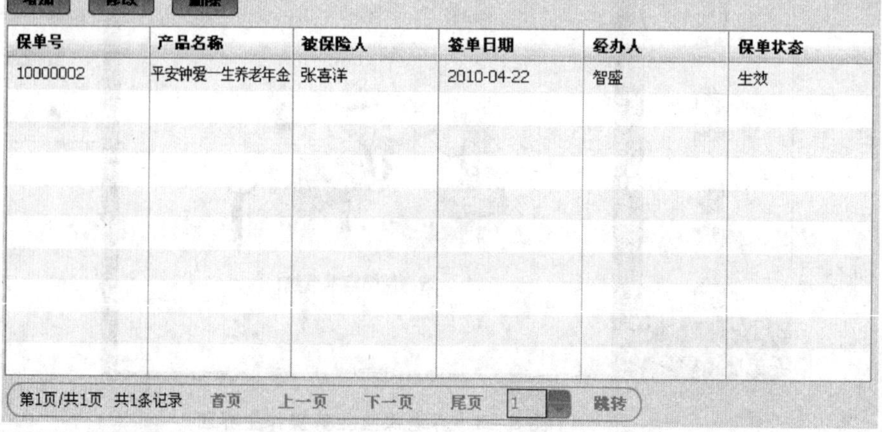

续表

输出项：编号、顺序号、保险单号、姓名、性别、交费期间、投保年龄、终止日期、保费
其他说明：费率表

2. 附加险投保单（见表 5－13）

表 5－13　　附加险投保单详情

业务说明：投保附加险

角色权限：承保经办员

前置条件：投保单

输入项：保险单号

附加险列表：险加险名称、主险名称、投保年龄、交费方式、保险期间、投保份数、保险金额

附加险输入表单：

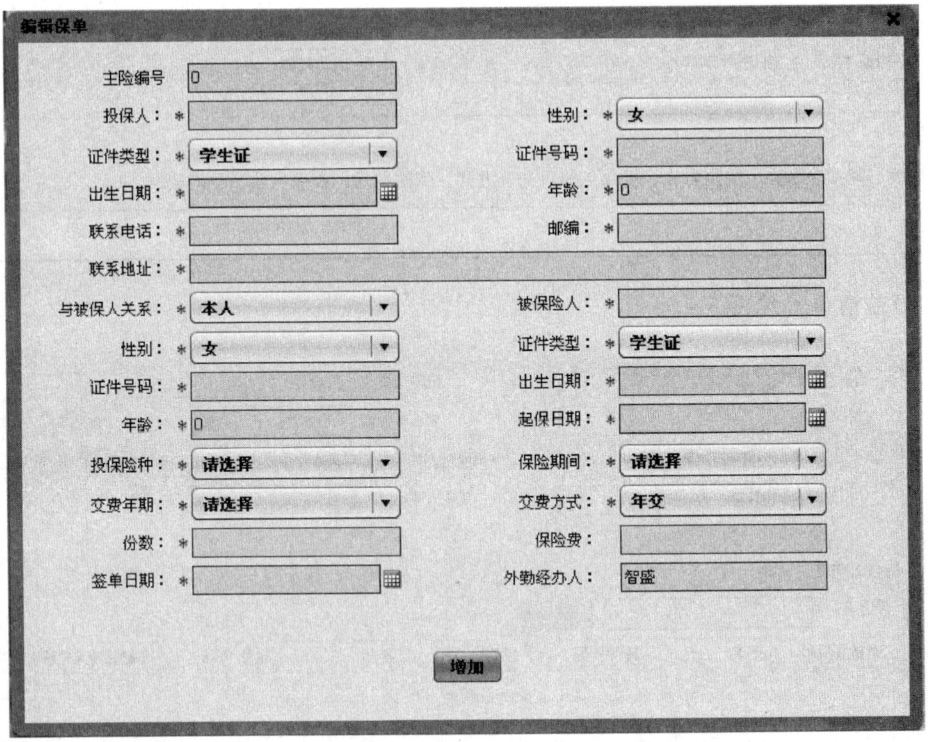

输入项说明：无

业务处理：
1. 承保经办员录入保险单号
2. 系统检测保单是否生效，如果未生效，则返回保单下对应的附加险列表
3. 承保经办员增加或修改附加险信息
4. 系统返回主险信息及附加险对应的交费方式与投保期间范围
5. 承保经办员选择附加险交费方式、投保期间及承保份数，系统查询费率并计算保费金额
6. 承保经办员提交附加险信息，系统增加或保存附加险信息

续表

输出：
1. 附加险保存后显示附加险信息
2. 在附加险信息点击“返还”后显示附加险列表

输出项：
附加险列表：附加险名称、主险名称、投保年龄、交费方式、保险期间、投保份数、保险金额

其他说明：无

3. 受益清单（见图5-5）

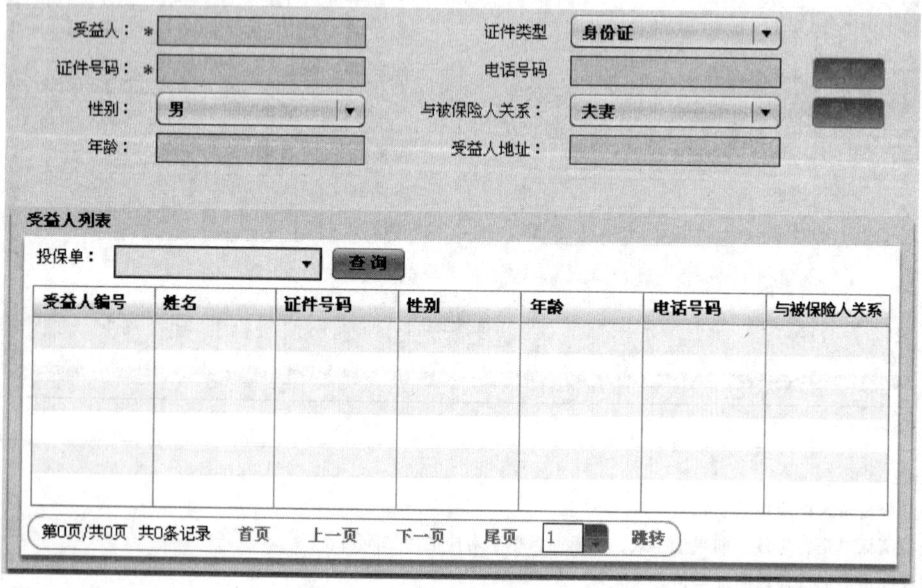

图5-5 受益清单

4. 保单复核（见表 5－14）

表 5－14　　保单复核详情

业务说明：复核承保保单

角色权限：承保复核员

前置条件：团体养老年金存在被保险人、个人养老年金保单号

输入项：

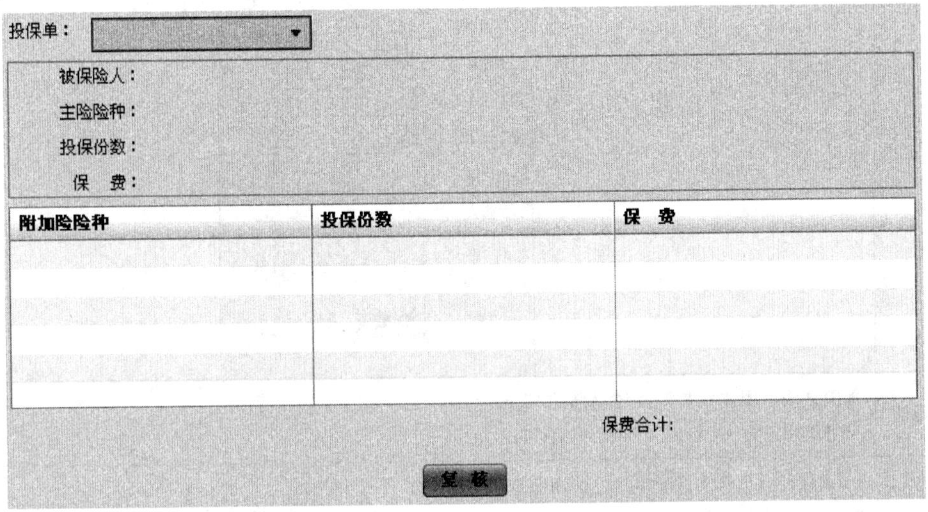

输入项说明：
保险类型：团体养老年金/个人养老年金

业务处理：
1. 承保复核员录入保险单号选择保险类型
2. 如果是团体险，用户检查保单下被保险人是否存在、保单是否未生效
3. 检查通过后，系统返回保单基本信息及被保险人信息
4. 承保复核员录入复核人并提交
5. 系统修改保单状态为生效状态

输出

输出项：无

其他说明：无

5. 保单交费（见表 5－15）

表 5－15　　保单交费详情

业务说明	承保保单交费
角色权限	承保经办员
前置条件	保单复核

续表

输入项	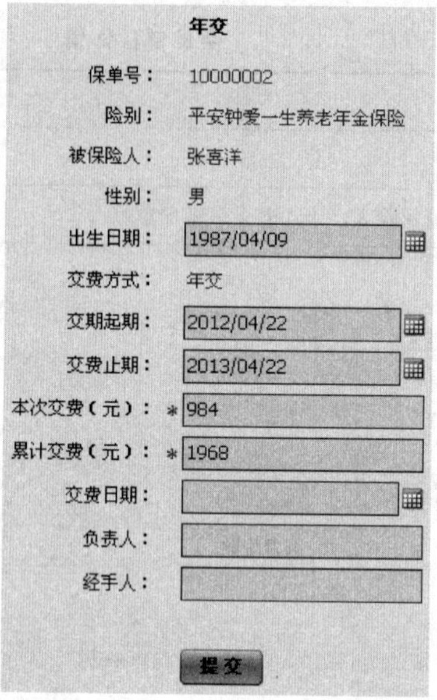
输入项说明	保险办法：团体养老年金/个人养老年金 交费类别：月交/季交/半年交/年年交
业务处理	1. 承保经办员录入保险单号，选择保险办法提交 2. 系统检查保单是否生效 3. 检查通过后如果保单是团体险，系统统计应交保费；如果是个人险，系统查询个人应交保费 4. 承保经办员录入复核人并提交 5. 系统修改保单是否交费状态为交费
输出	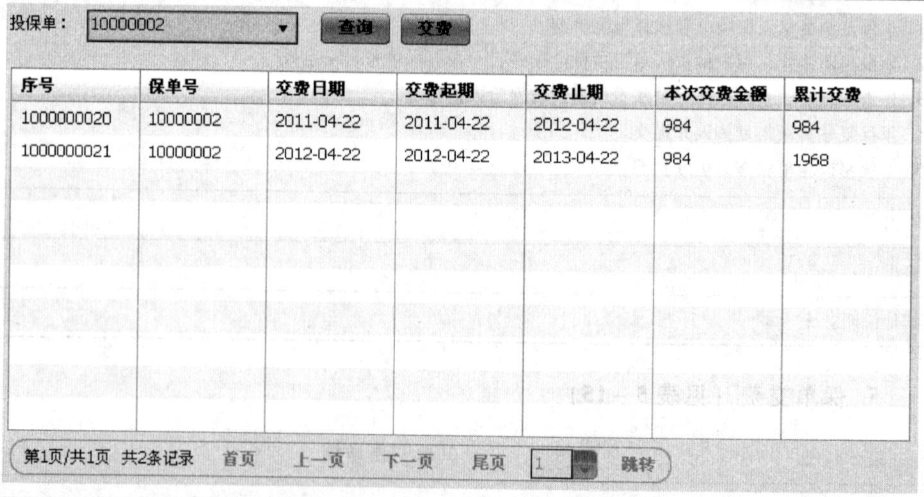
输出项	无
其他	无

（二）理赔处理

理赔处理相关流程如图 5－6 所示。

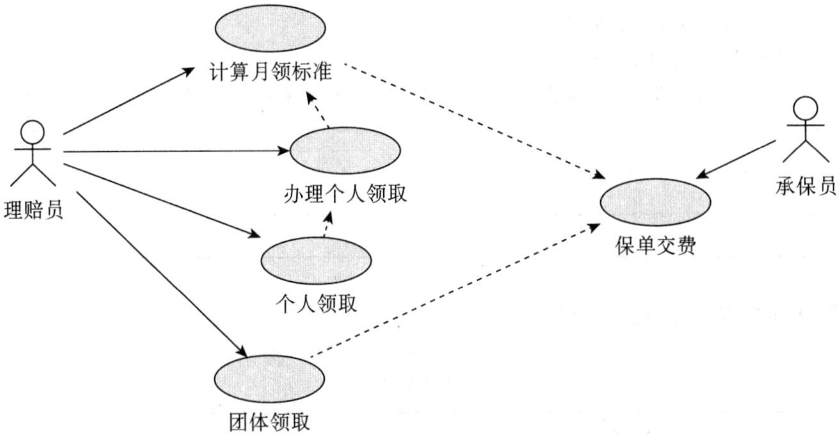

图 5－6　理赔处理流程

1. 办理个人领取（见表 5－16）

表 5－16　　办理个人领取详情

业务说明	办理个人领取养老金
角色权限	理赔员
前置条件	保单交费
输入项	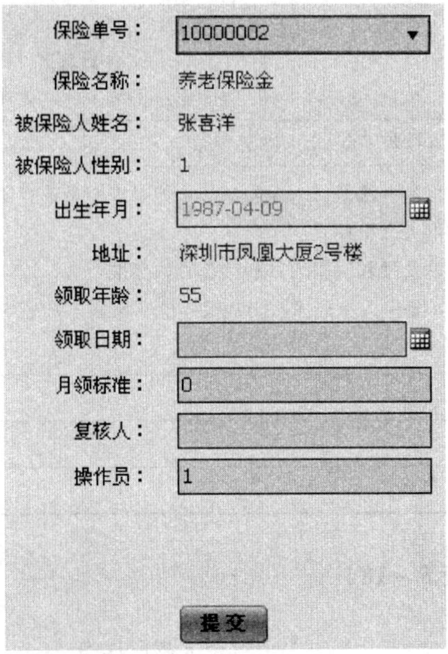
输入项说明	保险号录入界面还要加上保险类型及顺序号，如果选择个人养老年金，则顺序号不用填写。保险办法及被保险人性别从系统后台读取

续表

业务处理	1. 理赔员录入保险单号 2. 系统检查保险单是否生效、保险是否已经交费、保险类型是否为个人养老年金 3. 检查通过后，系统读取保单资料并返回页面 4. 理赔员录入月领标准及复核人 5. 系统保存个人领取申请信息（包括领取证号），并修改保单领取状态为申请
输出	
输出项	无
其他说明	无

2. 计算月领标准（见表 5－17）

表 5－17　　计算月领标准详情

业务说明	根据月薪计算月领标准
角色权限	理赔员
前置条件	保单交费
输入项	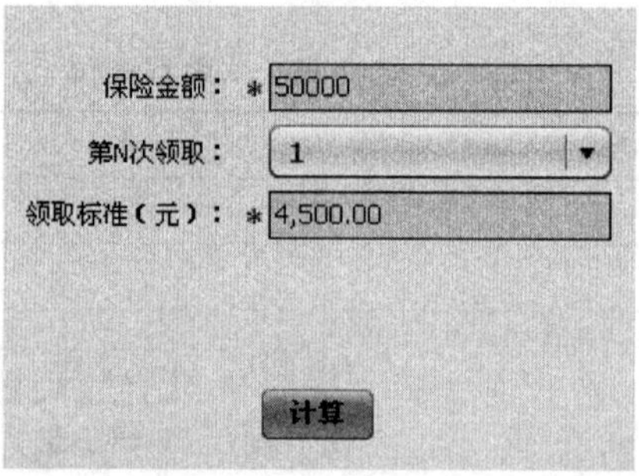
输入项说明	保险办法：团体养老年金/个人养老年金
业务处理	1. 理赔员选择保险办法并录入保险单号，如果理赔员选择团体养老年金，还要录入顺序号 2. 系统查询被保人交费期限 3. 通过平均月薪及领取时平均月薪计算月领标准 基础养老金 =（参保人员退休时当地上年度在岗职工月平均工资 + 本人指数化月平均缴费工资）÷2 × 缴费年限 ×1%
输出	
输出项	无
其他说明	无

3. 个人领取（见表 5－18）

表 5－18　　个人领取详情

业务说明	个人养老年金投保人领取年金
角色权限	理赔员
前置条件	办理领取

续表

输入项	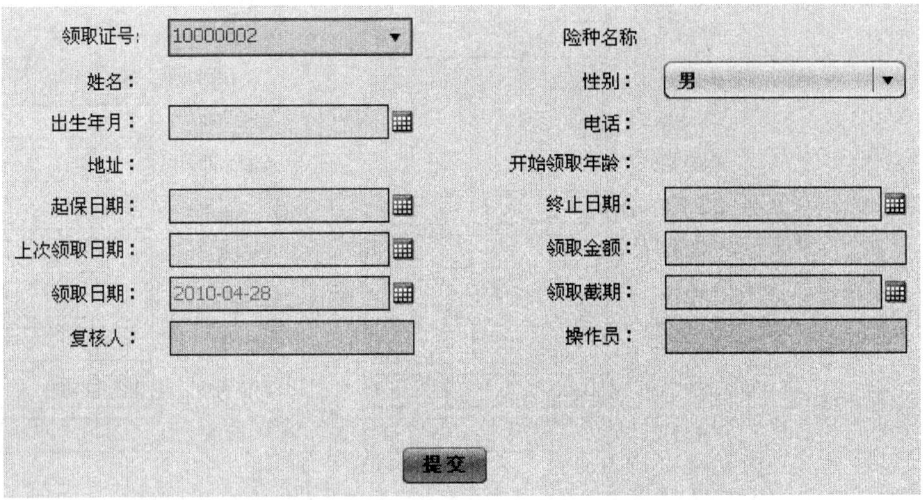
输入项说明	无
业务处理	1. 理赔员录入领取证号并提交 2. 系统检查领取证号是否存在、保单类型是否为个人年金 3. 如果领取证号存在，查询保单信息及上次领取信息并计算本次领取信息 4. 修改保单是否领取状态为领取，保存并返回本次领取信息
输出	
输出项	无
其他说明	无

（三）给付处理

给付处理流程如图 5－7 所示。

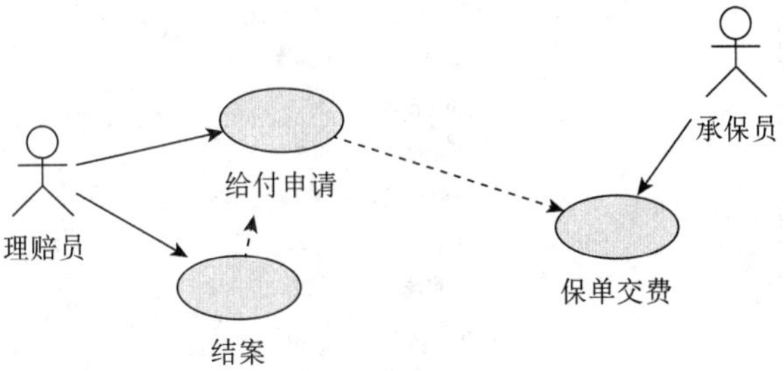

图 5－7　给付处理流程

1. 给付申请（见表 5－19）

表 5－19　给付申请详情

业务说明	养老金投保人申请赔付意外、医疗事故
角色权限	理赔员
前置条件	保单交费

续表

输入项	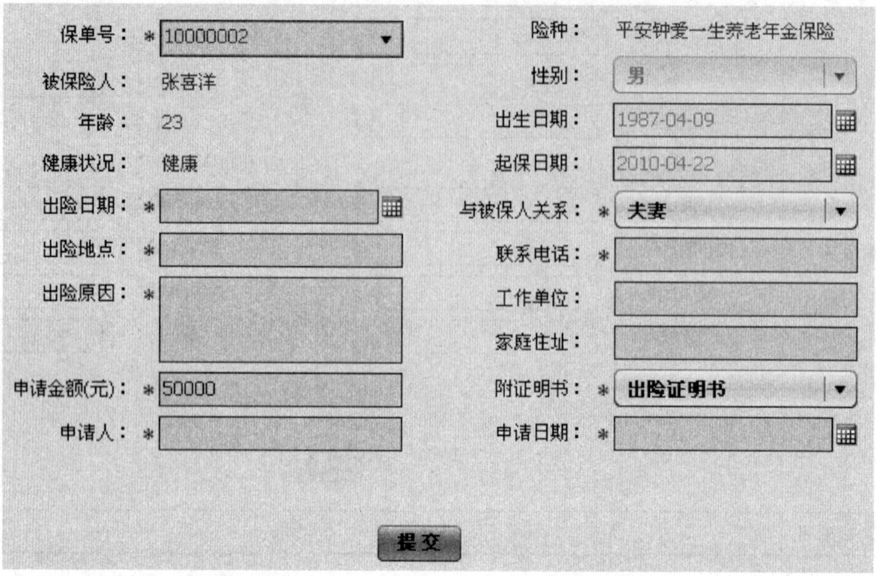
输入项说明	个人养老年金顺序号选项不用显示
业务处理	1. 理赔员选择保险办法，录入保险单号，如果选择团体养老年金，理赔员还要录入顺序号 2. 系统检查保单是否生效、是否已经交费 3. 检查通过后，系统返回被保险人信息 4. 理赔员录入投保人申请赔付信息并提交 5. 系统保存并返回给付申请信息
输出	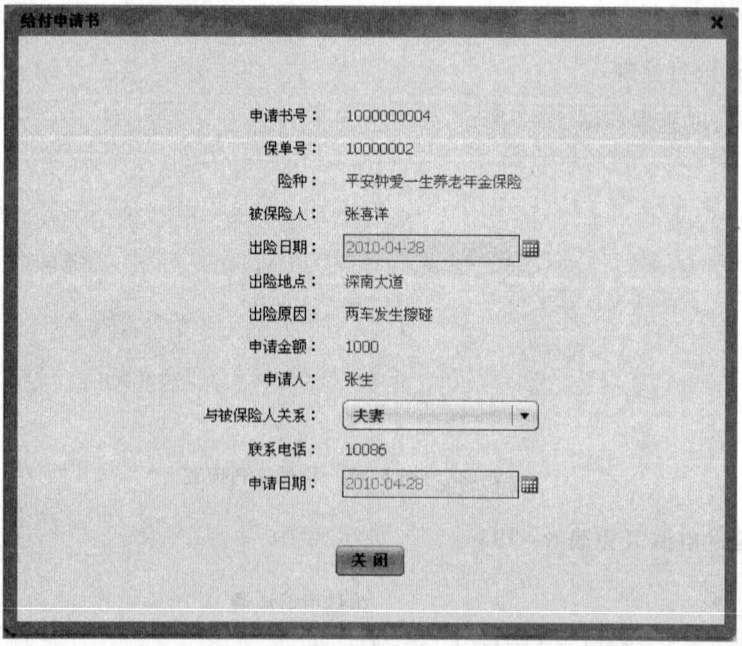
输出项	无
其他说明	无

2. 结案（见表5－20）

表5－20　　结案详情

业务说明：年金保险意外、医疗事故赔付结案

角色权限：理赔员

前置条件：给付申请

输入项

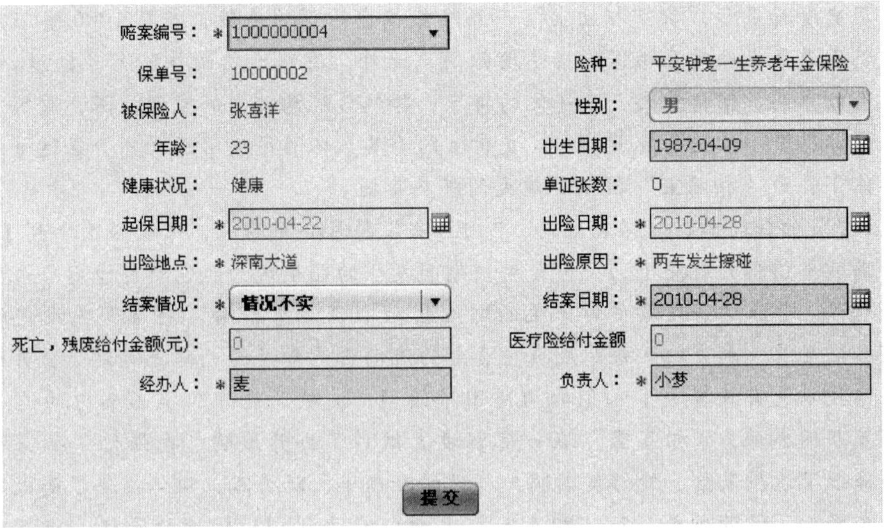

输入项说明：死亡/伤残 死亡/伤残

业务处理：

1. 理赔员录入赔案编号，选择保险办法，如果选择团体养老年金，还要填写顺序号
2. 系统检查赔案编号是否存在，如果存在则返回给付人信息并生成赔案编号
3. 理赔员录入赔案信息并提交
4. 系统修改保单赔付状态为结案状态

输出

输出项：无

其他说明：无

【课程思政教学实例】相互宝——创新的网络互助模式

【案情介绍】

蚂蚁保险向蚂蚁会员推出了“相互保”产品（后改为“相互宝”），可提供包括恶性肿瘤等100种大病保障。规定芝麻信用分在650以上、年龄不超过60周岁且身体健康的蚂蚁会员，即可免费加入。但要求被保险人近两年内没有连续服药超过30天或连续住院超过15天，以及其他事项。实际所需保费会根据所有加入者的实际出险情况进行分摊。每月两次公示期、两次分摊（每月14号与28号，支付宝自动扣款）。以每单出险案例来讲，如果加入的人越多，将来分摊的金额就越少，每个用户被分摊的金额不会超过0.1元。另外，患病成员经二级及以上公立医院确诊为承保范围内的重疾后，可通过“相互宝”申领互助金（分

为40周岁以下和40~59周岁两个档次，对应30万元、10万元)。“相互宝”运用其灵活的互助模式，一经面市就吸引了广大客户的关注。官方统计显示，已有近8000万人加入了该项计划。而它的出现为“互联网+相互保险”的发展提供了新的可能。

【案例分析】

本案的争议焦点在于互助保险是否具有保险公司经营的规范性，其经营环节是否能够受到相关法律法规的约束，从而实现对参与人权益的保障。

“相互宝”的保险展业。“相互宝”可以直接利用支付宝庞大的用户群轻松积累长期优质客户。历史资料显示，在“相互宝”产品准备推出的预约阶段，就有1000多万人主动投保，其中特别是年轻人对互助保险接受度颇高。此外，有别于传统保险行业通过线下宣传，互联网具有效率高、信息量大、数字化的特点，跨越传统意义上的空间局限，更容易挖掘到目标客户群体，进一步提高经营效率。支付宝约有8.7亿的年度活跃用户，在这一流量级别的用户群体下，为“相互宝”提供了庞大的潜在市场。

“相互宝”的保险赔付。根据规定，“相互宝”每月公布两次，考核两次。到了公告日，在适当隐瞒敏感信息的前提下，公司会对该期间发生的已确认的赔偿案件予以公告和受理异议上诉。对于无异议的赔偿案件所产生的赔偿款和10%的管理费，将在预先设定的分摊日期由所有参保会员一起分担。每位成员对资金的流向都是知情的，真正做到了公开透明。此外，互联网技术也有效解决了人们的沟通困难问题，突破了地理位置不集中的这一局限因素。利用互联网公示，“相互宝”在一定程度上做到了公开透明，也强化了参保人的参与度，从而降低了道德风险，能够提高损失补偿的准确率，既为客户群体提供了高效质优的保险服务，又降低了运营成本。而“相互宝”之所以能做到相对较低的价格，与互联网时代背景是分不开的，省去了大量的保险销售人员，也就随之降低了销售成本。

互联网机制在“相互宝”中发挥的作用。在互联网+背景的催生下，一款好的保险产品能迅速提升品牌形象，扩大企业影响力。在互联网这个公共平台，保险公司必然面临社会成员对其的监督，客户参与度明显增强。“相互宝”正是采取了这种方式，官方定期公开相关信息，确保信息透明，发布公告征求大家的意见，参保会员可在评论区评论发表自己的看法。通过互联网高效讨论，参与管理，不断改进产品，解决实际问题。人人参与，一传十十传百，建立起了良好的口碑，参与人数呈现出滚雪球式的增长。

【案例的思政元素】

(1) 互助精神。互助精神是保险机制的核心，通过保险把原来不稳定的风险转化为稳定的因素，从而保障社会健康发展。究其本质，保险是一种社会化安排，是面临风险的人们通过保险人组织起来，从而使个人风险得以转移、分散，由保险人组织保险基金，集中承担。根据我国保险法，“相互宝”虽然不属于保险的范畴，但学生通过观察“相互宝”所实现的互助机制，能够形成对保险经营的本质的有益探索。

(2) 服务意识。任何一个个人或者商业若想获得成功，必须具有足够的服务意识，通过为社会创造价值实现自身的价值。“相互宝”的推出切实弥补了人们希望通过低成本的方式获取保险保障的意愿。通过分析用户的基本属性，我们可以发现，家庭、学历、经济、心理、社会等因素会影响消费者对保险产品的购买。在中国国情下，其中最核心的就是家庭因素，那么我们可将保险产品和亲情相联系，阐述保险对维系家庭稳定所具有的价值。高学历群体往往注重精神层面的感受，那么互联网保险公司就要把重点放在对客户精神层面的挖掘上。改革开放以来，中产阶级数量的快速增长带来了对不同场景的高端服务需求，对于互联网保险企业来说，精准定位，增加服务场景，提升服务质量是关键。面对未来可能存在的风险，不同的人有不同的心理，也就产生了不同的动机，进而影响保险消费行为。因此，通过本案例的学习，学生能够更加深入地认识保险的服务价值，从而增强其服务意识。

第六章 保险保全操作技能训练

实践目标

保险保全是保险合同存续期内，保险公司为了维持合同的有效性对投保方提供的一系列服务，是保险服务的核心内容。保险保全的质量关乎保险服务价值的实现。本章要求学生认识保险保全的重要意义，熟悉保险保全服务的基本规则及要求，掌握各类保全业务的要点和程序，能够熟练进行各类保全业务的操作。

实践要点

利用保险业务操作软件，掌握续期收费类保险、变更类保全、领取类保险、解除类保全的具体规则和业务操作，包括续期交费提醒与保费收取，变更投保人、受益人等客户资料和保险合同内容，生存保险金、年金领取等保险金领取的操作步骤，投保人解除和保险公司解除的要点与操作流程，以及宽限期、复效等其他保全业务操作。

思政目标和要点

保险保全是保险公司服务职能的重要体现，彰显了保险服务质量，直接关系到保险公司客户维护和服务满意度。通过对本章的学习，学生能体会到保险行业用有温度的服务守护人民安宁的情怀，深入认识保险公司服务客户的使命，并形成以客户为中心、以提供优质保险服务为己任的保险职业观。

保险保全是指人身保险合同生效后，为了维持合同持续有效，保险公司根据合同约定及投保人、被保险人或者受益人的要求而提供的一系列服务。[1] 换句话说，当保险客户的信息、资料等发生变化时，保险公司接受客户的保全申请，更新客户资料，保持保单完整的过程，包括契约变更、续期收费、满期给付、咨询投诉及附加价值服务等。对于人身保险合同而言，保险保全乃是保险服务中的核心内容，是保险服务职能的实现。保险保全服务的优劣，是衡量保险服务质量的重要标准。

① 中国保险监督管理委员会2010年第4号《人身保险业务基本服务规定》。

第一节　保险保全业务的基本规则和要求

一、保险保全的申请

（一）明确保险保全的申请主体

保险保全一般申请主体为投保人、被保险人或受益人。在具体的保全作业中，不同的作业项目，其申请主体不同。当申请主体为未成年人时，应由其法定监护人代为行使申请权。

1. 一般情况下保险保全的申请主体

生存保险金和各类年金给付的申请人为各类生存保险金的被保险人、受益人或其监护人。受益人变更的申请人为被保险人或其监护人，投保人在征得被保险人书面同意后可申请受益人变更。保险关系转移的申请人一般为投保人，养老金类险种进入领取期后，由被保险人作为保全申请人。对于团体业务（不含年金领取），可按保险合同载明或经授权的联系人作为经办人，申请书上加盖投保单位公章。其他保全项目除有特别约定外申请人均为投保人。

2. 特殊情况下保全的申请主体

当投保人死亡后，保全申请主体一般为投保人的合法继承人；含有投保人死亡保费豁免责任的保险合同的保全申请人为被保险人或被保险人的监护人。生存保险或各类年金保险中，当被保险人在保险合同满期后死亡，生存保险金未领取的，保全申请人为被保险人的继承人。

（二）核对保险保全时应具备的文件

1. 保全申请书

在保单变更等保全项目中，一般要求提供保单变更等保全申请书。目前，部分保险公司推行了方便保险客户的免填单保全模式，则申请保全时，保险客户可不提供申请书。

2. 保险合同

在保险保全申请中，保险申请人是否需要提供保全合同取决于保险公司的具体事务规则。一般地，在申请满期保险金给付或身故给付等业务时，需提供保险合同的保单正本，而申请保单变更等业务则无须提供。

3. 相关人员法定身份证明和其他证明材料

保全申请人及相关人员法定身份证明包括有效期内的身份证、户口簿、军人身份证、港澳台通行证、护照等。生存保险金给付申请时需要提供被保险人的有效身份证，或被保险人的有效户口簿，或被保险人的其他身份证明材料。投保人身故后其继承人办理投保人变更、退保、犹豫期撤单时，须提供投保人的死亡证明。

（三）明确保险保全申请规则

申请时间：保全服务的申请时间一般需在保险合同有效期内，但满期保险金给付等部分服务项目的申请不受该限制。

失效保单不可受理的保全项目有：新增附加险、保额增加权益、保险合同银行质押贷款、保险合同借款、权益转换、给付方式变更、自动垫交选择权变更、投资转换、满期给付、保单转移。

客户提出保险费自动垫交、保险合同权益转换、减额交清等保全服务申请，无论交费方式是趸交还是期交，保险公司根据条款约定一般在保险合同生效满两年以后且保险合同具有现金价值时方可办理，另有规定的除外。

保单自动垫交、借款期间不可受理或处理的保全项目包括：生存金/年金/红利给付、保险合同银行质押贷款、保险关系转移、减少保额、权益转换、投保人变更。

二、保险保全的操作流程、时效及期间计算

（一）保险保全业务的操作流程

首先由客户提出保全申请。在客户基本资料等一切与保单相关的信息发生改变时，保险客户须向公司提出保全申请。此时，保全员将保全的信息录入，有些信息的变更需要审核，有些不需要。完成审核后，有些变更可能影响到其他交易，如投连险的交易，此时将相关联的信息做出修改。当然，有些变更还涉及一定的费用，那么保险公司财务将进行收付款的相关操作。保全业务的标准流程如图 6－1 所示。

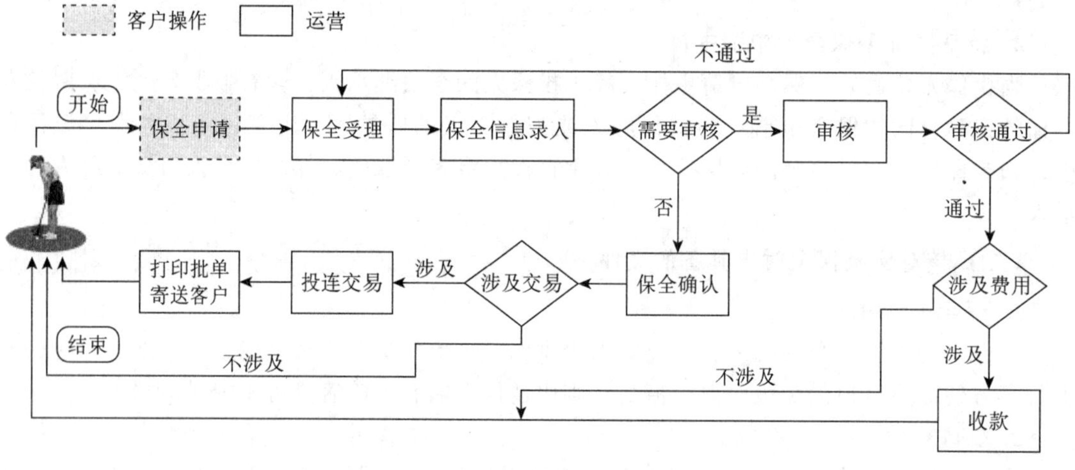

图 6－1　保全业务操作流程

（二）保险保全作业的时效规定

保险公司的保单服务人员应当自收到资料齐全、符合合同约定条件的保全申请之日两个工作日内完成受理。保全申请资料不完整、填写不规范或者不符合合同约定条件的，应当自收到保全申请之日起五个工作日内一次性通知保全申请人，并协助其补正。

保全不涉及保险费缴纳的，保险公司应当自同意受理之日起五个工作日内处理完毕；保全涉及保险费缴纳的，保险公司应当自投保人缴纳足额保险费之日起五个工作日内处理完毕。保全涉及体检及补发挂失的，体检和挂失所需时间不计算在前款固定的期限内。①

① 中国保险监督管理委员会《人身保险业务基本服务规定》有关保险服务时效的具体标准。

由于特殊情况无法在规定期限内完成的，应当及时向保全申请人说明原因并告知处理进度。

（三）保险保全生效时间的规定

1. 个人业务

针对犹豫期撤单、解除合同、减少被保险人、减少险种、减少保险金额等保全项目的生效时间为保险公司受理客户申请的时间。如果客户是以信函方式申请的，则生效时间为信函寄出邮局的邮戳载明日期。

其他保全业务的批单、批注生效时间为：第一，合同保全不涉及收费处理，也不需要客户确认保全处理结果，则以保全复核、核保通过的次日零时为批单、批注的生效时间；第二，合同保全涉及收费处理，且保全处理结果需要征求客户意见，则以保险公司收到客户足额交费及客户确认回执的次日零时为批单、批注生效时间；第三，合同保全涉及收费处理，但保全处理结果不需要征求客户意见，则以保险公司收到客户足额交费的次日零时为批单、批注生效时间；第四，合同保全虽不涉及收费处理，但保全处理结果需要征求客户意见，则以收到客户确认回执的次日零时为批单、批注生效时间；第五，所有涉及账户结算的付费保全作业，结算的止息时点均为业务处理完毕的审核通过日。

2. 团体业务

分红权益比例变更的生效时间为申请次年的 1 月 1 日。管理费比例变更的生效时间为业务复核通过的次日零时。合同保全涉及收费处理的，生效日为保费到账的次日零时。如果保险公司与投保单位有约定的，增加被保险人、减少被保险人、增加险种、减少险种、组间转移、解除保险合同、增加保额、减少保额等部分保全项目允许往前追溯生效日，生效日往前追溯时间原则上最长不得超过三个月。

（四）保全期间计算规则

1. 续期交费宽限期间

长期性人身保险合同，保险合同续期交费宽限期间一般为六十日。若条款规定交费日为生效对应日的，宽限期间从生效对应日的次日开始算起。

2. 复效利息计算期间

复效补交保险费的利息计算时点从宽限期间届满的次日开始算起，至公司受理投保人复效申请之日止。欠交的第二期及以后保险费（含月交方式），利息计算时间从应交费日开始。

3. 借款利息计算期间

借款利息计算时点为从借款实付日起至保险公司受理还款申请或退保金、保险金清算之日止。

4. 垫交利息计算期间

垫交保险费的利息计算时点从垫交日期（宽限期间届满的次日）起至保险公司受理垫交还款申请或退保金、保险金清算之日止，垫交的第二期及以后保险费的利息计算时间从应交保险费日开始。

第二节　续期收费类保全的业务操作

一、续期交费规则的掌握

续期交费是指保险公司为了维持保险合同的持续有效，而按照保险合同约定，向投保人收取第二期及以后保险费的业务活动。续期交费具有多样化的形式，包括客户通过银行转账、支/汇票、现金、银行代收、自助终端、网络等形式向保险公司交纳保险费，保单自动垫交保险费，以及使用应领生存金、红利、利差等抵交保险费。

续期缴费业务流程相对简单，仅仅是向客户收费、收费后给客户发票，一般流程如图 6－2 所示。

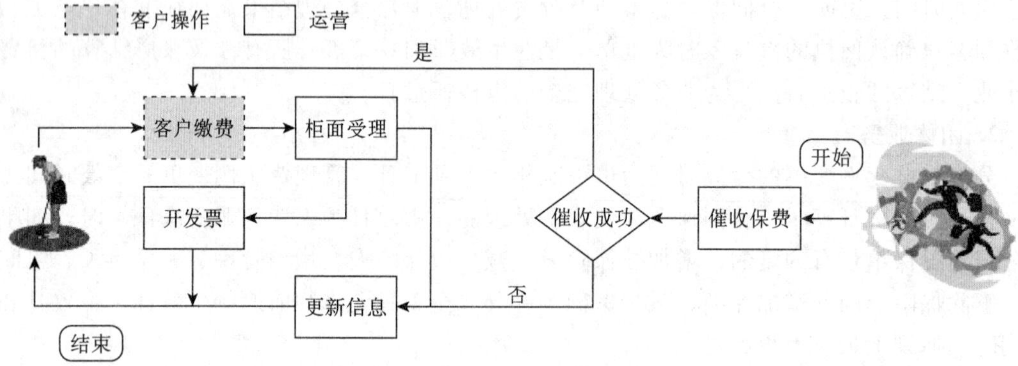

图 6－2　续期缴费业务操作流程

续期交费应注意两大事项，包括续期交费保险公司的提醒义务和续期交费宽限期间的计算。而传统人身保险续交保费与万能险续交保费规则有所不同。

（一）续期交费提醒

为避免保单失效，保险公司一般在保单生效对应日前三十日内，向投保人发送续期交费通知，通知方式包括短信、电话、电子邮件、信函等。对于预交金额及抵交金额足够交纳本期保险费的保险合同，一般不再发送续期交费通知。若保险合同处于效力中止状态以及正在退保、理赔等合同终止处理过程中，也不进行交费通知。

（二）续期交费的宽限期

根据保险法的规定，除条款另有约定外，保险合同续期交费宽限期间一般为六十日，宽限期间从保单生效对应日的次日开始算起。万能险具有缴纳保费灵活的特点，若某一结算日的个人账户价值不足以支付保险合同费用，自该结算日的次日起六十日为宽限期间。月交保费的短期性人身保险合同在首期保费交纳后，以后分期保险费的交费日期为保险合同每月的生效对应日，合同应缴费日后六十日为宽限期。由于宽限期内保险合同仍然有效，则投保人在宽限期间内交付保险费的，不计收利息。

（三）传统人身保险续期交费规则

保险合同续期应收金额等于主险应收金额加上允许续保的附加险应收金额后，减去该保险合同的预交保险费和抵交至该保单的金额。若主险带有附加险，则在主险保险费划款的同时划转附加险保费。一般而言，在主险当期保险费未收取的情况下，不得单独收取附加险续保保险费。

（四）万能型保险续期交费规则

（1）期交保险费。客户应于期交保险费交费日及其后的六十日内通过银行转账、现金等形式交纳保险费，期交保险费的续期交纳形式与传统寿险相同。若万能型保险续期有剩余，则剩余保费作为预交保费，预交保费不进账户，不计利息。

（2）额外保险费。保险合同有效期内，投保人按照合同规定支付当期的应交期交保险费后，可申请交付额外保险费，每次交纳的额外保险费不低于保险合同条款规定的最低限额。

（3）缓交保险费。投保人交付首期期交保险费后，若万能险个人账户价值足以支付保险合同费用的，投保人可以选择暂缓交付期交保险费，保险合同继续有效。

（4）持续交费奖励。在万能寿险合同中，为鼓励客户持续交费，避免保险合同非故意失效，一般规定保险合同生效后持续缴纳保费达一定保单年度的，保险公司将当期保险费按合同条款规定的比例作为持续交费奖励计入个人账户。

（五）自动垫交保费的规则

自动垫交保费，是指合同条款中包含保费自动垫交条款，若保险合同生效已满两年且现金价值扣除已垫交保险费及利息、借款及利息后的余额足以垫交到期应交保险费的，则保险公司根据条款约定或投保人的选择可使用该保险合同的现金价值垫交该保险合同的欠交保险费，使合同继续有效。当合同当时的现金价值扣除已垫交保险费及利息、借款及利息后的余额不足以垫交到期应交的保险费时，或垫交的保险费及利息达到合同现金价值时，保险合同效力中止。首次自动垫交保费发生时，保险公司应通过短信或电子信函、信函方式通知投保人。

二、续保保费的收取

续保也称连续投保，是指一年期的个人保险合同投保人在承保时或保险合同有效期间内，经保险公司审核同意后，投保人于保险期满前或宽限期内足额交付续保保险费的，保险合同于保险期间满期的次日起延续有效的业务行为。续保时，保险公司可能根据被保险人的风险状况等因素做出调整保险费的收费标准、增加特别约定或拒绝续保的处理。续保时，保险公司的意见以通知书的形式向投保人发送。

对于保险公司同意续保的保单，续保产生的应收保费是保险合同满期时点所有有效险种的应收保费之和。若在合同满期日后三十日内或者合同条款规定的宽限期内，保险公司未收到足额续保保险费，保险公司则默认授权人自动放弃连续投保的权利，保险合同自动续保终止。

对存在投保人终止连续投保约定、理赔后核保确认为不允许续保、客户未在满期日前确认核保通知书、产品停办、公司谢绝连续投保情况的保险合同，保险公司一般不予续保。而续保责任开始时被保险人的年龄和职业、无赔款优待、上年度保额等因素发生变化的，除合同另有约定外，一般按照新的费率计算因子重新计算续保保费。

若被保险人的职业、健康状况等重要风险因素发生变化或在保险期间发生理赔事故的，保险客户应及时以书面形式通知保险公司，否则保险公司有权终止续保并解除保险合同，并对发生的保险事故不承担保险金责任。

第三节　变更类保全的业务操作

一、熟悉客户资料变更的要点和程序

客户资料变更通常是指，保险合同生效后，由于客户的姓名、性别、出生日期、证件类别、证件号码、地址等信息在投保时填写笔误或保险公司录入错误，予以更正的程序。客户资料的变更可能因类型的不同而对保费产生不同影响。

（一）客户资料变更的影响

1. 变更后的年龄或性别在保险合同的承保范围内

若变更后的年龄或性别在保险合同的承保范围内，则应根据被保险人更正后的年龄或性别，重新计算保险费，并与实交保费进行比较。第一种处理办法是调整保费。若实交保费比应交保费多，保险公司将退还多交保费；若客户实交保费比应交保费少，投保人补交保费差额和利息。第二种办法是调整保险金额。若保险客户不愿意补交保费和利息，或通知客户补交保险费，客户未在规定期限前足额交纳保费的，保险公司可按实交保费与应交保费的比例降低保险金额，保险责任按调整后的保额承担。

2. 变更后的年龄或性别不在保险合同的承保范围内

变更后的年龄或性别不在保险合同承保范围内，也有两种处理方法。当保险合同成立尚未满两年的，根据保险法的规定，保险公司有权解除合同，退还保单现金价值；当保险合同成立两年以上的，保险公司将按照原合同继续履行保险责任。

（二）客户资料变更的程序

变更客户资料时，一般应由投保人携带身份证原件亲自到保险公司柜面办理变更手续。被更正人应在变更申请书或确认书上亲笔签名，未成年人由其法定监护签名。在一般情况下，受益人的资料更正无须签名。

凡投保单内容正确而签发的保险合同内容出现错误，需收回原保险合同做注销处理，原合同中的投保单影印件作为更正的附件，更正后按污损换发流程重新打印配发保险合同，保险合同号码不发生变化。

（三）客户资料变更的生效时间

变更客户资料后，保险合同不涉及收取保险费的，变更的生效时间为保险公司同意变更日的次日零时；涉及补收保费的，变更生效时间为保险公司同意变更且收取补保费后的次日零时。

二、掌握合同内容变更的要点

（一）变更投保人

变更投保人是指保险合同生效后，在不改变保险合同效力和保险责任的前提下，经客户申请以被保险人或其他与被保险人有保险利益的人员代替原保险合同投保人，新投保人在享有保险合同赋予的权利的同时，继续履行包括交纳续期保费等在内的相关义务。

1. 投保人变更程序

变更投保人应由保险合同的原投保人提出申请，原投保人、新投保人、被保险人均须书面签名确认。当被保险人为未成年人时，须经被保险人的监护人书面同意变更。新投保人对被保险人必须具有保险利益。

2. 变更投保人的特殊情形

变更投保人须由保险合同原投保人本人提出申请，一般保险公司不受理委托。在特殊情况下，若投保人死亡的，须提供投保人死亡证明，由原投保人的合法继承人办理，或由被保险人办理。如原投保人入狱、病危、出国等特殊情况，则需要提供相关单位证明，由受托人持相关资料及其本人的有效身份证件办理变更手续。若保险合同条款列有投保人保险责任的险种，一般不得更换投保人。

3. 变更投保人的注意事项

投保人变更时，须同时修改投保人的基本资料和联系信息。选择银行自动转账方式交纳保险费的，须先终止原银行自动转账授权，由新投保人重新办理银行自动转账授权手续。若保险合同包含有附加险的，主险变更投保人，附加险投保人随之进行变更。

4. 不允许变更投保人的情形

第一，对于已发生投保人身故豁免保费的合同，不再更换投保人，由被保险人或被保险人监护人申请除交纳保险费之外的保全项目。第二，保险合同条款约定不能变更投保人的险种不受理投保人变更，例如小额贷款系列保险。第三，投保人变更时，如果保险合同尚有欠款及利息未归还，或存在属于投保人的应领未领款项，新投保人应办理欠款清偿或应领款项领取的手续，否则将影响保险公司办理投保人更换。

（二）变更受益人

变更受益人是指投保或被保险人可以对保险合同原定的死亡保险金受益人或生存保险金受益人进行变更，投保人变更的，应经过被保险人的书面同意。变更受益人应注意以下事项：

（1）死亡保险金受益人变更必须以被保险人生存为前提，且客户申请时尚未发生保险事故。

（2）死亡保险金受益人为数人时，变更时必须对所有受益人重新确立，同一顺序受益人按相等份额享有受益权，同一顺序受益人受益份额之和为100%。

（3）主险变更身故保险金受益人，附加险受益人（含身故责任）随之进行变更。

（4）投保人为其有劳动关系的劳动者投保人身保险，不得指定被保险人及其近亲属以外的人为受益人。[①]

（5）额贷款保险，承保后不允许变更第一身故受益人及受益份额。被保险人亲自到公司柜面办理。

（三）变更保险费的垫交保费方式

保险费垫交方式变更，是指保险合同条款有自动垫交约定时，投保人申请将垫交方式变更为自动垫交保费或不自动垫交保费的行为。选择了自动垫交保费且保单现金价值足够垫交当期保费的，保险公司将对保单进行垫交处理，使保险合同继续有效。保单宽限期届满只够垫交主险保费，附加险失效。变更前已发生过保费垫交的，应先办理垫交还款，再做不自动垫交变更处理。

（四）变更保险金额

1. 保险金额的增加

保险金额的增加是指保险合同条款中若列明保额增加权益时，投保人可在一定条件下申请增加保额。有死亡保险责任的合同申请加保时须经被保险人书面同意并认可保险金额。基于控制风险的考虑，保险公司在增加保额时通常会对被保险人的年龄、风险状况、合同存续时间、保额增加的额度等进行要求，还可能要求被保险人重新进行补充风险告知。保险金额新增部分的保险费，按申请加保时被保险人的年龄进行计算。

2. 保险金额的减少

减少保险金额是指保险合同成立后，经投保人申请，保险公司在一定金额范围内降低保险合同原有的保险金额或保险费，降低部分的保险金额或保险费视同保险合同部分解除。减保后的保额或份数不能低于投保时规定的各险种最低保额，或核保规定的最低保费的倍数。一般地，减保后的保额应为1000的整数倍。

（五）变更保险费交费方式

对于分期交纳保费的保险合同，变更保险费交费方式是指在不改变合同交费期间及保险金额的前提下，按条款规定申请办理改变期交保险费的交付频次。期交交费频次变更多采用将月交、季交、半年交变更为年交。变更后保险费的换算，按照保险精算方法或者合同条款规定的折算系数进行折算。

（六）变更养老金领取年龄或领取方式

投保人在不改变保险费的交费标准、交费期间的前提下，可申请变更被保险人领取养老金方式或领取年龄。变更领取年龄必须在交费期满、领取养老金之前，保险公司才予以受理。需要注意的是，领取年龄的变更只能在合同约定的领取日之前提出申请，如果合同已经开始给付养老金，则不能受理。客户申请变更后的领取年龄须大于申请变更时的实际年龄。

（七）红利领取及利差返还方式变更

红利领取及利差返还方式变更，一般只在保险合同条款允许的领取方式之间进行，变更后的返还方式从下期红利或利差派发日起生效。红利领取方式为“累积生息”的，投保人可随时申请以现金方式领取已累积的到期红利及利息。对选择“抵交保费”方式的利差返

---

① 参照《中华人民共和国保险法》第三十九条的规定。

还或红利领取，交费期满后，投保人申请变更的，保险公司将按“累积生息”方式处理。红利或利差领取方式从“现金”变更为“累积生息”，变更之前的红利不予计息，自下一期红利应派发时点开始累积生息。红利领取方式从“累积生息”变更为“抵交保费”的，累积红利本息从下一期红利派发时起开始抵交。

三、变更类保全业务的操作流程

客户申请保险事项的变更，可以直接到客户服务部的保全柜面进行办理，或通过合理授权委托他人代为办理。申请人应如实填写人身险保单变更申请书，保全经办岗应根据公司保全规定要求申请人提供申请单证材料，提供的材料根据变更的复杂及重要程度有所不同。

保全经办岗在初步审核变更申请信息并确认无误后，系统会自动通过预警和发送电子邮件等形式将相关信息转两核中心核保人员进一步审核。核保人员对影响原保单承保条件的情况进行审核，出具书面的核保意见，做出是否调整交费标准的决定，并在系统中进行核保通过确认。保全经办岗人员在业务系统保全模块中进行相应的变更操作。由客户服务人员和保全审核岗进行复审，重点审核申请人的资格及相关证件、申请变更的保单内容及相关事项，确认申请变更的保单处于有效期间，并在申请表上签字确认；同时，进入业务系统保全模块进行审核确认。

在经过审核后，保全经办岗在业务系统中进行提交，并打印变更批单，一式两份，一份粘贴在保单正本背面，并加盖业务章及骑缝章交还保户；另一份归档。档案管理员将变更批单中的一联同变更申请资料等一并归档、登记。业务系统保全模块应定期自动生成保单变更信息追踪记录和汇总报告，由保全审核岗根据系统记录在系统中生成统计报告，供保全负责人及客户服务部门经理定期审核。

图 6－3 所示为变更业务操作流程，图 6－4 所示为个人保险合同变更申请书示例。

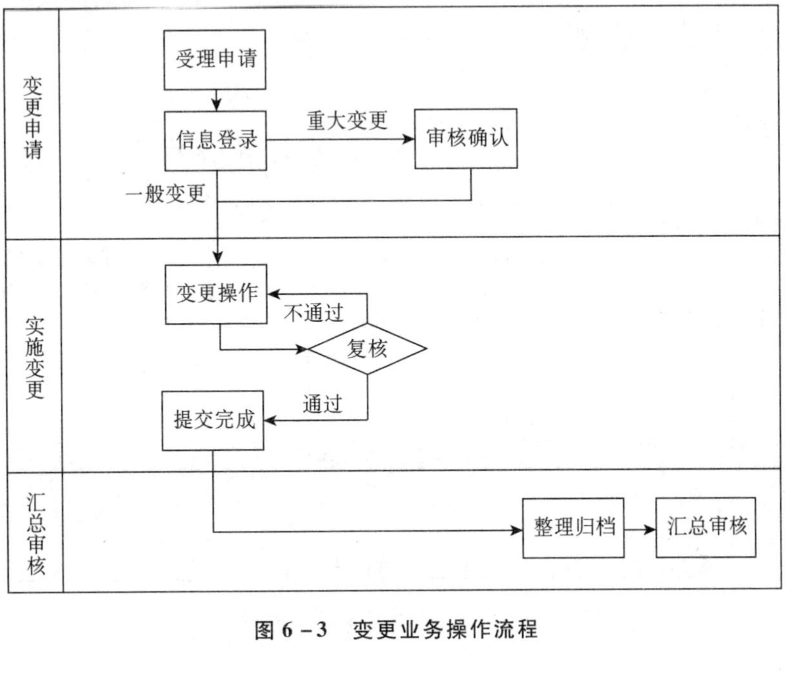

图 6－3　变更业务操作流程

个人保险合同变更申请书（付费类）

公司提示：

请您详细阅读申请书背面的客户须知，用黑色钢笔或签字笔在申请项目前的□内打“√”，并在对应栏目内填写所申请的保全内容，填写的内容不允许涂改，若发生涂改本申请无效。

保险合同号		投保人		被保险人		申请日期	年 月 日

客户联系信息确认 □投保人 □被保险人

通讯地址：______省/直辖市________市________区/县________________

邮编：________办公电话：________________家庭电话：________________手机：____________

电子邮件：________________ □连带变更本人其他保险合同的联系方式。

□要约确认

确认对象：1□投保人 2□被保险人或其监护人

□签名风格变化 □补签名确认

补签名单证：1□投保单 2□其他____________原因：1□业务员代签 2□其他__________

申 请 项 目

□投保人申请事项

□红利 □利差

□减保 □降低后保险金额：￥______________元 □降低后保险费：￥______________元

□保险合同解除 □犹豫期撤单 □退保 □保险单遗失 申请原因：□经济原因 □险种不理想 □服务不满意 □出国移居 □公司信誉 □其他________

□被保险人申请事项

□生存金 □满期金 □养老金

养老金领取方式：□一次性 □年领 □月领 □固定 □递增

注：领取前未确定养老金领取方式的，请填写本栏。

合同约定领取金额：￥__________________元 合同约定领取日期： 年 月 日

领 款 形 式 选 择

□银行转账

□续期交费账户

注：款项所有人为投保人的填写此栏，满期金、生存金等款项所有人非投保人时填写下栏。

□转入新账户 开户银行____________户名____________账号______________________

□转入新账户 开户银行____________户名____________账号______________________

以后各次同一款项给付是否转入此账户？ □是 □否

注：如选择“是”，我公司将在合同约定领取日到期后7日内将申领款项转入您指定的转账账户。您若更换转账账户，请在下期领取日一个月前以书面形式通知我公司。

□转投保

□转保新险种 投保单号：______________________

□转交续期保费 转入保单号：______________________

□柜面付费方式

注：仅限客户亲至并符合财务规则

提示：为维护您的权益，签名前请再次核对以上填写的内容，请勿在空白申请书上签名。

声明：本人已仔细阅知、理解贵公司提示、保险条款、产品说明书并同意遵守。申请书共填写______项保全项目，谨以此申请书作为保险合同变更要约，并同意贵公司依此办理上述变更事项。

投保人签名： **被保险人或其监护人签名：**

若委托他人代办请填写以下内容：

现委托__________先生/女士（有效证件号码：____________________）前往贵公司办理有关本保单申请项下__________________变更事宜。本委托授权有效期为______天。（委托日期同本申请书的申请日期）

代办人与委托人关系：□本公司服务人员 □亲属 □朋友 □其他______

委托人签名：________________ **代办人签名：**________________

委托人手机号： 代办人手机号：

提示：以现金方式领款或给付金额达到一定额度（具体见申请书背面的客户须知），本公司不受理委托代办。

以下内容由工作人员填写

处理意见：

受理人： 受理日期： 年 月 日 作业流水号：

图 6－4 个人保险合同变更申请书示例

第四节　领取类保全的业务操作

一、生存保险金给付的规则及操作

生存保险金给付是指在保险合同有效期内，被保险人生存至约定的领取年龄，或生存至保险期满，保险公司按合同约定向被保险人或被保险人指定的生存保险金受益人给付生存金。

（一）领取规则

生存保险金一般由被保险人向保险公司申领，若合同指定的生存金受益人为非被保险人的，在领取生存保险金时须提供被保险人的生存证明。

不允许进行生存保险金给付申请的情形包括：合同效力中止状态；被保险人死亡（失踪）报案或立案状态；有自动垫交的保险费及利息欠款、借款及利息欠款，以及欠交的保费及利息的，且生存保险金不够偿付欠款本息和；保险合同在质押、冻结中尚未解押的。

满期领取时须对保险合同下所有款项进行清算：有欠款的（包括自动垫交的保险费及利息、借款及利息、欠交的保费及利息），须先予以扣除；有红利、预交保费、利差的，对于投保人、满期金受益人为同一人的，由满期金受益人直接领取。非同一人时，应返还投保人；有应领未领生存金的，一并返还被保险人。

（二）生存保险金抵交保费的操作

生存金抵交保费要求生存金领取时保险合同的交费期未满。若生存金大于当期保费的，抵交保费成功后，其差额按申请人选择的付款方式给付或继续抵交下期及以后保费，交费期满后不需抵交的，直接计入应付生存金项下；若生存金小于当期保费的，其保费差额的收取仍需按原约定的续期交费方式办理。

（三）生存保险金累积生息的操作

对于适用生存保险金累积生息功能的险种而言，客户可将生存保险金（不含满期保险金）留存在保险公司，每年保险公司将按照当时确定的累积生息利率计息，并按年利率复利计息，客户可以随时领取生存保险金及累积利息。

保险合同失效期间、借款、银行贷款质押、冻结期间，应领未领的生存金仍以累积生息方式继续累计利息。如果保险合同在失效两年内申请复效或所借款项已经还清的，生存金及利息按正常累计金额给付。

生存金累积生息利息自保险合同效力终止日起不再计息，如保险期间届满、退保、永久失效、理赔终止等。保险合同终止处理时，累计应付生存金及利息与退保金、保险金合并清算。

二、年金给付的规则及操作

年金给付是指在保险合同有效期内，被保险人生存至约定的领取年龄或约定的领取时间，保险公司按合同约定向年金受益人定期给付保险年金。年金受益人由被保险人指定，合同中未明确指定年金受益人的，由被保险人或被保险人的第一顺序继承人领取。

（一）一次性或首次年金的领取

一次性或首次年金领取一般不得委托代办，必须由被保险人亲自到保险公司办理。

（二）续期年金的领取

合同中有固定给付期限的年金，当领取期未超过固定给付期的，由被保险人到保险公司领取或由银行自动转账方式划转；若被保险人在固定年金领取期内身故的，保险公司依合同条款规定向受益人进行一次性给付，或分期给付至固定年金领取期满。

合同中有固定给付期限的年金，当领取期已超过固定给付期的，或无固定期限年金责任的年金给付，由被保险人到保险公司领取或由银行自动转账方式划转；若被保险人身故的，保险公司不再进行年金给付，保险合同有其他死亡责任的除外。

三、红利给付的规则及操作

红利给付是指分红型保险合同在合同有效期内，保险公司将经营所产生的可分配盈余，以分红的形式返还给投保人。红利的领取可采用累积生息、抵交保费、现金领取和购买增额保险等形式。

（一）红利派发

在一般情况下，红利应在保单年生效对应日派发，如果保单生效对应日在保险公司公布的红利实际派发日以前的，则在实际派发日派发红利。客户领取红利时，若有欠款未偿还，客户红利须先用于偿还欠款。解除合同或终止合同时，合同项下累计应付红利及利息与退保金、保险金一并清算。保险合同在每年1月1日至保单当年度生效对应日之间终止（死亡、退保）的保险合同，不给付当年红利。另外，保险客户可随时以现金或银行转账方式申领保险合同下累积应付红利，除保险条款有特别规定。

（二）红利计息

除了公司延迟派发的红利和以累积生息方式领取的红利外，其余的红利应付款不计息。对应给付的红利，一般应按保险公司每年公布的累积利率从应给付日起以复利方式计算利息。而若保单在实际派发日前退保的，累积生息的利息计算至实际派发日。

（三）抵交保费

在保险费交费期内，当红利足够抵交当期保费的，抵交后的余额计于应付红利项下，下期继续抵交；红利不够抵交当期保费的，按原续期交费方式收取保费差额。但保险合同交费期满后，不再抵交保费，红利转入累积生息方式。

（四）购买缴清增额保险

保险合同红利作为购买缴清增额保险的趸交保险费，在红利应派发日即保险合同年生效对应日增加缴清增额保险的保险金额，保险合同其他内容不变。已购买过增额缴清保险的保险合同，效力终止时只对原保额进行失效处理，增额部分正常有效；失效期间出险的，只对增额部分进行理赔；退保时对原保额和增额部分分别处理。

四、掌握领取类保全业务的操作流程

（一）首付申领

对于定期给付和年金给付，客户服务部门应提前一个月在业务系统中生成下月应进行首期给付的保户清单，由系统自动打印给付通知书，通知客户前来办理首期给付手续。保全经办岗应根据公司规定的给付程序要求申领人出具保单正本、最后一次缴费凭证和有关身份证明，并详细填写给付申请书。保全经办岗对申领人提供的所有申请单证材料进行审核，并与业务系统中的保单信息进行核对。

（二）生成给付信息

对于常规的满期或年金给付，在保单生效和首付申领后，业务系统应定期自动生成给付清单，包括保单号、保户姓名、给付金额等信息。保全经办岗在业务系统给付模块的“个人给付子模块”中录入相关的给付信息，并进行确认。

（三）给付申请

对于非定期的触发性事件应由被保险人根据保单条款提出给付申请，并详细填写给付申请书，写明事件的起因、时间和其他相关情况。定期给付的保单也应由客户先填写给付申请书，然后进行系统登录。对于个人累积型养老保险，应由保全经办岗在业务系统的“期满日批量结息”中进行申请登录，以便进行账户余额的转换。如为银行转付，则无须经过申请。

（四）初审

保全审核岗应审核触发事件的基本信息，如事件起因、时间、保险公司应承担的责任等，并根据给付信息和客户的书面申请，在业务系统中进行审核确认。公司应制定有关被保险人生存状态的调查政策，并由保全经办岗积极落实生存调查工作。

（五）信息录入

保全经办岗在业务系统中进行给付的信息录入和确认，系统自动提示保全审核岗进行系统审核。

（六）审核

保全审核岗复核系统的给付信息，并核对客户提供的给付申请资料，对给付信息的合理性、给付金额的准确性和给付保单的有效性等在系统中进行审核确认。

（七）付款入账

（1）现金给付。对于年金给付，一般由客户持领取证到业务出纳处领款。业务出纳应对领款人的身份资质进行审核，以确认付款的有效性。如为定期生存给付，则由客户持领款通知书到业务出纳处领款。业务出纳在业务系统中录入实际给付金额后，向领款人付款，并通过系统自动开具领款收据，一式三联交被保险人签名。

（2）转账给付。对于银行转账给付，一般由业务出纳根据实际的银行划账金额和划款凭证，在业务系统中进行录入，并在“银行代收/付—银行回执转入”和“给付银行转入”中登录，生成正式给付记录。业务出纳根据付款金额通过系统开具领款收据交申请人签名。

（八）提交生效

保全经办岗一般在业务系统保全模块中对系统更新的结果进行审核确认，并由系统自动打印给付批单进行系统提交。

给付业务操作流程如图 6－5 所示。

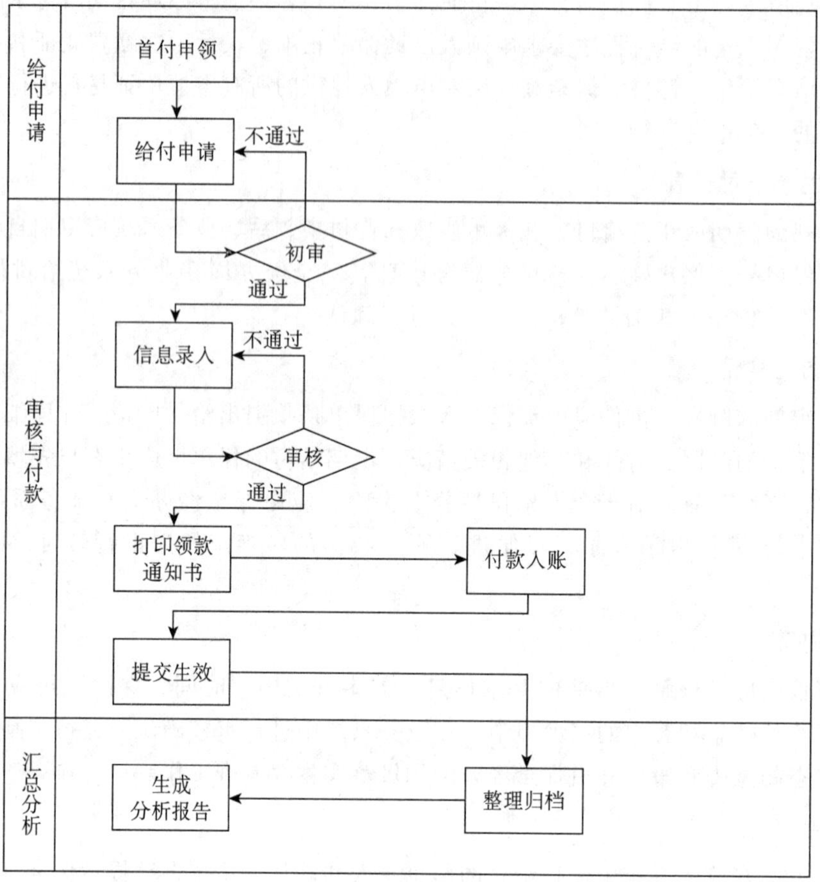

图 6－5　给付业务操作流程

第五节　解除类及其他保全业务操作

一、全面认识解除类保全业务

（一）犹豫期解除保险合同

投保人于签收保险合同之日起十日内提出解除保险合同申请的，保险公司全额退还所交的保费。主险合同解除，其所附的附加险同时解除，投保人所交的保险费予以全额退还。

（二）投保人解除保险合同

投保人解除合同，也称“退保”，是指在保险合同犹豫期结束后，在保险合同条款未明确规定不允许投保人解除保险合同的情况下，投保人要求解除保险合同的行为。

1. 时间要求

保险公司在受理投保人退保申请资料之后，须在投保人提出解除合同申请后三十日内①，按照险种条款规定完成退保处理。

2. 附件险的规定

主险合同退保，其所附的附加险应同时退保。主险与专用附加险一同投保的，投保人可以在要求解除主险合同的同时要求解除附加险合同，但投保人不得单独要求解除专用附加险。

3. 退保金

（1）长期性人身保险。传统长期性人身保险的退保金按照保险合同中的现金价值表中对应的现金价值，并兼顾其他因素计算得出，即：

退保金＝现金价值－已垫交保费及利息－借款及利息＋其他

（2）短期性人身保险。短期性人身保险的退保金一般为未满期保险费，即：

退保金＝保险费×（保险期间－退保时已过保障时间）/保险期间

（3）万能险。万能险的退保金按照保险公司接到解除合同申请书时的个人账户价值计算。当保险合同在非结算日终止的，按合同约定的最低保证利率对应的日利率采用单利方式对个人账户结算利息，结算利息计入个人账户。万能险附加险解除合同，保险公司不退还剩余天数的风险保障费，也不退还个人账户价值，从下一个结算日起不再收取附加险风险保障费。

（4）投连险。投连险保险合同解除的，若解除合同时个人账户尚未设立的，保险公司返还所交保险费；若个人账户已经设立的，保险公司向投保人退还自接到解除合同申请书后的下一个评估日的个人账户价值扣除退保费用后的余额。其中：

退保金额＝$\sum$［（原投资账户单位数×原投资账户投资单位卖出价）］×（1－退保费比例）

（三）保险公司解除保险合同

保险合同成立未超过两年，保险公司依据保险法相关规定可解除保险合同，向投保人、受益人或法定继承人发出解除合同通知书，合同效力终止。保险公司解除合同属于保险人单方法定权利，无须取得投保人或其他权益人的同意。

在以下情形中，保险公司可以解除保险合同：

（1）投保人故意或者因重大过失未履行如实告知义务，足以影响保险人决定是否同意承保或者提高保险费率的，保险公司有权解除合同，但应当退还保险费（《中华人民共和国保险法》第十六条）。

（2）投保人申报的被保险人年龄不真实，并且其真实年龄不符合合同约定的年龄限制的，且合同成立未超过二年的，保险公司可以解除合同，应退还保险单的现金价值（《中华人民共和国保险法》第十六条、第三十二条）。

（3）自合同效力中止之日起满二年双方未达成恢复保险合同效力协议的，保险公司有权解除合同，应退还保险单的现金价值（《中华人民共和国保险法》第三十六条、第三十

---

① 《中华人民共和国保险法》第四十七条约定：投保人解除合同的，保险人应当自收到解除合同通知之日起三十日内，按照合同约定退还保险单的现金价值。

七条）。

（4）未发生保险事故，被保险人或者受益人谎称发生了保险事故，向保险人提出赔偿或者给付保险金请求的，保险公司有权解除合同，并不退还保险费（《中华人民共和国保险法》第二十七条）。

（5）投保人、被保险人故意制造保险事故的，造成被保险人死亡、伤残或者疾病的，保险公司有权解除合同，并不退还保险费（《中华人民共和国保险法》第二十七条、第四十三条）。

（6）因被保险人故意犯罪或者抗拒依法采取的刑事强制措施导致其伤残或者死亡的，保险公司不承担给付保险金的责任，并有权解除合同（《中华人民共和国保险法》第四十五条）。

二、解除类保全业务的操作流程

保全经办岗应根据公司规定的材料清单，要求申请人提供齐全的申请单证材料。一般，申请退保应提供保单正本和最新一期保费收据，以及相关的身份证明。如果是万能险退保，则应先进行非结算日的结算，使客户认可在退保时的账户余额。

（一）初审

保全审核岗应对受理申请的书面申请表和系统记录进行初步审核，在书面申请上进行签字，并在业务系统保全模块中进行确认。保全审核岗应重点审核该保单是否有欠费的情况、是否已进入领取期等。如有以上情况、应不得办理退保。

（二）通融退保审核

如经过初审确认为通融退保，则通过书面申请的形式交客户服务的保全负责人进行审核。对于通融退保，保全负责人应在业务系统中设定审核权限，即对于不符合一般退保要求的申请，应由系统直接预警，并通过电子邮件的形式自动通知保全负责人在系统中进行审批。保全负责人在业务系统中根据客户的退保申请和保单信息，做出受理或拒绝退保的决定，并在系统中进行确认和审批。系统自动根据审批结果对提出退保申请的保单状态进行更新，并通过电子邮件的形式通知保全经办岗进行相关的系统信息录入。

（三）系统录入

保全经办岗根据保全审核岗或部门负责人的审批意见，按照客户的退保要求在业务系统保全模块的“退保子模块”中进行退保操作，输入相关的退保信息并进行确认。

（四）计算退保金额

保全经办岗在业务系统保全模块中输入相关的退保信息，由系统自动计算该保单的退保金额。保全经办岗对业务系统的计算结果进行审核与确认。

（五）审核

保全审核岗应在业务系统中重点审核退保金计算的准确性、欠缴保费及利息，以及体检费用等是否已扣除。

（六）打印领款通知书

经过审核岗的系统确认后，保全经办岗通过业务系统保全模块打印领款通知书，加盖业务章交客户到业务出纳处领款。

（七）退款入账

对于个险的退保金，一般以银行转账或现金支付为主。业务出纳应根据领款通知书和系统记录对领款人的身份证明进行审核并付款，同时收回领款通知书，通过业务系统打印领款收据给客户。对于万能险，除领款收据外，保全经办岗还应打印账户对账单给客户，表明账户内余额为零。对于团险的退保金，一般由业务出纳签发银行转账支票，并在领款通知书上签字确认。对客户提出的退款至保单约定之外的其他地址或账户的要求，应予以核实和付款确认。对于通融退保，应严格按照审核权限与审批程序，在业务系统保全模块中进行操作，并由保全审核岗进行审核确认。领款收据一式三联，记账联交会计做入账凭证，客户联交客户留存，业务联交保全经办岗留存。业务会计每天日结时从业务系统保全模块中将有关撤、退保的数据导入财务系统，财务系统根据相关信息自动生成记账凭证。

解除业务操作流程如图 6－6 所示。

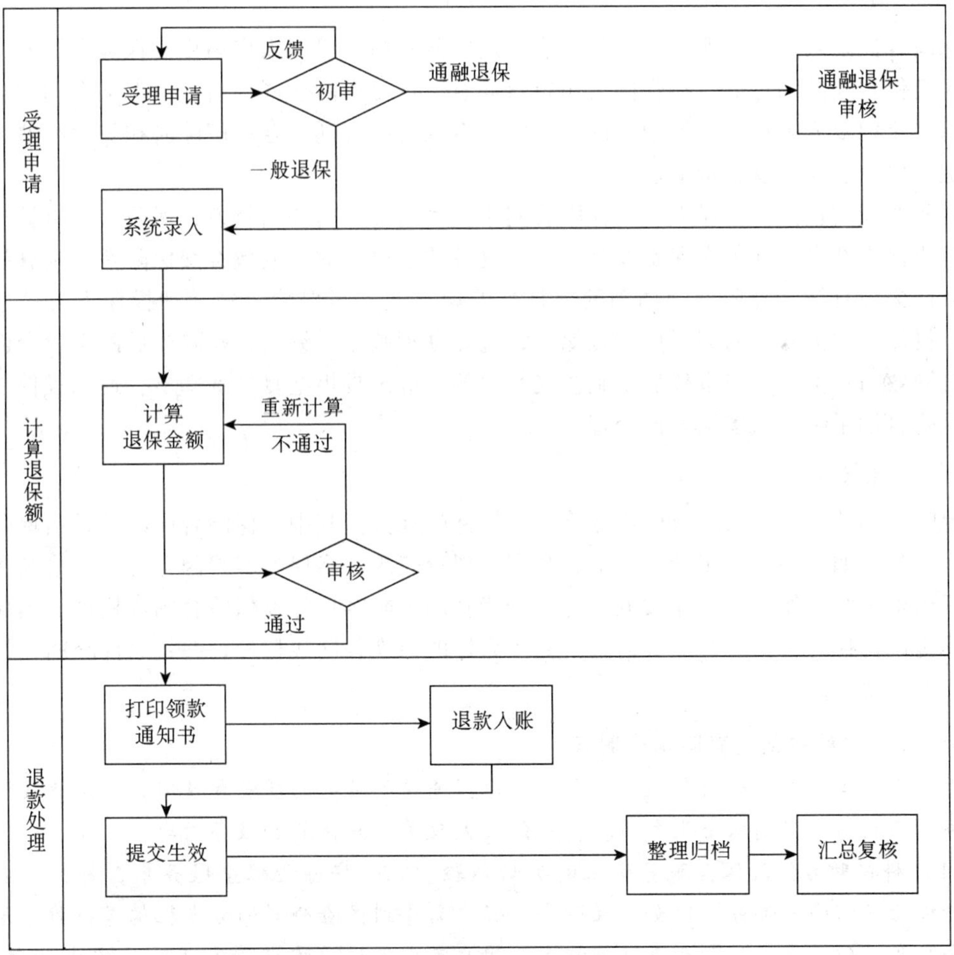

图 6－6　解除业务操作流程

三、其他保全的业务操作

（一）宽限期

除条款另有约定，保险合同续期交费宽限期一般为60天。交费日为保险合同生效对应日的，宽限期从生效对应日的次日开始计算。

宽限期结束投保人仍未交纳保费的：

（1）若投保人选择了垫交、生存金、红利抵交保费，且保险合同现金价值、抵交金额足够交付当期保费，保险公司做垫交或抵交处理后，合同继续有效。

（2）若保险合同有预交保费，且预交金额足够交纳当期保费，保险公司做预交转实收后，合同继续有效。

（3）除上述两种情况外，保险合同效力中止。在保险合同效力中止期间发生的保险事故，保险公司不承担保险责任。

（二）复效

保险合同复效是指自保险合同效力中止后的两年内，投保人申请恢复保险合同效力，并补交欠交保费及其利息的，经保险公司审核同意，恢复保险合同效力。自保险合同效力中止之日起二年内双方未达成复效协议的，保险人有权解除合同。合同解除时扣除手续费、退保费或退还保单上年度现金价值。

复效的规则包括：投保人应在保险合同中止后的两年内提出复效，保险公司审核同意复效，且投保人补交全部欠交保费及其利息，复效才予以生效；复效补交保险费的利息计算时间从合同失效日期（宽限期间届满的次日）开始算起，至保险公司受理投保人复效申请之日止；投保人申请复效的同时申请减保的，应先办理减保手续，再按减少后的保险金额恢复保险合同效力；保险公司审核后拒绝接受复效的，应出具拒绝复效通知书，通知投保人办理解除保险合同手续，做解除合同处理。

（三）挂失及补发

保险合同挂失包括保险合同或保险合同构件的挂失。其中，保险合同构件是指保险合同的组成部分，如投保单影印件、批单、收据、现价表等。当保险客户因保险合同或其构件丢失而提出申请时，保险公司在收取一定工本费基础上向客户补发保险合同或构件。当保险合同或其构件污损时，保险客户申请重新更换完好的保险合同或构件，并将原件交回，保险公司将换发保险合同。

【拓展阅读】以科技赋能寿险保全服务

近年来，各大保险公司积极引入科技，以提高保险服务的质量和效率。利用科技赋能保全服务，不仅能够提高保全服务质量，也能大大改善用户体验和服务效率。

（1）科技助力保险保全服务带来的美好体验。在平安寿险保全服务中，科技的应用已经逐渐成为必需的一部分。比如，在过去，客户需要到保险公司的分支机构或拨打电话来完成保全服务；但现在，借助于互联网技术，用户可以通过平安金管家App来完成保全服务。用户可以在任何地方随时进行操作，不再受到时间和地点的限制。同时，用户可以通过手机、电脑等多种设备进行操作，大大提高了用户的便捷性和舒适度。

为了提高用户的服务体验，平安寿险公司还引入了AI人工智能和大数据技术。通过大数据技术，保险公司可以了解用户需求和喜好，及时提供个性化的服务，使用户体验更加愉悦。而AI人工智能技术可以帮助保险公司提高处理保全服务的速度和准确性，避免人为因素的干扰。

（2）以科技赋能保全服务，提高服务安全性和准确性。为了更好地发挥科技的优势，平安寿险公司还加强了对技术的研发和创新，以科技赋能保全服务，让客户更加简单和安心地享受平安寿险保全服务。比如，平安寿险公司推出了创新性的保全服务，可以有效防范保全服务被非法操作，同时提高保全服务的安全性和准确性。

（3）持续升级完善服务，减少人工干扰。平安寿险公司始终坚持以用户需求为导向，不断升级和完善服务，提高服务效率和体验。比如，在保全服务的处理过程中，引入了自动化系统，使得保全服务可以快速、准确地完成，减少了人工干扰和操作失误。另外，平安寿险公司还通过建立完善的客户服务体系，实现了客户服务的全时、全面、多渠道化。无论客户身处何地，都可以通过电话、在线客服等多种方式，得到及时、优质的服务。平安寿险公司还建立了完善的服务反馈和投诉处理机制，确保用户的权益得到充分保障。

科技的发展为保险行业的发展提供了新的机遇和挑战，在寿险保全服务中积极引入科技，以科技赋能保全服务，必将为广大客户提供更加优质的保险服务。

资料来源：《以科技赋能平安寿险保全服务，享受科技带来美好体验》（《中国日报》，2023年6月5日）。

第六节　保全业务操作实训

一、保全业务操作实训的内容

1. 保全信息初审

（1）变更类保全的审核：要求审核变更申请人的资质、签名和其他证明材料，审核变更事项是否符合规定，例如保单是否规定不能投保人、变更受益人时被保险人是否生存等。

（2）领取类保全的审核：要求审核领取申请人的申请单证材料（如身份证明、保险单、缴费单等）、触发事件的基本信息（包括事件起因、时间、保险公司应承担的责任等）。

（3）解除类保全的审核：要求审核受理申请资料和系统资料，重点审核保单是否有欠费的情况，是否已进入领取期等。

2. 保全信息录入

在经过审核后，要求在业务系统相应的保全模块（缴费模块/领取模块/退保模块）中进行操作，输入保全信息并进行确认。

3. 保全信息审核

一些保全业务在信息录入后，要求保全复核人员进行复核确认。领取类保全业务审核的重点是对给付事项是否合理、给付金额是否准确以及给付保单是否有效等。解除类保全审核的重点是退保金的准确性，是否存在欠缴保费及利息等。审核一般在系统中完成。

4. 提交生效与单证打印

要求在业务系统保全模块中对保全后系统更新的结果进行再次确认，并由系统自动打印批单进行系统提交。缴费类保全在收到客户缴费后提交生效并打印发票；领取类保全在转账给付后提交生效；解除类保全需支付退保金的，应通过业务系统保全模块打印领款通知书，由出纳处完成退款入客户账户。

二、上机模拟

下面以智盛保险实务教学实训平台为例，模拟企业财产保险、人身保险的主要保全业务操作。

（一）企业财产保险的批单处理

1. 单位情况（见表 6－1）

表 6－1　单位情况列示

<table>
<tr><td>业务说明</td><td>批改复核保单的单位信息</td></tr>
<tr><td>角色权限</td><td>审核员</td></tr>
<tr><td>前置条件</td><td>复核保单</td></tr>
<tr><td>输入项</td><td>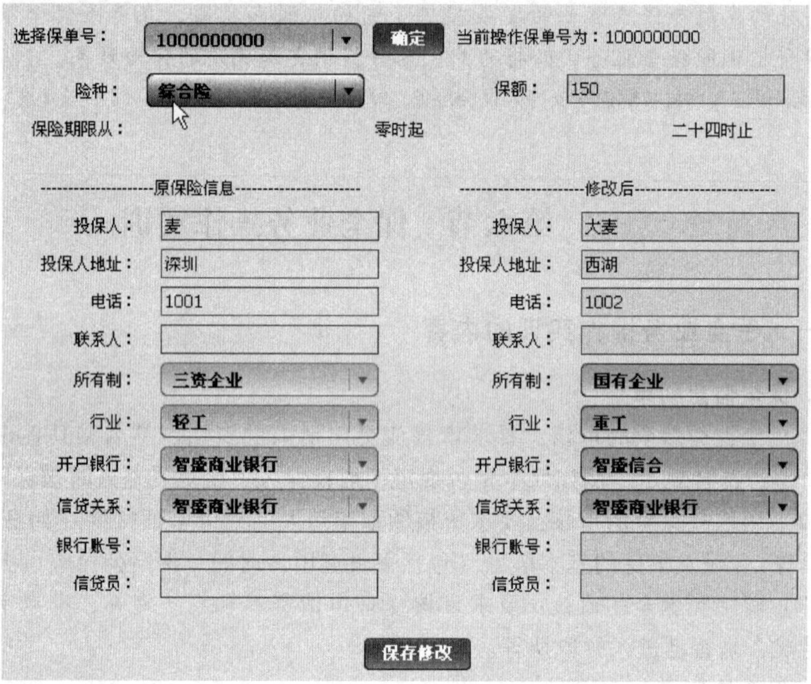
</td></tr>
<tr><td>输入项说明</td><td>无</td></tr>
<tr><td>业务处理</td><td>1. 用户录入保险单号并提交（页面不用显示被保险人、批单有效期限等）
2. 系统检查保单是否生效，如果未生效，则提示保单未复核，如果检查通过，则返回保单基本信息
3. 页面显示保单基本信息的改前值，用户可以录入保单基本信息的改后值，如果不填写改后值，则认为不修改，用户录完改后值后提交
4. 系统根据改后值保存批改记录
5. 系统返回批单详细信息
6. 用户录入经办人、复核人并提交
7. 系统转向批改列表</td></tr>
</table>

2. 特别约定（见表 6－2）

表 6－2 特别约定列示

业务说明	批改保单特别约定信息
角色权限	审核员
前置条件	复核保单操作
输入项	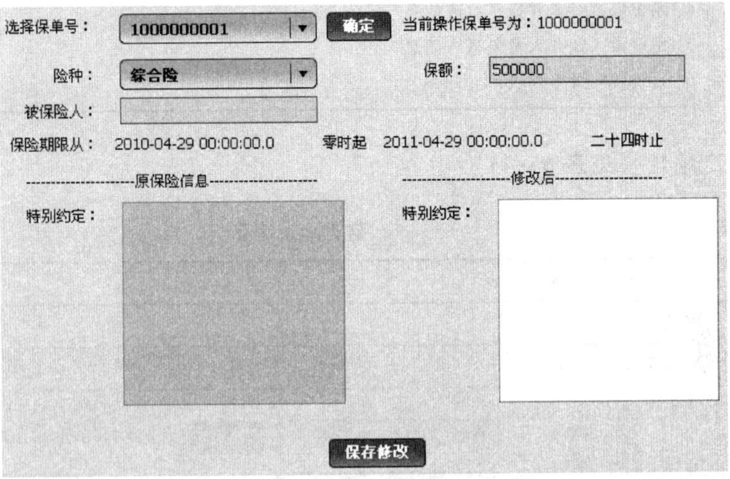
输入项说明	无
业务处理	1. 用户录入保险单号码并提交 2. 系统判断保险单是否生效，如果不生效，则在原页面提示保单未复核，如果生效，则返回保单基本信息 3. 用户修改保险单特别约定并提交 4. 系统更新特别约定信息并保存批改信息 5. 系统返回批单信息 6. 用户录入经办人及复核人并提交 7. 系统转向批单列表

3. 占用性质（见表 6－3）

表 6－3 占用性质列示

业务说明	批改复核保单的占用性质
角色权限	审核员
前置条件	复核保单操作
输入项	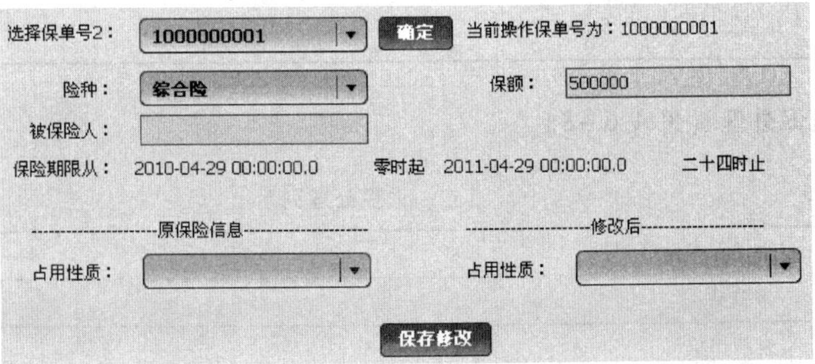

续表

输入项说明	占用性质
业务处理	1. 用户录入保险单号码 2. 系统检查保单是否生效，如果未生效，则提示保单未复核，如果退保，则提示相应状态，如果生效，则返回保单占用性质及财产清单信息 3. 用户修改保单占用性质 4. 系统保存批单并显示批改信息 5. 用户录入经办人及复核人信息 6. 系统转向批单列表

4. 财产地址（见表 6－4）

表 6－4　　财产地址列示

业务说明	批改复核保单的财产地址
角色权限	审核员
前置条件	复核保单
输入项	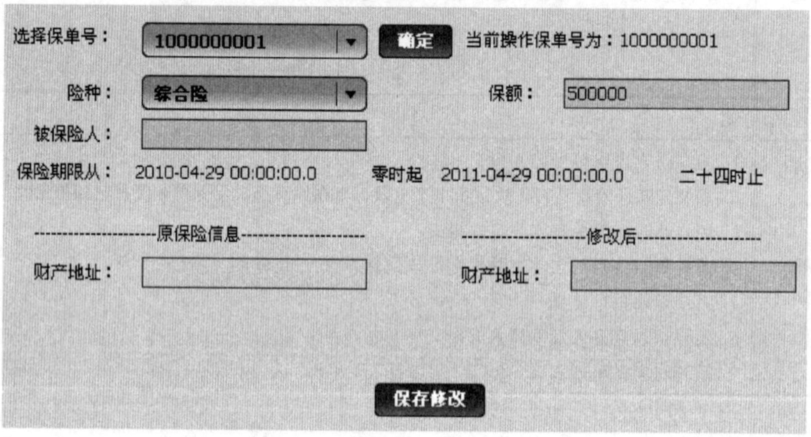
输入项说明	无
业务处理	1. 用户录入保险单号 2. 系统检查保险单是否生效，如果未生效，则提示保单未复核或退保，如果检查通过，则查询返回保单信息 3. 用户修改财产地址并保存 4. 系统保存批改记录并修改保单财产地址 5. 用户录入复核人及经办人并提交 6. 系统转向批单查询页面

5. 退保处理（见表 6－5）

表 6－5　　退保处理列示

业务说明	办理退保保单业务
角色权限	审核员
前置条件	复核保单

续表

<table>
<tr><td>输入项</td><td>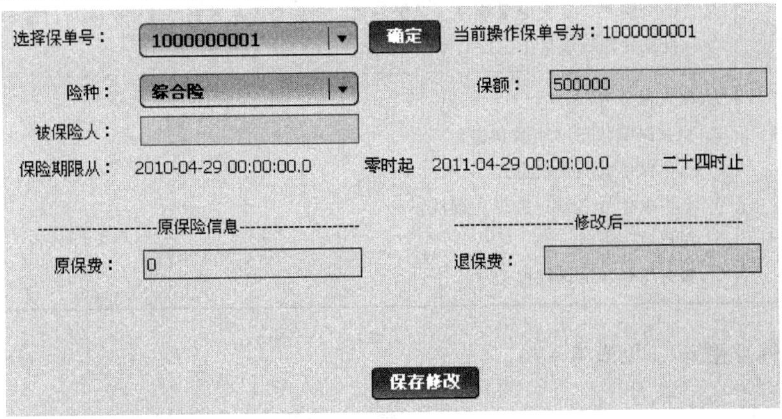
</td></tr>
<tr><td>输入项说明</td><td>无</td></tr>
<tr><td>业务处理</td><td>1. 用户录入保险单号并提交
2. 系统判断保单是否生效，如果生效，则生成批单号并返回保单期限、被保险人、原保费（退保费 = 原保费）
3. 用户录入经办人及复核人并提交
4. 系统修改保单状态为退保并保存退保记录
5. 系统返回批单列表。</td></tr>
<tr><td>输出</td><td>批单列表</td></tr>
</table>

（二）人身保险的批单处理

1. 退保登记（见表 6－6）

表 6－6　　退保登记列示

<table>
<tr><td>业务说明</td><td>退保保单</td></tr>
<tr><td>角色权限</td><td>审批员</td></tr>
<tr><td>前置条件</td><td>复核保单</td></tr>
<tr><td>输入项</td><td>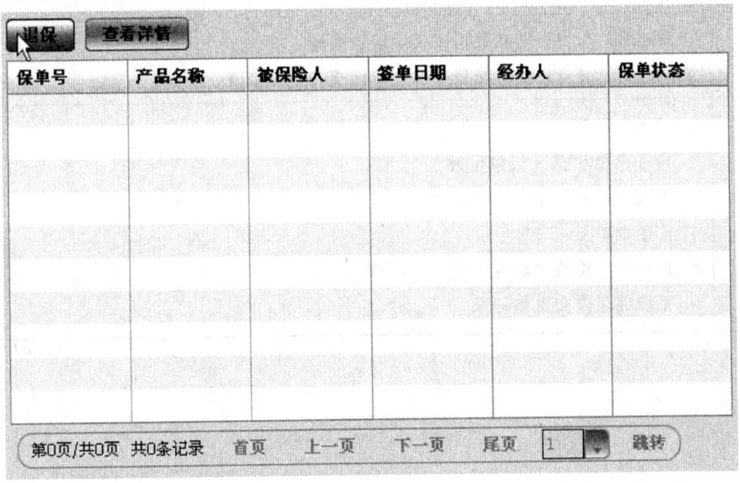
</td></tr>
</table>

续表

输入项说明	趸交已交保费、趸交退保给付、退保份数、退保金额从数据库读取，不可以编辑 注：批改日期不能早于起保日期
业务处理	1. 输入保单号 2. 检查保单状态（生效状态） 3. 返回保单及交费信息 4. 产生批单号（通过数据库读取） 5. 用户填写批改日期 6. 数据库插入退保批单记录

2. 停交登记（见表 6－7）

表 6－7　　停交登记列示

<table>
<tr><td>业务说明</td><td>办理保单停交</td></tr>
<tr><td>角色权限</td><td>审批员</td></tr>
<tr><td>前置条件</td><td>复核保单</td></tr>
<tr><td>输入项</td><td>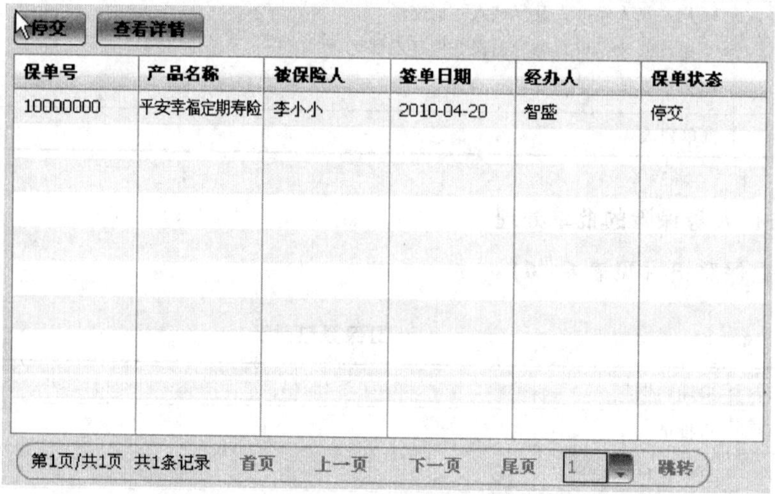
</td></tr>
<tr><td>输入项说明</td><td>交费起期及交费止期从数据库交费信息查询
交费起期、交费止期、交费标准、累计交费不可修改</td></tr>
<tr><td>业务处理</td><td>1. 录入保单号
2. 检查保单状态（保单生效）
3. 查询并返回保单及交费信息
4. 产生批单号
5. 用户录入批改日期并提交
6. 系统保存停交批单记录</td></tr>
</table>

3. 复交登记（见表 6－8）

表 6－8　　复交登记列示

<table>
<tr><td>业务说明</td><td>对停交的保单办理复交手续，使保单重新有效</td></tr>
<tr><td>角色权限</td><td>审批员</td></tr>
<tr><td>前置条件</td><td>保单已经办理停交登记及复核停交批单</td></tr>
<tr><td>输入项</td><td>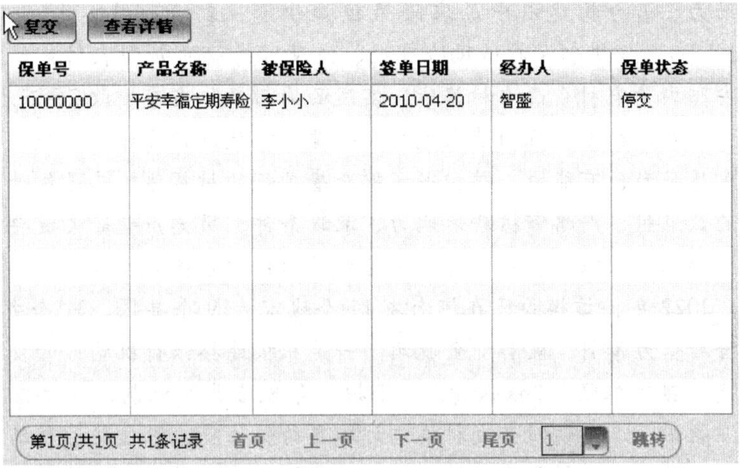
</td></tr>
<tr><td>输入项说明</td><td>交费起期、交费止期、交费标准、累计交费由数据库查询，页面不可以修改</td></tr>
<tr><td>业务处理</td><td>1. 用户在页面录入保单号
2. 系统判断保单是否为停交状态
3. 系统返回保单及交费信息并显示在页面
4. 用户录入复交起期、领取起期及批改日期
5. 系统保存批单信息</td></tr>
</table>

4. 复核批单（见表 6－9）

表 6－9　　复核批单列示

业务说明	对登记的批单进行复核，批单复核后业务完全生效
角色权限	审批员
前置条件	业务产生的批单号
输入项	
输入项说明	无
业务处理	1. 用户录入批单号 2. 系统判断批单号是否存在、是否已经复核 3. 系统返回保单信息 4. 用户录入经办人及复核人信息并提交 5. 系统根据批单信息修改保单信息并修改批单状态为复核状态（不可再复核）

【课程思政教学实例】

案例一："农业保险＋土地托管"服务模式，促进村集体经济增收

【案情介绍】作为农业大省，河南省不断摸索和尝试发展新型农村集体经济，取得了一定的成果，但是大部分村集体经济主要收入来源为村里资产资源的对外租赁或承包，村集体经济持续"造血"能力不足，经营性资产空白在村集体占比较大。为更加有效地调动金融资源，助推农村集体经济发展，中原农险从推进土地托管入手，通过资源引入、项目带动、保险保障、金融助力，着力构建以中原农险为核心纽带，政府、村集体、农业社会化服务组织"四方联动"的工作机制，打造风险可控、健康可持续的新型农村集体经济发展模式，2021年首次在安阳内黄宋村乡西沟村落地，实现西沟村集体当季增收26万元的成绩。

以要素成熟为标准，推动试点先行。一是优选试点村集体。优先选择乡镇政府支持且村支书试点意愿强烈、有能力、敢担当、群众基础好的村集体。二是优选试点地块，特别是投保履约险的试点村，严格审核耕地地力、灌溉条件、历史产量等关键要素。三是摸准资金及托管需求，协调中原银行、农商行跟进贷款，同步做好托管合作、订单资金对接或自筹资金准备工作。2022年，该模式已在河南省11个地市、19个县区、31个乡镇、56个村落地。

以保险增信为牵引，破解资金瓶颈。一是积极连接银行机构，开发推广村集体专属贷款产品，构建"银保担服""银保担""银担"等风险共担机制，引导信贷资金直接支持新型村集体经济组织。二是创新开发村集体订单履约保证险、种植托管履约信用险产品，连接订单资金，构建资金方、村集体、托管组织互信机制，实现各方可持续经营。托管履约保险的引入，不仅可吸引更多订单资金下沉到村集体经济组织，还可缓释托管组织信用风险，化解乡镇政府、村集体后顾之忧。2022年已在温县番田镇6个村集体融资850万元，并实现履约保证保险24笔，提供履约增信2000万元。

以土地托管为途径，明确职责分工。一是中原农险负责连接有实力、信用好的大中型专业化托管公司，制订综合性保险保障服务方案，对托管土地的农作物提供保险兜底保障，可完全覆盖地租、物化成本和产业资金投入履约等风险，确保项目运作无风险。二是乡镇和村集体经济组织负责托管土地集中，优先选择可在集中连片的村集体试点。三是农业社会化服务组织负责组织服务团队，开展土地耕、种、收全流程托管服务，并与村集体签订土地托管协议。2022年，该模式共服务村集体土地2.6万亩。农户不仅可以获得正常地租，还可以获得分红和务工收入。村集体方面，每村按500亩土地参与托管服务计算，通过收取管理费用及收入分成，每年两季可增加集体收益5万元以上。

以场景服务为载体，强化赋能融合。为保障试点地区全流程风险监控，中原农险不仅引入应用郑州大学豫种田系统，建立了服务大田作物数字化过程管理系统，还积极发挥惠农网服务专员贴近服务优势，逐步开展相关金融保险、生产生活等服务性工作。同时制定《惠农网融入服务壮大村集体经济（专业种植）模式落地标准》，组织惠农网专员开展信息收集服务工作，不仅能获得基础服务收入，还实现了大田作物"线上＋线下"风险有效管控。

【案情分析】"农业保险＋土地托管"创新了当前农业保险服务"三农"的模式，以土地托管为切入点，探索"政府＋保险＋银行＋服务"四位一体协同服务新型村集体经济。对仅有土地资源的村集体经济组织，将不同金融资源横向整合，既节约了客户获取、渠道维护、合作谈判等经营成本，又加强了信息互联共享，提升了业务风控水平。同时，这一模式能够提供涵盖风险分散、信用提升、资金获取等功能的综合服务，有效破解了当前在乡村金融市场中如何满足村集体经济组织融资需求的难题。同时，这一服务模式提升了农业保险服务效能，实现了农业增产增收。

案例二：客户至上，“传统＋智能”助力银发服务再升级

【案情介绍】 着眼老年客户实际服务需求，太平人寿保险公司通过“科技”与“服务”双重保障，让老年客户获得更加便利、贴心的保险服务。在线上服务部分，太平人寿通过持续优化老年客户投保及服务流程，为老年客户提供更便捷的保险服务。太平人寿的“太平通”App 上线后，关怀页面一键就能为老年客户提供连接视频服务。该公司的微信平台同时推出了“长辈模式”专区、“E 掌柜”、“秒赔”等移动保险服务，真正实现无接触式保全理赔服务。通过不断优化的各项适老化线上服务方式，保险公司力求让老年客户更好地享受保险业信息化发展的成果。

在线下服务端，太平人寿统一设立了柜面的“长者优先”窗口标识，明确老年客户柜面服务要求，并定期通过远程视频方式随机抽查机构网点的落实情况。同时，把“适老化”服务作为重点，全面开展全国示范柜面评选，鼓励机构服务创新，创建老年客户服务特色网点。广西柳州的吴爷爷来到保险公司柜面办理业务时，享受到适老化的保全服务。今年 70 岁的吴爷爷不会操作手机，也看不懂保单内容，保险代理人会在保单解读环节详细解读保单中的各项条款，并针对老年客户的健康状况、生活习惯等因素，为其制订个性化的健康管理计划。在整个保险期间，保险代理人还会定期与老人联系，及时提供服务和解决问题。

通过对客户服务持续的适老化建设，2022 年，老年客户对太平人寿的服务满意度显著提升，综合评价为 9.98 分（满分 10 分），整体显示为“非常满意”。太平人寿银发服务案例也入选了“2022 年度中国银行业保险业服务创新案例”。

【案例分析】 随着中国老龄化程度日益加深，改进服务的适老性是金融保险机构升级客户服务、彰显人文关怀的重要方面。在科学技术快速发展的背景下，将传统线下服务和智能线上服务有机结合，秉持客户至上的理念，解决好老年客户办理各类保险业务的困难，真正为老年客户排忧解难。“传统＋智能”的银发服务升级，既提高了客户服务体验和满意度，也提升了保险公司的形象和价值。

案例三：抗疫服务创新案例

【案情介绍】 在新冠疫情期间，为进一步助力科学抗疫，中国太保寿险“芯”活力服务品牌重要板块太平洋医疗健康凭借专业的医疗健康生态圈服务整合能力，针对太医蓝卡用户推出“防疫健康服务小站”，包括中西医问诊、医保复诊购药、家庭防疫包、心理疏导及抗疫资讯等现阶段客户高频需要的五大居家医疗健康服务，为客户及家人的健康加一分保障。

由于疫情所带来的生活及工作的不确定性，人们的紧张焦虑情绪也在骤增。通过线上“防疫小站”入口，专业的心理咨询师可以为有需求的客户进行心理咨询，帮助舒缓负面情绪，提供有温度的心理健康服务。太平洋医疗健康以开放式的健康管理产品体系为基础，以“保险＋健康”的双轮驱动模式，为用户提供覆盖全生命周期、泛场景化、一站式的高品质医疗健康解决方案。

【案例分析】 保险作为风险管理的有力工具，在应对新冠疫情对人民健康、心理等各方面的冲击时，能够发挥重要作用。保险公司在新冠疫情期间，提供了购药、家庭防疫包和心理疏导等“保险＋健康”服务，创新了开放式健康管理产品体系，延展了保险服务的维度，增加了保险服务的温度，真正起做到“想客户之所想，急客户之所急”，对保险客户度过疫情难关起到积极作用，也提升了保险公司的品牌价值。

【案例中的思政元素】

（1）家国情怀。当前，乡村振兴的宏伟蓝图正在我国广大乡村地区有序展开，乡村、田野是保险服务的“热土”。在全面推进乡村振兴的新征程中，农业保险是“三农”风险管理的重要工具，也为“三农”发展和土地托管等“三农”经济创新模式提供有力支持。通过案例阅读，学生可感受到在全面推进乡村振兴的国家战略中，保险业的新使命、新担当，思考和讨论保险服务“三农”的深度及广度，以及保险对全面推进乡村振兴能够发挥的积极作用。

（2）职业素养。以客户为中心，增加服务温度，既是保险服务质量的体现，也是保险职业素养的核心内容。通过案例阅读，学生能够认识到保险经营的本质是提供客户认同的高质量服务，包括具有鲜明特色和彰显客户关怀的保险保全服务；学生能够形成客户至上的服务理念和职业素养，真情守护、诚信服务于客户。

（3）创新精神。互联网、大数据、人工智能与服务业的深度融合，为中国保险业发展注入新的活力。在此背景下，中国保险行业与时代“共振”，呼唤保险服务的创新升级。通过案例阅读，学生能够感受到在科技时代和激烈的行业竞争背景下，唯有不断创新保险服务模式、服务内容和服务手段，才能向客户提供高质量的保险保全等服务。同时，通过案例讨论，学生能够思考如何利用科技手段使保险保全服务智慧化、精准化，从而培养创新精神。

第七章　保险公司核算与报表分析技能训练

实践目标

保险公司核算与报表分析可以为保险公司经营决策提供重要的财务信息，促进其降低经营费用、增加盈利，为保险经营创造良好的外部和内部环境。本章要求学生熟悉保险公司资产的界定及核算方法，熟悉保险公司的负债种类和估价方法，掌握保险公司负债的核算，训练学生保险公司财务报表的编报及分析技能。

实践要点

训练学生对固定资产、流动资产、无形资产等保险公司资产的核算及其操作，以及对未到期责任准备金、未决赔款准备金、保险保障基金和应付赔款等保险公司负债的核算，训练学生编报保险公司资产负债表、利润表和现金流量表、利润分配表等，利用具体案例锻炼学生学会分析保险公司偿债能力指标、盈利能力指标、经营效率指标、增长能力指标等，并能够对保险公司财务稳定性及其影响因素进行分析。

思政目标和要点

保险公司核算与报表分析是保险公司财务管理的基本内容，能够洞察保险公司的财务质量与稳定性，也能检验保险财务人员的职业素养、法治观念和诚信意识。通过本章的学习，学生在了解保险财务法律法规的基础上，形成知法守法的法治观念，自觉做制度与秩序的遵守者，秉持诚信做人的意识和理念，使诚信内化于心、外化于行，养成客观公正、勤勉尽责、廉洁自律的职业操守。

第一节　保险公司资产核算训练

一、了解保险公司资产的界定

（一）保险公司资产

保险公司资产是保险公司所拥有或控制的能以货币计量的经济资源。在美国法定会计制度下，资产流动性分为认可资产和不认可资产。认可资产是指管理当局准许保险公司在其法定资产负债表上计列的资产，主要包括现金以及能迅速变现并且没有价值损失的投资资产，如债券、股票、抵押贷款、担保贷款、保单质押贷款和不动产等；还有与保险公司经营关系密切的非投资资产，如从分保接受人处取得的可摊回赔款额、分保接受人未支付的佣金和费用、电子数据处理设备等。不认可资产主要是指那些流动性差，其价值全部或部分不能在法定资产负债表上计列的资产。全部价值不能计列的不认可资产主要有办公设备、家具、汽车、一定期限以上的无担保应收保费以及公司雇员的贷款和预支款等。部分不计列的不认可资产主要是一些市价低于账面价值的投资资产。区分认可资产和不认可资产可使得偿付能力确定中的资产和法定资产负债表中的资产一致，便于公司自身对偿付能力的管理。

我国保险会计制度中，保险公司的资产按流动性分为流动资产、长期投资、固定资产和递延资产四大类。流动资产是指在一年内变现或能被耗用的资产，包括现金、银行存款、预付赔款等。长期投资是指投资期限超过一年，不能在一年内变现的投资资产，或变现成本较高的投资，主要有股票投资、债券投资、长期贷款等。固定资产是指使用年限在一年以上并且单位价值超过规定限额的，使用过程中保持原有物质形态的资产，包括房屋办公设备、建筑物以及交通运输设备等。递延资产是指公司发生的不能全部计入当年损益而应作为以后年度内分期摊销的各种费用，包括固定资产修理支出、租入固定资产改良支出、开办费等。

我国在2003年《保险公司偿付能力额度及监管指标规定》中引入“认可资产”的概念，并予以不断完善。2015年颁布的《保险公司偿付能力监管规则》中，将认可资产定义为处置不受限制，并可用于履行对保单持有人义务的资产。

（二）认可资产的类别

（1）现金及流动性管理工具。现金及流动性管理工具是指保险公司持有的现金以及通常可用于现金管理的金融工具。其中，现金包括库存现金、活期存款等，流动性管理工具包括货币市场基金、短期融资券、买入返售证券、央行票据、商业银行票据和拆出资金等。

（2）投资资产。投资资产是指保险公司资金运用形成的资产，包括定期存款、协议存款、政府债券、金融债券、企业债券、资产证券化产品、信托资产、基础设施投资、权益投资、投资性房地产、衍生金融资产、其他投资资产等。

（3）长期股权投资。长期股权投资是指保险公司对被投资单位实施控制、重大影响的权益性投资，以及对其合营企业的权益性投资。

（4）再保险资产，包括应收分保准备金、应收分保账款和存出分保保证金等。

（5）应收及预付款项，包括应收保费、应收利息、保单质押贷款、应收股利、预付赔款、存出保证金、其他应收和暂付款项等。

（6）固定资产，包括自用房屋、机器设备、交通运输设备、在建工程、办公家具等。

（7）独立账户资产，是指投资联结保险等各投资账户中的投资资产。

（8）其他认可资产，包括递延所得税资产（由经营性亏损引起的递延所得税资产除外）、应急资本等。

（三）非认可资产的类别

（1）无形资产（土地使用权除外）；

（2）由经营性亏损引起的递延所得税资产；

（3）长期待摊费用；

（4）有迹象表明保险公司到期不能处置或者对其处置受到限制的资产；

（5）保监会规定的其他非认可资产。

除了对子公司的长期股权投资、寿险业务的应收分保准备金和保监会规定的其他项目外，保险公司各项认可资产以账面价值为认可价值。

二、熟悉保险公司资产的估价方法

在会计恒等式中，资产 = 负债 + 所有者权益。以“认可资产”和“认可负债”来替代恒等式中的“资产”与“负债”项目，则该恒等式可变化为：认可资产 = 认可负债 + 偿付能力额度。因此，为了准确衡量保险公司的偿付能力，要求保险公司应采用保守原则对其资产进行估价。

对具有高度变现性的认可资产，如股票、债券、抵押贷款等，一般采用较为保守的方法估价，以防止夸大资产的价值。保险公司资产中投资资产是其最主要的资产，其中股票和债券是保险公司最主要的两种投资资产。股票等交易性金融资产应按照其公允价值进行估价，比如用年末的市价来估价，或者以月末市价的平均额来估计，防止年末市价波动带来的估价偏差。债券的估价采用实际利率法，按摊余成本对持有至到期投资进行计量，使得债券价值更加稳定。对抵押贷款用未偿本金估价，利息则单独列明。对不动产用实际成本估价，并对装修、改良和折旧进行调整。对担保贷款用未偿贷款金额或担保品的市价来估价，以低者为准。

三、掌握保险公司资产的核算及其操作

（一）固定资产的核算

固定资产是指使用期限超过一年，单位价值在规定标准以上，并在使用中保持原有实物形态的资产，如房屋建筑物、机器设备、运输工具等。不属于经营中主要物品的使用期限在一年以上的资产，或单位价值在2000元以上，并且使用期限超过两年的资产也视为固定资产。保险公司固定资产的确认条件包括：持有目的是提供金融服务、出租或经营管理；使用年限超过1年和单位价值较高。一般而言，作为担保物的固定资产、作为诉讼标的的固定资产，以及被扣押、查封的固定资产，是保险公司不能任意处置的固定资产，属于非认可资产。

1. 固定资产的计量

（1）外购固定资产的成本，包括购买价款、相关税费、使固定资产达到预定可使用状态前所发生的可归属于该项资产的运输费、装卸费、安装费和专业人员服务费等。以一笔款项购入多项没有单独标价的固定资产，应当按照各项固定资产公允价值比例对总成本进行分配，分别确定各项固定资产的成本。

（2）自行建造固定资产的成本，由建造该项资产达到预定可使用状态前所发生的必要支出构成。

（3）投资者投入固定资产的成本，应当按照投资合同或协议约定的价值确定，但合同或协议约定价值不公允的除外。

（4）融资租入固定资产，按租赁协议确定的价款、运费、途中保险费、安装调试费等

计价。

（5）投资者投入的固定资产，按评估确认的净值或合同、协议约定的价值计价。

（6）接受捐赠的固定资产，以同类资产的市场价格或根据所提供的有关凭据为原价再加上保险公司支付的运费、保险费和安装费用计价。

（7）盘盈的固定资产，按照同类固定资产的重置完全价值计价。

（8）确定固定资产成本时，应当考虑预计弃置费用因素。

2. 固定资产折旧费的计提

保险公司应根据《企业会计准则第 4 号——固定资产》第十四条规定，对所有固定资产计提折旧，但是已提足折旧仍继续使用的固定资产和单独入账的土地除外。保险公司应当根据与固定资产有关的经济利益的预期实现方式，合理预计固定资产的使用年限，并恰当地选用折旧计提方法。保险公司固定资产的折旧方法包括平均年限法、工作量法、双倍余额递减法和年数总和法等。固定资产折旧方法一旦确定，不能随意变更，如需变更，应在年度财务报告中予以说明。固定资产应当按月计提折旧，并根据用途计入相关资产的成本或者当期损益。保险公司至少应当于每年年度终了，对固定资产的使用寿命、预计净残值和折旧方法进行复核。

3. 固定资产核算的具体操作

2015 年 3 月 1 日，某保险公司购进复印机一台，买价 10000 元，增值税税额 1700 元，包装费 100 元，运输费 150 元，全部款项一并汇付给对方，复印机已运到并验收使用。2015 年 7 月 31 日，该保险公司的小汽车一辆原价 120000 元，已计提折旧 50000 元，现由于市价持续下跌，每辆可收回金额 45000 元，计提减值准备。则根据保险公司固定资产入账规则，2015 年 3 月 1 日购进的复印机入账金额为 11950 元，7 月 31 日购入的小汽车入账金额为 45000 元。该保险公司某营业部的固定资产包括营业大厅 1 间、办公室 1 间、小汽车 1 辆、电脑 6 台、点钞机 4 台、监控设备 1 套，按照平均年限法对资产计提应提折旧，可分别计算出各项资产的月折旧额，如表 7 – 1 所示。

表 7 – 1　　某保险公司某营业部的固定资产折旧表

固定资产名称	计量单位	数量	单位原价	预计使用年限	预计净残值率	月折旧额
营业大厅	间	1	300000 元	30	5%	791.7 元
办公室	间	1	120000 元	30	5%	316.7 元
小汽车	辆	1	150000 元	6	5%	1979.2 元
电脑	台	6	7500 元	5	5%	118.75 元
点钞机	台	4	3600 元	5	5%	57 元
监控设备	套	1	48000 元	5	5%	760 元

（二）流动资产的核算

首先，保险公司应根据自身经营条件、业务量以及库存现金制订每一种流动资金的需用量和整体流动资金计划，合理安排暂时闲置的资金，以提高公司经济效益。其次，保险公司应合理划分各项资金的记账科目，并加强现金资产的监控管理，做到库存现金的账面余额与库存金额相符，满足营业的需求。对保险公司发生的出纳长短款、结算业务的差错额，按规定计入公司营业外收支。

（三）无形资产的核算

无形资产是指企业拥有或者控制的没有实物形态的可辨认非货币性资产，包括专利权、著作权、租赁权、土地使用权、商业信誉和非专利技术等项目。无形资产应当按照成本进行初始计量。外购无形资产的成本，包括购买价款、相关税费以及直接归属于使该项资产达到预定用途所发生的其他支出。例如，某保险公司自行研发了客户大数据处理系统，则其可确认的成本包括研发中发生的材料费 200000 元、注册费 50000 元、研发人员工资 300000 元，该资产的价值应为 550000 元。

购买无形资产的价款超过正常信用条件延期支付，实质上具有融资性质的，无形资产的成本以购买价款的现值为基础确定。自行开发的无形资产，其成本达到预定用途前所发生的支出总额，但是对于以前期间已经费用化的支出不再调整。投资者投入无形资产的成本，应当按照投资合同或协议约定的价值确定，但合同或协议约定价值不公允的除外。保险公司并购另一个保险公司时，购入商誉的成本根据购买保险公司支付的价款扣除被收购保险公司可辨认资产的公允价值减去负债后的余额确定。

第二节　保险公司负债核算训练

一、了解保险公司的负债

广义的负债既包括公司对债权人的负债，又包括对公司出资者的负债，而通常狭义的负债仅指对债权人的负债。这一负债是企业过去的交易或者事项形成的、预期会导致经济利益流出企业的现时义务，而未来发生的交易或者事项形成的义务，不属于现时义务，不应确认为负债。

我国保险公司资产负债表中把负债分为流动负债、长期负债。流动负债主要有财产险和短期性人身险业务的未到期责任准备金、未决赔款准备金、各种应付账款、预收保费、存入保证金、存入分保准备金。长期负债指寿险的长期责任准备金、长期应付款、长期借款等。在偿付能力监管目的下，保险公司的负债还可以分为认可负债和非认可负债。认可负债是指保险公司无论在持续经营状态还是破产清算状态下均需要偿还的债务，以及超过监管限额的资本工具；否则，则为非认可负债。

（一）认可负债的类别

（1）保险合同负债，包括未到期责任准备金和未决赔款责任准备金；

（2）金融负债，包括卖出回购证券、应付返售证券、保户储金及投资款、衍生金融负债等；

（3）应付及预收款项，包括应付保单红利、应付赔付款、预收保费、应付分保账款、应付手续费及佣金、应付职工薪酬、应交税费、存入分保保证金等；

（4）预计负债，指按照企业会计准则确认、计量的或有事项的有关负债；

（5）独立账户负债，包括保险公司对投资联结保险等提取的投资账户负债；

（6）资本性负债，即保险公司发行的资本工具按照保监会有关规定不能计入资本的部分；

（7）其他认可负债，包括递延所得税负债、现金价值保证、所得税准备等。

（二）非认可负债的类别

（1）保险公司根据财政部有关规定对农业保险业务提取的大灾风险保费准备金；

（2）保险公司发行的符合核心资本或附属资本标准、用于补充实际资本且符合计入资本相关条件的长期债务，包括次级定期债务、资本补充债券、次级可转换债券等；

（3）保监会规定的其他非认可负债。

（三）保险公司负债的估价

为确保保险公司的偿付能力衡量的准确性，与保险公司资产估价所遵循的准则一致，保险公司负债的估价也应采用保守原则，防止负债被低估。在保险公司的负债中，各类保险责任准备金构成了其负债的主体。因此，责任准备金的估价是保险公司负债估价的重点。《中华人民共和国保险法》第九十八条规定："保险公司应当根据保障被保险人利益、保证偿付能力的原则，提取各项责任准备金。保险公司提取和结转责任准备金的具体办法由保险监管机构制定。"

二、保险公司负债核算

（一）未到期责任准备金

未到期责任准备金是保险公司为尚未发生保险事故的保单责任提取的责任准备金。从保单责任的期限来看，未到期责任准备金不仅包括为保险期间在 1 年以内（含 1 年）的保险合同项下的保单责任提取的责任准备金，还包括为保险期间在 1 年以上（不含 1 年）的保险合同项下的保单责任提取的责任准备金。从业务角度来看，保险公司应为其经营的财产保险业务、人寿保险业务、健康保险业务和意外伤害保险业务等分别提取责任准备金。

1. 非寿险未到期责任准备金的计提

非寿险未到期责任准备金国际通行的做法是采用月比例法、逐日计算法、年平均估值法。月比例法是较为简单的提存方法，其理论依据是假定每月内每天承保的业务量是平均的，并假定承保的月内保费的有效天数为 15 天，以每月实际保费收入为基数，将一年分为 24 个半月，即 1 年期业务以 1 月份保费的 1/24、2 月份保费的 3/24 来计算提存未到期责任准备金。逐日计算法则根据有效保单的天数来计算未到期责任准备金，其准确性更高，计算公式为：未到期责任准备金 = 剩余的未到期天数/保险期天数 × 有效保单的保费。年平均估值法假定一年中所有保单每天开出的数量和保险金额大体均衡，计算公式为：未到期责任准备金 = 保费收入总额 ×50%。由于实际保单业务并不均衡，月度、季度之间都有较大差异，因此年平均估值法的误差较大。

2. 寿险未到期责任准备金的核算

寿险未到期责任准备金有两种，包括理论责任准备金和实际责任准备金。理论责任准备金的提取方法包括过去法和将来法。过去法是以死亡表和设定的利率为依据计算在过去的保险期间中全部已收纯保险费的终值，减去全部已付保险金，其余额就是当年的理论责任准备金。将来法是以死亡表和设定的利率为依据，计算一批有效保险合同在剩余保险期间未收的保险费的现值与同期保险人应承担的给付金额的现值之差，该余额就是该会计年度应当提留的理论责任准备金。

按照我国《保险公司偿付能力监管规则3号：寿险合同负债评估》的规定，长期性寿险合同中，寿险未到期责任准备金则为最优估计准备金与风险边际之和。其中，最优估计准备金要估计应以保险合同产生的预期未来净现金流为基础的现金流现值。

（二）未决赔款准备金

未决赔款准备金是指保险公司为已经发生但尚未结案的保险事故提取的准备金，包括已发生已报案未决赔款准备金和已发生未报案未决赔款准备金（IBNR 准备金）。已发生已报案未决赔款准备金计提中，重点是估计赔付金额，可采用的方法有逐案估计法、平均估值法和赔付率法等。逐案估计法根据每个未决赔案逐个估计得出未决赔款准备金；平均估值法是保险公司根据以往同类保险业务的损失经验数据计算得出损失或赔案的均值，根据未来赔付额变动的趋势进行修正后，乘以该年的未决赔款案数量，即可得出未决赔案准备金。赔付率法通过使用选择期预定的赔付率来估计未决赔款，扣除已付赔款和理赔费用即得出未决赔款准备金，即：未决赔款准备金 = 预定赔付率 × 已赚保费 - 已付赔款和理算费用。

已发生未报案未决赔款准备金的估算更为复杂，需要根据以往的经验数据估计赔案数和赔付金额，并基于风险单位、索赔程序、理赔费用和索赔频率及金额的变化进行修正。目前，非寿险业务采用的已发生未报案未决赔款准备金计提方法包括损失外推法、计数平均法和 B - F 法等。

在评估未决赔款准备金时，一般都将理赔费用准备金考虑在内，并不需要在认可负债表和偿付能力报告明细表中单独列报理赔费用准备金。另外，无论采用何种方法计提未决赔款准备金，准备金计提的准确性都会受到宏观经济、法律法规变化等外部因素和险种因素、承保因素等内部因素影响。因此在计提未决赔款准备金时，保险公司应充分、综合考虑保险公司内、外部因素，以确保其计提的充分性和合理性。

（三）保险保障基金

保险保障基金是为了保障被保险人的利益，支持保险公司稳健经营，保险公司按照保险监管机构要求提存的保险保障基金，用于抵付破产、资不抵债的保险公司保单项下应履行的义务。按照2008年我国颁布实施的《保险保障基金管理办法》，保险公司应按照经营的财产保险业务或者人身保险业务缴纳保险保障基金，缴纳保险保障基金的保险业务纳入保险保障基金救助范围："1. 非投资型财产保险按照保费收入的0.8%缴纳，投资型财产保险，有保证收益的，按照业务收入的0.08%缴纳，无保证收益的，按照业务收入的0.05%缴纳；2. 有保证收益的人寿保险按照业务收入的0.15%缴纳，无保证收益的人寿保险按照业务收入的0.05%缴纳；3. 短期健康保险按照保费收入的0.8%缴纳，长期健康保险按照保费收入的0.15%缴纳；4. 非投资型意外伤害保险按照保费收入的0.8%缴纳，投资型意外伤害保险，有保证收益的，按照业务收入的0.08%缴纳，无保证收益的，按照业务收入的0.05%缴纳。"当财产保险公司的保险保障基金余额达到公司总资产6%，人身保险公司的保险保障基金余额达到公司总资产1%的，保险公司可以暂停缴纳保险保障基金。

（四）应付赔付款

应付赔付款是保险公司已经结案但尚未支付的各种赔款和给付款项，包括已经发生保险事故并已经结案、已到支付期、保单已经满期或者已经办理退保手续尚未支付保单持有人的赔款、保险金或退保金等。财产险、健康险和意外伤害保险业务的应付赔付款主要是已经结案但尚未支付的赔款和死伤医疗给付等。人寿保险业务的应付赔偿款主要是已到保险支付期但尚未支付的保险金和养老金、应当给付的效力终止保单的现金价值、已经办理退保手续但尚未支付给保单持有人的退保金等。

（五）资本性负债

资本性负债是指保险公司募集的、清偿顺序在保单责任和其他债务之后、股权资本之前的长期性债务。资本性负债主要有次级债、可转换债券、盈余票据等形式。保险公司最主要的资本性负债是次级债，在会计报表中，应付次级债的账面余额是次级债本金和一次还本付息次级债的应计利息之和。而次级债的认可价值会随次级债剩余偿还年限的缩短而变化，保险公司应将募集的次级债按比例折算确认为认可负债，并将折算以后的账面余额作为其认可价值：剩余年限在 1 年及以内的，折算比例为 80%；剩余年限在 2 年及以上的，折算比例为 40%；剩余年限在 3 年及以上的，折算比例为 20%；剩余年限在 4 年及以上的，折算比例则为 0。

【拓展阅读】新保险合同准则下险企迎来四大变化

在 2026 年全面实施新保险合同准则的背景下，新准则的实施不仅是短期的财务报告准则转变，而是需要考虑进行业务流程整体变更、人才团队和组织架构升级、产品与服务创新和业务转型平衡。新保险合同准则将对财务业绩、运营流程和数据产生重大影响，需要综合方法和开放、可扩展的平台来管理当前和未来的需求。

2017 年 5 月，国际会计准则理事会（IASB）发布了国际财务报告准则第 17 号（IFRS17），IFRS17 将取代 IFRS4 这一阶段性的关于保险合同的财务报告准则，在 2023 年 1 月 1 日起的会计期间生效。国际上，IFRS17 在澳大利亚、加拿大等国家以及东南亚的多个国家得到了认可和实施。

中国财政部会计司自 2018 年开始启动中国保险合同准则的修订项目，并于 2020 年 12 月 24 日修订印发《企业会计准则第 25 号——保险合同》（财会〔2020〕20 号）。由此，“中国版 IFRS17”正式推出，中国保险公司后续将采用与国际趋同的会计计量方法。中国的部分保险公司已于 2023 年执行新保险合同准则，其他保险公司将于 2026 年实施。

新保险合同准则推动险企迎来四方面重大变化。一是收入确认的重大变化。对于寿险公司而言，需要调整保险服务收入确认原则，利润表中保险部分和投资部分分开列示；并且部分寿险公司历史存量保单积累较少，存量保单产生的收入堆叠效应不明显，收入下降幅度会受到较大影响。二是准备金评估的重大变化。利率波动对准备金评估和净资产的影响更为直接。三是利润展示的重大变化。不再设置“提取保险责任准备金”科目。四是数据颗粒度的重大变化。新保险合同准则将从保单数据、精算数据、财务数据、列报披露数据四个方面严格要求数据信息。保单数据将增加数量和质量要求，精算数据需要输出合同组层面大量计算结果，财务数据需按照合同组记录并拆分到保单层面，披露数据可为新保险合同准则下公司财务状况评估打下基础。这意味着保险公司细化数据颗粒度的同时，也将进一步降低利润操纵的可能性，抑制行业恶性竞争，促进保险行业的健康发展。

新保险合同准则促使保险公司加强精细化管理，从后端倒逼保险公司调整业务结构和产品策略。为有效实施新保险合同准则中关于保险合同负债计算、保险服务收入和服务费用确认等方面的规定，保险公司的财务部门、业务部门、精算部门等须紧密协作，加强精细化管理。同时，新保险合同准则将推动保险公司重新审视其负债端业务结构和产品策略，并基于不同的战略目标设计、研发新产品。此外，新准则将对企业报表的收入、利润和所有者权益产生影响，强调收入确认期间和利润来源的清晰展示，增加披露内容和透明度。

资料来源：姜鑫．新保险合同准则下险企迎来四大变化［N］．经济观察报，2023－06－09.

第三节　保险公司财务报表编报及分析技能训练

为了呈现保险公司的财务状况和经营成果，向投资者、债权人、保单持有人、保险监管机构及其他相关利益主体提供投资、决策信息，保险公司必须依照法律法规定期呈报财务报表。保险公司的财务报表包括资产负债表、利润表、现金流量表和利润分配表。其中，资产负债表和现金流量表是反映保险公司财务状况的报表，利润表和利润分配表是反映保险公司经营成果的报表。

一、熟悉资产负债表及其编报

资产负债表是总括反映保险公司在某一特定日期财务状况的会计报表。资产负债表可以反映某一日期的资产总额、负债总额以及结构，表明保险公司拥有和控制的经济资源以及未来需要用多少资产或劳务清偿债务；也可以反映所有者权益的情况，表明投资者在保险公司资产中所占份额，了解所有者权益的构成（见表7－2）。资产负债表还可以帮助报表使用者全面了解保险公司的财务状况，分析保险公司的债务偿还能力，从而为未来的经济决策提供参考。

表7－2　资产负债表

编制单位：　　　　年　　月　　　　单位：人民币百万元

资产	期末余额	期初余额	负债和所有者权益	期末余额	期初余额
资产：			负债：		
货币资金			短期借款		
拆出资金			拆入资金		
交易性金融资产			交易性金融负债		
衍生金融资产			衍生金融负债		
买入返售金融资产			卖出金融资产款		
应收利息			预收保费		
应收保费			应付手续费及佣金		
应收代位追偿款			应付分保账款		
应收分保账款			应付职工薪酬		
应收分保未到期责任准备金			应交税费		
应收分保未决赔款准备金			应付赔付款		

续表

资产	期末余额	期初余额	负债和所有者权益	期末余额	期初余额
应收分保寿险责任准备金			应付保单红利		
应收分保长期健康险责任准备金			保户储金及投资款		
保户质押贷款			未到期责任准备金		
定期存款			未决赔款准备金		
可供出售金融资产			寿险责任准备金		
持有至到期投资			长期健康险责任准备金		
长期股权投资			长期借款		
存出资本保证金			应付债券		
投资性房地产			独立账户负债		
固定资产			递延所得税负债		
无形资产			其他负债		
独立账户资产			负债合计		
递延所得税资产			所有者权益（或股东权益）：		
其他资产			资本公积		
			减：库存股		
			盈余公积		
			一般风险准备		
			未分配利润		
			所有者权益（或股东权益）		
资产总计			负债和所有者权益（或股东权益）总计		

资产负债表的基本结构是以会计平衡公式“资产 = 负债 + 所有者权益”为理论基础的。资产负债表的格式主要有账户式和报告式两种。在我国，资产负债表采用账户式排列，左边列示资产，右边列示负债及所有者权益，资产各项目的合计等于负债和所有者权益各项目的合计。资产项目按流动性大小排序，流动性强的现金、银行存款、短期投资排在前面，长期投资、固定资产等流动性小的项目排在后面。负债项目显示了保险公司长短期负债的数量和偿还期限的长短。

二、熟悉保险公司的利润表及其编报

利润表是反映保险公司在一定时期内的经营成果及其形成情况的会计报表。利润作为保险公司经营业绩的综合反应和利润分配的主要依据，提供有关保险公司经营业绩的主要来源和构成（见表 7 - 3）。通过分析利润表，可以从总体上了解保险公司收入、成本和费用以及净利润的实现及构成情况，表明保险公司的经营成果。通过利润表提供不同时期的比较，可以分析保险公司未来盈利能力和利润的未来发展趋势，了解投资者投入资本的保值增值情况。

表 7－3　利润表

编制单位：　年　月　单位：人民币百万元

项目	本期金额	上期金额
一、营业收入		
已赚保费		
保险业务收入		
其中：分保费收入		
减：分出保费		
提取未到期责任准备金		
投资收益（损失以“－”号填列）		
其中：对联营企业和合营企业的投资收益		
公允价值变动收益（损失以“－”号填列）		
汇兑收益（损失以“－”号填列）		
其他业务收入		
二、营业支出		
退保金		
保险合同赔付支出		
减：摊回赔付支出		
提取保险责任准备金		
减：摊回保险责任准备金		
保单红利支出		
分保费用		
营业税金及附加		
手续费及佣金支出		
业务及管理费		
减：摊回分保费用		
其他业务成本		
资产减值损失		
三、营业利润（损失以“－”号填列）		
加：营业外收入		
减：营业外支出		
四、利润总额（损失以“－”号填列）		
五、净利润（损失以“－”号填列）		
六、每股收益：		
（一）基本每股收益		
（二）稀释每股收益		
七、其他综合收益		
八、综合收益		

我国保险公司利润表是依照会计配比原则编制的，采用多步式报表，即将损益的计算分解为四个层次。第一层次是计算承保利润。承保利润等于保险业务收入减去保险业务支出和准备金提转差。第二层次是计算营业利润。营业利润等于承保利润加上投资收益、利息收入、其他收入、汇兑收益减去利息支出和其他支出。第三层次是计算利润总额。利润总额等于营业利润加上营业外收入减去营业外支出。第四层次是计算净利润，即利润总额减去所得税。

三、了解保险公司的现金流量表及其编报

现金流量是指保险公司现金和现金等价物的流入和流出。保险公司经营过程中的各项业务都会影响现金的流入和流出，按照经营业务发生的性质，通常把现金流量分成三类：经营活动产生的现金流量、投资活动产生的现金流量和筹资活动产生的现金流量（见表 7－4）。其中，经营活动是指保险公司的投资活动和筹资活动以外的所有交易和事项；投资活动是指保险公司长期资产的构建和不包括在现金等价物范围内的投资、贷款及其处置活动，包括实物资产投资和金融资产投资；筹资活动是指导致保险公司的资本及债务规模和构成发生变化的活动。

表 7－4　　现金流量表

编制单位：　　　　年　　月　　　　单位：人民币百万元

项目	本年金额	上年金额
一、经营活动产生的现金流量		
收到原保险合同保费取得的现金		
收到再保险业务现金净额		
保户储金及投资款净增加额		
收到其他与经营活动有关的现金		
经营活动现金流入小计		
支付原保险合同赔付款项的现金		
支付手续费及佣金的现金		
支付保单红利的现金		
支付给职工以及为职工支付的现金		
支付的各项税费		
支付其他与经营活动有关的现金		
经营活动现金流出的小计		
经营活动产生的现金流量净额		
二、投资活动产生的现金流量		
收回投资收到的现金		
取得投资收益收到的现金		
收到其他与投资活动有关的现金		
投资活动现金流入小计		
投资支付的现金		

续表

项目	本年金额	上年金额
质押贷款净增加额		
构建固定资产、无形资产和其他长期资产支付的现金		
支付的其他与投资活动有关的现金		
投资活动现金流出小计		
投资活动产生的现金流量净额		
三、筹资活动产生的现金流量		
吸收投资收到的现金		
发行债券收到的现金		
收到的与其他筹资活动有关的现金		
筹资活动现金流入小计		
偿还债务支付的现金		
分配股利、利润或偿付利息支付的现金		
支付的其他与筹资活动有关的现金		
筹资活动现金流出小计		
筹资活动产生的现金流量净额		
四、汇率变动对现金及现金等价物的影响额		
五、现金及等价物净增加额		
加：期初现金及现金等价物增加额		
六、期末现金及现金等价物余额		

现金流量表是财务报表体系的重要组成部分，以现金的流入和流出反映保险公司在一定时期内经营活动、投资活动和筹资活动的动态情况，反映保险公司现金流入和流出的全貌。因此，现金流量表可以说明保险公司一定时期内现金流入和流出的原因，有助于预测保险公司未来的现金流量，可以直接揭示企业当前的获取现金的能力、偿债能力、资金周转能力和支付能力。

现金流量表中各项目是以“现金流入 - 现金流出 = 现金流量净额”这一等式要求编排的，主要由五部分构成。第一部分是经营活动产生的现金流量，包括原保险业务和再保险业务；第二部分是金融资产和实物资产的投资活动产生的现金流量；第三部分是包括吸筹投资、发行股票等筹资活动产生的现金流量；第四部分是汇率变动对现金及现金等价物的影响额；第五部分是现金及等价物净增加额。前三部分的现金流量分为现金流入和现金流出两部分，通过现金流入减去现金流出得出现金流量净额。

四、了解利润分配表及其编报

利润分配表是反映保险公司利润分配情况以及年末未分配利润结余情况的报表。利润分配表是利润表的一张附属表，主要项目有净利润、可供分配利润、可供投资者分配的利润和未分配利润四项（见表7-5）。利润分配表的结构形式采用多步式：第一步是计算可供分配的利润；第二步是计算可供投资者分配利润；第三步是计算年末结余的未分配利润。

表 7-5 利润分配表

编制单位： 年 月 单位：人民币百万元

项目	本年实际	上年实际
一、净利润		
加：年初未分配利润		
盈余公积转入		
二、可供分配利润		
减：提取法定盈余公积		
提取法定公益金		
提取总准备金		
提取任意盈余公积		
三、可供投资者分配的利润		
减：应付利润		
四、未分配利润		

资产负债表、利润表和现金流量表作为保险公司对外提供的会计报表，从不同角度反映了保险公司的财务状况、经营成果和现金流量。资产负债表反映了保险公司经营活动对资产、负债、所有者权益的影响结果在某一时点的状况，利润表反映了保险公司在一定时期的经营规模和经营成果，说明了保险公司财务状况变动的原因，而现金流量表反映了保险公司现金流入和现金流出的原因和全貌，三者互为补充，共同为保险公司的投资者、经营者和其他利益相关者提供决策参考。

五、掌握财务报表分析的主要方法

保险公司财务报表分析是通过保险公司财务报表所提供的财务指标及其他有关经济信息，对保险公司财务状况和经营成果做出分析、比较和评价，目的在于判断公司的财务状况，发现经营活动中的问题和得失，为财务管理、决策提供依据。

根据保险公司的经营特点，其主要采用的财务分析方法有趋势分析法、因素分析法和比率分析法等。比率分析法是财务分析中最基本、最重要的方法，通过计算影响财务状况的两个相关因素的比率，以评价公司的财务状况和经营状况、资产负债率、流动比率及资本报酬率等。趋势分析法是根据保险公司连续数期的财务报表，运用指数或完成率的计算，比较各期有关项目的增加方向和幅度，从而揭示当期财务状况和营业情况的增减变化及其发展趋势。因素分析法是一种分析几个相互联系的因素对某项经济指标影响程度的方法，常用的有连环替代法。从保险公司财务报表分析的指标来看，有偿债能力指标、盈利能力指标、经营效率指标、增长能力指标四大类。

（一）偿债能力指标

1. 资产负债率

资产负债率是保险公司负债总额和资产总额的比例，反映资产中通过债务筹集的比例。

资产负债率 = 负债总额 ÷ 资产总额 ×100%

资产负债率是衡量公司所有者承担风险的程度和偿债风险，由于保险公司具有负债经营的特点，一般认为非寿险公司的资产负债率不应大于 75%，而寿险公司可以适当高一些。

2. 流动比率

流动比率是衡量保险公司在某一时点清偿即将到期债务的能力。

流动比率 = 流动资产 ÷ 流动负债

由于保险公司的流动资产主要由货币资金、短期投资和应收项目组成，相对变现比较容易，因此正常流动比率不低于 1，即可基本保证短期偿债能力。当然，还要参考同行业其他保险公司应收项目比例的高低进行判断。

3. 固定资产比率

保险公司是先收取保费再提供保障的特殊负债经营企业，因此不定资产在净资产中的比例不易过高，以保证其具有良好的流动性和变现能力。

固定资产比率 = （固定资产净值 + 在建工程余额） ÷ 净资产 × 100%

4. 自留保费比率

自留保费比率 = 自留保费 ÷ （资本金 + 公积金） × 100%

自留保费比率的数值越大，表示保险公司承担的风险越大。《中华人民共和国保险法》规定"经营财产保险业务的保险公司当年自留保费，不得超过其实有资本加公积金总和的四倍"，即该指标不能大于 400%。

（二）盈利能力指标

1. 销售净利率

销售净利率反映保险公司单位营业收入所带来的净利润，表明营业收入的收益水平。

销售净利率 = 净利润 ÷ 营业收入 × 100%

通过分析销售净利率的变动，可以促使保险公司在取得营业收入的同时，关注经营管理的改善，提高其盈利水平。

2. 净资产收益率

净资产收益率是净利润与平均资产净值的百分比，也可以使用年末股东权益代替资产净值。该指标既能反映净资产的获利能力，又能衡量保险公司负债资金成本的高低。一般来说，保险公司的净资产利润率越高越好。

3. 每股收益

每股收益是反映企业盈利能力的指标，是投资者进行投资决策的重要指标依据。每股收益在判断企业盈利能力时，应进行同行业的横向比较和不同时期的纵向比较。

每股收益 = 净利润 ÷ 总股本

4. 资产净利率

资产净利率是反映一定期间资产利用综合效果的指标，该指标可以与本企业以往、同行业其他企业进行对比。

资产净利率 = 净利润 ÷ 平均资产总额 × 100%

（三）经营效率指标

1. 综合费用率

综合费用率反映的是保险公司经营效率的高低，一般越低越好。对于开业三年以上的保险公司，该指标值的正常范围应小于 35%；对于开业不到三年的公司，该指标的正常范围应小于 50%。

综合费用 = 业务及管理费用 + 手续费及佣金支出 + 分保费用 + 营业税金及附加 - 摊回分保费用

$$综合费用率 = \frac{综合费用}{本年自留保费 - 提取未到期责任准备金}$$

2. 综合赔付率

综合赔付率是考核非寿险公司业务质量的重要指标，也是影响保险公司经营水平和盈利能力的重要指标。计算综合赔付率首先要计算综合赔款支出，即：综合赔款支出 = 本年赔款支出 + 提取未决赔款准备金 + 分包赔款支出 - 摊回分保赔款。

$$综合赔付率 = \frac{综合赔款支出}{本年自留保费 - 提取未到期责任准备金}$$

3. 给付率

给付率 =（满期给付 + 医疗给付 + 年金给付）÷ 寿险、长期健康险长期责任准备金 × 100%

给付率是考核寿险业务和长期健康险业务质量的指标。当给付率较低时，既可能是保险公司的核保和理赔控制较好，与预定死亡率相比，实际死亡率较低；也可能是保险公司当期保险收入较高，计提的长期责任准备金较多所致。因此，要客观运用该指标判断长期险种的承保质量。

4. 退保率

退保率是衡量保险公司退保情况的指标，适用于寿险业务和长期健康险业务。如果退保率较高，说明保险公司承保质量不高，保险公司的获利能力不强、经营不景气。因此，保险公司在追求业绩的同时，也应高度关注退保率的变化，提高承保质量。

退保率 = 本年度退保金支出 ÷（年初寿险、长期健康险责任准备金 + 本年长期保费收入）× 100%

（四）增长能力指标

1. 股东权益增长率

$$股东权益增长率 = \frac{本期股东权益增加额}{股东权益期初余额} \times 100\%$$

股东权益增长率反映的是保险公司股东权益规模的增长趋势和增长水平。若该指标波动较大，则说明公司发展可能并不稳定，可能不具备良好的增长能力。另外，保险公司评价自身增长能力时，应利用趋势分析法将其不同时期的股东权益增长率进行比较，才能得出更有说服力的结论。

2. 净利润增长率

净利润增长率是保险公司经营业绩的结果，是其成长性的基本表现。为了更准确地反映保险公司净利润的增长趋势，应将公司连续多期的净利润增长率进行比较，排除偶然性、个别性的因素影响，更真实地反映净利润和主营业务利润的增长情况。

$$净利润增长率 = \frac{本期净利润增长额}{基期净利润} \times 100\%$$

3. 保费收入增长率

保费收入是保险公司最主要且最重要的资金来源，是履行保险赔付义务的基础，也是保险公司增长和发展的基石。

保费收入增长率 =（本年保费收入 - 上年保费收入）÷上年保费收入 ×100%

值得注意的是，保费收入增长率也并非越高越好。当该指标过低时，说明保险公司业务增长缓慢，可能影响公司的长期积累和发展；当保险公司的新增业务过快导致保费收入增长率指标过高时，也可能因为责任准备金的相应增加而影响保险公司的偿付能力，同样不利于保险公司发展。因此，保险公司应结合自身的发展目标，制订合理的业务发展计划，将保费收入增长控制在适度的范围。

4. 资产增长率

资产增长率是用来考核保险公司资产投入增长幅度的财务比率，该指标越大说明资产规模增加幅度越大。需要注意的是，评价一个公司的资产规模增长是否适当，必须与销售增长、利润增长等情况结合起来一起分析。

$$\text{资产增长率} = \frac{\text{本期资产增加额}}{\text{资产期初余额}} \times 100\%$$

第四节　保险公司财务稳定性分析

一、理解保险公司财务稳定性的度量

保险公司的财务稳定性是指保险公司所积累的保险基金是否能够足以履行可能发生的赔偿责任。保险公司的财务稳定性既刻画了保险公司纯保险费收入与发生赔款支出之间的对等关系，也反映了保险公司所累积的总准备金与突发特大风险所造成的损失所需赔款之间的对等关系。与偿付能力所强调的超过正常年景的赔偿数额时应当具有的经济补偿能力不同，财务稳定性注重的是正常年景的情况下保险费收入能否抵付赔款的支出。

保险公司是经营风险的企业，风险的不确定性和其他厘定费率资料的误差、技术的不完善，使得实际赔付金额与预期赔付金额之间存在偏差，这一偏差往往通过稳定性指标来度量：

$$\text{财务稳定性指标} = \frac{\text{赔付金额的均方差}}{\text{赔付基金}}$$

其中，赔付金额的均方差是实际赔付金额与预期赔付金额之间差额的平均数，赔付基金是通过损失率的测定计算出纯保费累积建立起来的。

假定保险公司承保 n 个相互独立的保险标的，每个标的的保险金额均为 a 元，损失概率为 p，纯费率为 q，则标的损失期望值为 $n \cdot p$，均方差为 $a\sqrt{np(1-p)}$。以 k 值表示保险公司财务稳定性指标，其数学公式可表示为：

$$k = \frac{a\sqrt{np(1-p)}}{anq} = \frac{\sqrt{np(1-p)}}{nq}$$

k 值越小，说明保险经营结果的波动性越小，反之则保险经营的波动性越高。一般认为，k 值小于 0.1 所表示的财务稳定性是较好的。

二、了解保险公司财务稳定性指标的影响因素

保险公司财务稳定性指标的影响因素主要包括承保风险单位的独立性、承保风险的同质

性以及承保风险的大量性。

（1）承保风险单位的独立性。承保风险单位独立性指一个风险事件的发生不影响另一风险事件的发生。然而，一些巨灾风险往往波及范围大，每个标的的风险难以独立划分，这将会使保险公司遭受连锁反应带来的损失，使实际赔款支出与预期赔款支出产生较大差异，从而影响财务稳定性。

（2）承保风险的同质性。承保风险的同质性要求各风险单位具有相似或相等的出险频率和损失幅度，才能最大限度使得预期损失趋近于实际损失，但实际业务中这一点很难实现。如果风险单位不同质，一旦高额损失发生，必然影响财务稳定性。

（3）承保风险的大量性。根据大数法则的要求，大量承保风险单位风险，可以保证预期损失概率的准确性和可靠程度，因此承保风险越大量财务稳定性可能越强。

（4）投资风险。在保险公司财务稳定性指标的计算公式中，赔付基金是重要变量，但通过扩大赔付基金以提高财务稳定性，并不利于保险公司的竞争。因此，通过对赔付基金的有效投资，提高投资收益，是增强财务稳定性的可行方式。

第五节　保险公司报表分析操作实训

一、财务报表分析实训

根据 A 保险公司的资产负债表和利润表（见表 7－6、表 7－7），计算 A 公司的偿债能力指标、盈利能力指标、经营效率指标以及增长能力指标。

表 7－6　　**A 保险公司资产负债表**　　单位：人民币百万元

资产	期末余额	期初余额	负债和所有者权益	期末余额	期初余额
资产：			负债：		
货币资金	475057	442707	短期借款	42610	40901
拆出资金	76636	45841	拆入资金	13061	15119
交易性金融资产	73402	51215	交易性金融负债	8506	4747
衍生金融资产	8272	4311	衍生金融负债	4527	2770
买入返售金融资产	142050	197177	卖出金融资产款	119236	109672
应收利息	40688	35387	预收保费	34324	24452
应收保费	34072	30740	应付手续费及佣金	6673	4725
应收代位追偿款			应付分保账款	9212	8746
应收分保账款	7977	7520	应付职工薪酬	26990	17013
应收分保合同准备金	17872	15587	应交税费	20568	15623
保户质押贷款	52092	37886	应付赔付款	32276	27737
定期存款	166811	209097	应付保单红利	33028	38673
可供出售金融资产	516364	351435	保户储金及投资款	410365	353148

续表

资产	期末余额	期初余额	负债和所有者权益	期末余额	期初余额
持有至到期投资	916669	783497	保险合同准备金	998296	844748
长期股权投资	26858	12898	长期借款		
存出资本保证金	12093	11589	应付债券		
投资性房地产	27509	17371	独立账户负债		
固定资产	32291	26408	递延所得税负债	52390	36635
无形资产	29774	30794	其他负债	264413	88119
独立账户资产	53987	47250	负债合计	2302693	1844331
递延所得税资产	15663	12354	所有者权益（或股东权益）:		
其他资产	117833	84585	资本公积	217965	279374
			盈余公积	8498	14000
			一般风险准备	28248	29196
			未分配利润	286566	288748
			所有者权益（或股东权益）	541277	611318
资产总计	2843970	2455649	负债和所有者权益合计	2843970	2455649

表 7－7　　A 保险公司利润表　　单位：人民币百万元

项目	本期金额	上期金额
一、营业收入		
保险业务收入	386012	326423
其中：分保费收入	63	38
减：分出保费	(25208)	(24660)
提取未到期责任准备金	(10958)	(12984)
投资收益	137844	78735
公允价值变动收益	125	615
汇兑收益	256	(191)
其他业务收入	47583	37636
营业收入合计	535717	405612
二、营业支出		
退保金	(16578)	(10188)
保险合同赔付支出	(118125)	(102659)
减：摊回赔付支出	13016	12532
提取保险责任准备金	(140108)	(108419)
减：摊回保险责任准备金	2127	1596
保单红利支出	(8455)	(5871)

续表

项目	本期金额	上期金额
分保费用	(11)	(4)
营业税金及附加	(20815)	(15915)
手续费及佣金支出	(50633)	(34937)
业务及管理费	(112737)	(85665)
减：摊回分保费用	9148	7963
财务费用	(7539)	(6974)
其他业务成本	(39785)	(27104)
资产减值损失	(36548)	(24896)
营业支出合计	(527043)	(400541)
三、营业利润	8674	5071
加：营业外收入	859	512
减：营业外支出	(393)	(500)
四、利润总额	9140	5083
减：所得税	2742	1270
五、净利润	6398	3813

（一）偿债能力分析

根据保险公司偿债能力度量的指标，根据公式分别计算资产负债率、流动比率、自留保费比率。其中，计算流动比率时，保险公司的流动资产主要由货币资金、短期投资和应收项目组成；计算自留保费比率时，自留保费是扣除分保费收入和分出保费的保险业务收入。一般地，资产负债率不大于75%，流动比率不低于1，自留保费比率不大于400%，则表示偿债能力良好。表7－7显示A保险公司整体偿债能力良好。

（二）盈利能力分析

按照保险公司盈利能力度量的指标，根据公式分别计算A保险公司的销售净利率、净资产收益率、资产净利率。一般来说，销售净利率和净资产收益率越高越好，资产净利率应进行横向和同行业纵向比较得出结论。A公司的销售净利率和资产净收益率仅为约1.2%，资产净利率为0.22%，盈利能力相对不足。

（三）经营效率分析

基于保险公司经营效率度量的指标，根据公式分别计算A公司的综合费用率、综合赔付率。由计算可得出，A公司的综合费用率为69.23%，高于50%，综合赔付率为47.18%。整体而言效率不高，这主要是因为该公司综合费用支出过大，而自留保费较少。

（四）增长能力分析

根据保险公司增长能力指标，分别计算A公司的股东权益增长率、净利润增长率、保费收入增长率以及资产增长率。其中，股东权益增长率、保费收入增长率以及资产增长率均超过了15%，而净利润增长率则超过了65%，整体增长能力良好（见表7－8）。

表 7－8　　A 保险公司财务指标计算结果

分类	财务指标	计算公式	结果输出
偿债能力	资产负债率	负债总额/资产总额	80.97%
	流动比率	流动资产/流动负债	1.802108
	自留保费比率	自留保费/（资本金＋公积金）	1.592936
盈利能力	销售净利率	净利润/营业收入	1.19%
	净资产收益率	净利润/平均资产净值	1.18%
	资产净利率	净利润/平均资产总额	0.22%
经营效率	综合费用率	综合费用/（本年自留保费－提取未到期责任准备金）	69.23%
	综合赔付率	综合赔款支出/（本年自留保费－提取未到期责任准备金）	47.18%
增长能力	股东权益增长率	本期股东权益增加额/股东权益期初余额	15.81%
	净利润增长率	本期净利润额/基期净利润额	67.79%
	保费收入增长率	本期保费收入增长额/上年保费收入	18.26%
	资产增长率	本期资产增加额/资产期初余额	15.81%

二、保险公司财务稳定性分析实训

B 保险公司承保 3 类保险标的，请根据表 7－9 所给条件，计算保险公司财务稳定性指标，并评价 B 保险公司的财务稳定性及其可能的影响因素。

表 7－9　　B 保险公司承保标的的情况

组别	标的数量（件）	每件标的平均保额（元）	总保额（元）	年净保费（元）	均方差
1	1400	10000	14000000	28000	16700
2	2000	8000	16000000	32000	16000
3	4000	5000	20000000	40000	14100
合计	7400		50000000	100000	27000

保险公司的财务稳定性是通过稳定性指标来度量的，反映了实际赔付金额与预期赔付金额之间的偏差。财务稳定性 k 值可由赔付金额均方差和赔付基金的比值计算得出，k 值越小，说明保险经营结果的波动性越小。一般认为，k 值小于 0.1 所表示的财务稳定性较好。根据 B 保险公司的承保标的情况，可得出第 1 组至第 3 组的 k 值分别 0.6、0.5、0.35，全部标的合计计算出的 k 值为 0.27。因此，B 公司财务可能的波动性相对较大。

保险公司财务稳定性指标的影响因素主要包括承保风险单位的独立性、承保风险的同质性以及承保风险的大量性。由于 B 公司赔付金额的均方差较大，反映出其承保风险的差异性较大，且标的数量相对较少，尤其是第 1 组标的仅有 1400 件，导致该公司未来可能出现较大的财务波动。

【延展阅读】科技助力保险公司实现财资管理之道

保险行业正处在一个大变革的时代，保险财务管理不要再用传统的财务思路，而要创新思维，特别是思考财务和业务如何更好地结合。

保险财务管理关键性挑战

科技时代，保险财务面临各类挑战。第一，在互联网保险销售场景下，消费者的支付习惯发生了变化，进而要求保险公司提供更丰富多样、便捷高效的支付方式。对于新型业务模式的出现，如何快速匹配建设相对应的实时收付渠道，成为保险公司财务及信息部门越来越急迫的需求。第二，“偿二代”监管体系《12 号流动性风险》明确指出，保险公司应当制定流动性管理策略，资金风险管理已经成为财务管理的一大迫切需求。第三，“96 费改”之后，财险公司刷卡收费成本大幅上升，寻找低费率且方便快速的收款渠道及方式是目前广大财险公司财务的重要工作。第四，如何构建财务共享中心，及在此模式下的财务管理的职责分工和流程设计等，是很多保险公司财务关心的问题。第五，资产负债久期匹配尚不完善，在资金运用、偿付能力监管要求下，平衡长、短期收益目标，强化跨市场资产组合和配置能力，真正发挥战略资产配置作用，重视“资产驱动负债模式”，做好负债端产品开发和结构调整，其重要性也在日益凸显。第六，互联网化、移动化费控管理模式成为保险公司费用管理的需求。第七，IFRS17 对保险公司的产品设计、业务管理、内部控制、信息系统等方面造成影响；同时，新金融工具准则和新保险合同准则两者之间的联动，其影响也不容忽视。

技术在保险行业的应用前景

科技是第一生产力，对企业的创新具有巨大的推动作用。

第一，大数据。大数据有四个特征：海量的数据规模、快速的数据转换、多样的数据类型、大数据的集中能够提炼价值。保险行业天生就是一个对数据敏感的行业，可以利用大数据原则优化产品设计和客户运营。通过对构建的大数据统计与分析，采取科学的预测方法，建立数学模型，使财务管理者能够对企业现金流的现状做到了如指掌，对资金风险控制更加精细。

第二，SaaS 技术。SaaS 技术的应用，在于帮助保险公司低成本且快速地实现周边系统的建设。特别是在保险业务收付过程中，由于外围环境的快速变化，采用 SaaS 技术，才有可能跟上快速变化的市场，从而在同业竞争中占得先机。

第三，区块链。区块链作为一个可追溯、不可篡改的分布式账本，可以开发相应的网络互助应用，最大化保证资金、协议、信息的绝对安全，提供风险控制能力，例如“同心互助”。

第四，云计算。从我国保险公司的财务数据处理的特点而言，不但处理方法复杂、非线性明显，且数据交互性以及标准异常概率都特别大。这些都适合引入云计算架构。目前较典型的如众安在线保险，是运用云计算的先行者。其通过强大的云计算，可以像用电一样灵活增减计算资源，理论上可以无限扩展性能，一旦实时监控到业务处理瓶颈，可以做到分钟级扩展一台新的服务器，并快速投入业务处理中。

保险公司如何实现财资管理之道

保融科技运用最新科技为保险公司提供相应的解决方案，以资金管理为核心，以平台为中心连接前端的各个平台、收付款渠道，实现统一结算管理，打通资金的全流程，助力保险公司实现财资管理之道。具体来讲，统一结算管理平台前端对接所有的展业平台，后端对接所有的收付渠道，整合对接内外平台与渠道；融汇通给行业提供量身定制的收付渠道解决方案，通过两者的整合，帮助保险公司做好收付结算。通过资金管理对保险公司头寸的余额、资金收付的进出路径及情况做到充分的了解与掌握，在知道钱的基础上，实现资金管理再上一个台阶——管住钱。基于统一结算平台和资金管理提供的大量预测数据，通过预测模型的演算，对保险公司现金流有更为精准的把握，在保障现金流安全的前提下，最大化地调度资金进行投资理财，以产生最大化的资金收益，管好钱、理好财、投好资。

保融科技坚持经营保险行业至今十余载，致力于向财务部门提供创新的平台。保融科技自2007年开始为保险行业提供资金管理系统，2014年开始向市场推出共享结算平台，目前软件产品已经具有50家保险公司上线用户，在所有已实施资金结算管理的保险公司中占据了60%以上的市场份额。2010年开始研发融汇通平台，2011年向保险市场推出，到如今60余家上线用户，年处理3000亿元以上的资金结算规模。融汇通给保险公司带来了传统银行及第三方支付模式以外的另一种新的模式，并逐步得到广大用户的认可。

同时，保融科技正积极应用最新的大数据、SaaS技术，开发并推出现金流预测管理平台和共享结算云平台。针对POS刷卡的高手续费及各种使用不便的状况，保融科技研发了融易保收款App产品。目前，该产品已经在部分保险公司试点，也即将向保险行业进行全面推广。保融科技总经理方汉林表示，未来，保融科技希望在保险行业建设首个全国性保险结算服务中心、健康医疗共享结算服务平台以及汽车后市场服务等。

资料来源：科技助力保险公司实现财资管理之道（凤凰网财经：https：//i. ifeng. com/c/8BfXC6UrlAY，2021年12月3日。

【课程思政教学实例】

【案情介绍】

案例一：编制虚假的财务资料案

中华联合财险东营中支2020年通过宣传费和防预费等科目，列支、报销与真实经济事项不符的费用，实际用于补贴车险销售费用或消化车险历史费用，涉案虚假金额合计114.41万元。上述事实，有现场检查事实确认书、报销与实际经济事项不符的费用明细表、相关财务凭证复印件、相关人员谈话记录和任职文件等证据证明。综上所述，山东银保监局对于上述未按照规定使用经批准或者备案条款费率的行为，根据《中华人民共和国保险法》第一百三十五条第一款、第一百七十条第三项的规定，决定对中华联合财险东营中支责令改正，并处罚款45万元。对于上述编制虚假财务资料的行为，根据《中华人民共和国保险法》第八十六条、第一百七十条第一项的规定，决定对中华联合财险东营中支责令改正，并处罚款21万元。总计罚款66万元。

案例二：业务财务资料不真实处罚案

国家金融监督管理总局网站公布的滨州银保监分局下发的行政处罚决定书（滨银保监罚决字〔2023〕18号、19号）显示，德华安顾人寿保险有限公司滨州中心支公司（以下简称“德华安顾滨州中心支公司”）业务财务资料不真实、未真实记录保险业务。经查，德华安顾滨州中心支公司32名代理人存在学历证明材料不真实情况。德华安顾滨州中心支公司9笔保单业务实际为内勤员工张某办理，挂在代理人王某某名下。代理人王某某收到公司发放的佣金后，转到业务实际办理人张某的银行账户。此外，2021年12月9日，德华安顾滨州中心支公司支付给滨州市滨城区广亨商行6174元用于购买运动服。经查，该笔费用实际套取后用于处理筹备滨州本部二区团队垫付的费用。

滨州银保监分局表示，上述业务财务资料不真实、未真实记录保险业务的行为违反了《中华人民共和国保险法》第八十六条的规定：“保险公司应当按照保险监督管理机构的规定，报送有关报告、报表、文件和资料。保险公司的偿付能力报告、财务会计报告、精算报告、合规报告及其他有关报告、报表、文件和资料必须如实记录保险业务事项，不得有虚假记载、误导性陈述和重大遗漏。”

《中华人民共和国保险法》第一百七十条规定：违反本法规定，有下列行为之一的，由保险监督管理机构责令改正，处十万元以上五十万元以下的罚款；情节严重的，可以限制其业务范围、责令停止接受新业务或者吊销业务许可证：

（一）编制或者提供虚假的报告、报表、文件、资料的；

（二）拒绝或者妨碍依法监督检查的；

（三）未按照规定使用经批准或者备案的保险条款、保险费率的。根据第一百七十一条的规定，保险公司、保险资产管理公司、保险专业代理机构、保险经纪人违反本法规定的，保险监督管理机构除分别依照本法第一百六十条至第一百七十条的规定对该单位给予处罚外，对其直接负责的主管人员和其他直接责任人员给予警告，并处一万元以上十万元以下的罚款；情节严重的，撤销任职资格。据此，滨州银保监分局决定对德华安顾滨州中心支公司予以罚款12万元。

【案例分析】

近年来，在保险业转型加速的进程中，保险公司的各类违规行为也不时暴露。针对保险公司的违法违规行为，保险监管部门依法依规对其进行了处罚，处罚金额持续上涨。其中，被处罚的违法违规事由中，虚列费用、财务资料不真实等问题仍是保险行业的“顽疾”。在市场竞争激烈的背景下，保险公司为了争抢市场资源导致拼抢渠道费用，并借助编制虚假材料等满足保险监管要求。对于此类违法违规、扰乱市场秩序的行为，保险监管部门的监管力度趋于严格。诚信合规是保险公司经营的基本准则，保险机构一方面要提升合规经营意识，另一方面要提升业务能力，增强市场竞争力，从而真正在市场竞争中胜出。

【案例的思政元素】

（1）法治精神。遵纪守法是财务工作最根本的要求。对于保险公司的财务工作者而言，学法知法守法护法至关重要。《中华人民共和国保险法》《中华人民共和国会计法》等各种法律法规、条例准则共同划出了保险财务工作的行为边界，一旦越界，将会受到经济制裁甚至法律惩罚。通过案例阅读，学生能够增强法治精神，积极学法、认真用法、坚决守法，将各种法规制度的要求贯穿于日常生活，自觉做制度与秩序的遵守者、公平和正义的维护者。

（2）诚实守信。诚信是保险行业的立业之本。通过案例阅读，学生能够认识到保险虚假财务会计报告和做假账等是严重违法违规和失信行为，必将受到保险监管部门的严厉查处，也会对保险公司诚信经营和发展产生极大的负面影响。学生能够对违反保险财务诚信的典型案例讲成因、谈体会，大力弘扬诚信理念，不断提升诚信素养，使诚信内化于心、外化于行，成为学生日常的自觉行动。

（3）职业素养。客观公正、诚实守信、廉洁自律、不做假账，是保险财务工作核心的职业素养。通过案例阅读，学生能够体会到保险财务工作中职业素养的重要性，从而努力学习、积极进取，不断提高自身的专业胜任能力，做到遵纪守法、勤勉尽责。

参考文献

［1］李颖，吴迪．保险业务实训［M］．大连：东北财经大学出版社，2014．

［2］沈庆渤．保险企业业务实训教程［M］．北京：中国金融出版社，2022．

［3］李秀丽．保险业务综合实习实训［M］．北京：中国农业科学技术出版社，2016．

［4］黄祖梅．保险综合业务实训教程［M］．上海：立信会计出版社，2016．

［5］江生忠．保险经营管理学（第2版）［M］．北京：中国金融出版社，2017．

［6］魏巧琴．保险公司经营管理（第6版）［M］．上海：上海财经大学出版社，2021．

［7］刘金章，王晓珊．保险营销理论与实务（第2版）［M］．北京：北京交通大学出版社，2023．

［8］粟芳．保险营销学（第5版）［M］．上海：上海财经大学出版社，2023．

［9］尹文莉．保险营销技巧［M］．北京：清华大学出版社，2010．

［10］郭颂平．保险营销学（第四版）［M］．北京：中国金融出版社，2018

［11］黄茂海．保险营销理论与实务［M］．大连：东北财经大学出版社，2017．

［12］周灿，常伟．保险营销原理与实务（第2版）［M］．北京：电子工业出版社，2014．

［13］郑莉莉．保险公司财务管理［M］．北京：中国财政经济出版社，2024．

［14］彭雪梅．保险会计学（第二版）［M］．成都：西南财经大学出版社，2019．